LES
OEUVRES
POETIQUES
DE MONSIEUR
SIMON TYSSOT,
Sr. DE PATOT,

Professeur ordinaire en Mathématiques, dans l'Ecole Illustre de Déventer, en Over-Yssel.

TOME II.

A AMSTERDAM,
Chez MICHEL CHARLES LE CÈNE.
LIBRAIRE
M. D. CCXXVII.

LES

OEUVRES POETIQUES

DE MONSIEUR SIMON TYSSOT, Sr. DE PATOT,

Professeur ordinaire en Mathématiques, dans l'Ecole Illustre de Déventer, en Over-Yssel.

Les principaux Perſonnages de cette Hiſtoire, dont la Scéne eſt dans Mételin ou Lesbos, ile de l'Arclipel, ſont.

DAphnis, Garçon expoſé,
Chloé, Fille expoſée,
Lamon, Pére nourriſſon de Daphnis,
Mirtale, Femme de Lamon,
Drias, Pére nourriſſon de Chloé,
Nape, Femme de Drias,
Dioniſophanes, Pére de Daphnis,
Cléariſte, épouſe de Dioniſophanes,
Euphroſine, Servante de Cléariſte,
Aſtile, Frére de Daphnis,
Eudrome, ſerviteur de Dioniſophanes,
Gnaton, paraſite d'Aſtile,
Mégacle, Pére de Chloé,
Rhode, épouſe de Mégacle.

LES AMOURS PASTORALES DE DAPHNIS & de CLOÉ,

Mises en vers François.

Par

Mr. S. TYSSOT, Sr. DE PATOT.

P. O. E. *Mathematiques.*

HE bien ! ma Muse folâtre,
Mignonne que j'idolâtre ;
Mais aussi qui, nuit & jour,
Pour répondre à mon Amour,
Me divertissez sans cesse,
Que voulez vous faire en Gréce ?

Pourquoi, ſans néceſſité,
Voir ce climat écarté ?
Dites, qu'avez-vous en vûë ?
Lesbos ? bon, l'Ile eſt connuë ;
Depuis l'Empereur Zélin,
On la nomme Métélin.
Je veux, pour vous ſatiſfaire,
Vous écouter, & me taire ;
Mais parlez ſincérement,
Sans aucun déguiſement.
Vous plâtrez ſouvent les choſes,
Et nous donnez pour des roſes,
D'aſſez vilains gratecus ;
Vos jettons ſont des écus.
Selon vous, rien, qui n'excelle,
Tout reluit, tout étincelle ;
Point de Héros, point d'Amans,
Que des ſujets à Romans.
Ces expreſſions fardées,
Obſcurciſſent vos idées ;
L'excellence de nôtre art,
Ne conſiſte point en fard.
J'aime aſſez le badinage ;
Pourvû que vous ſoiez ſage,
Et que vous ne diſiez rien
Que de vrai, tout ira bien.
Faites choix, belle Camuſe,
D'un ſujet, qui nous amuſe,

Mé-

Mételin, aux grands fossez,
Peut vous en fournir assez.
Oh! l'Ile divertissante,
Situation plaisante!
Où l'endroit le moins hanté,
Dispute de la beauté.
En éfet, il n'est personne,
Pour si peu qu'elle raisonne,
Qui ne prît pour fabuleux
Ce, que des Auteurs fameux
Ont eu grand soin d'en écrire.
Quoi que l'on en puisse dire,
Il s'y voit une cité,
Que rien n'égale en beauté;
En forme d'amphitéatre;
Les palais en sont d'albâtre;
Les bourgeois Majestueux,
Et leurs meubles somtueux.
Trois de ses portes, entre autres,
Surpassent toutes les nôtres,
Le marbre en est precieux,
L'art en enchante les yeux.
Ses sorties Magnifiques,
Droit aux rives aquatiques,
Consuisent les Habitans,
Qui cherchent du passetems,
Par des allées de vignes,
Tirées en droites lignes,

Où l'on trouve le muſcat,
Le plus doux & délicat
Que Noé plantât lui même.
Des deux côtez, tout de même,
Dans des chemins faits exprès,
Ombragez de hauts Ciprès,
Dont l'aſpect jamais ne change,
On voit le riche mélange
De tous les fruits, à foiſon,
Qu'aporte chaque ſaiſon.
Item, d'eſpace en eſpace,
Un petit ruiſſeau, qui paſſe,
Bordé d'arbres, toûjours verds,
Les étez & les hivers.
Des grottes & des fontaines,
En enrichiſſent les plaines;
En un mot, c'eſt un ſéjour,
Où tout invite à l'Amour.
Dans cette Ile fortunée,
Quelque tems après Ænée,
Lamon, Paſteur renommé,
Et dans ſon art conſommé,
S'aperçût qu'à certaine heure,
Une chevre, ou que je meure,
Plantoit là ſon chévrotin;
Et couroit comme un Lutin,
Vers le plus proche vilage,
Nôtre berger, homme ſage,

Ne pouvant s'imaginer
Ce, qui lui pouvoit donner
Sujet à tant de gambades,
Fit diverſes promenades,
Afin de mieux découvrir,
Où la chévre alloit courir.
Enfin, après mille peines,
Au bout de quatre ſemaines,
Ou, ſi vous voules, un moins,
Il la vit en tapinois,
Se gliſſer ſous des broſſailles,
Qui ſervoient là de murailles
A l'endroit le mieux poli,
Le berceau le plus joli,
Que Madame la Nature
Bâtit jamais de verdure.
Lamon, pour n'y manquer pas,
La ſuivit là, pas à pas:
Mais O Ciel! quelle ſurpriſe,
Lors qu'avec ſa barbe griſe,
Et pouſſant ſon nez crochu
Dans ce pavillon branchu,
Il decouvre un enfant mâle,
Cent fois plus beau que Céphale,
Suçoter, ou bien, ou mal,
Le pis de cet animal.
Cette pauvre créature,
Expoſée à l'avanture,

Dans un manteau de drap d'or,
Rioit cependant encor,
Et trouvoit doux son suplice,
Tétant sa mére nourrisse.
Le Pasteur fit cent contours,
A l'aspect de ces atours.
Ses brasselets, son épée,
Dont la garde & la poignée
Brilloient de fins diamans,
Et ses autres ornemens,
Lui donnoient fort dans la vûë.
Cette fortune imprévûë
Le fit long-tems hésiter
S'il devoit tout emporter,
Profiter des l'avanture,
Et laisser sans couverture,
Périr ce pauvre innocent;
Déja son cœur y consent,
Mais la chévre plus humaine,
Dissipa cette humeur vaine;
Son exemple le toucha,
De sorte qu'il se pancha,
Se chargea de l'équipage,
Et comme prudent & sage,
Sans en avertir autrui,
Le va porter droit chez lui.
Il heurte, il entre, il étale,
Devant sa Femme Mirtale,

Tous

Tous ces précieux bijoux.
Elle le traite de fou,
Crois-tu que je rajeuniſſe ?
Puis-je plus être Nourriſſe ?
Lui dit elle, tu ſais bien
Que nous ne valons plus rien,
Et que les gens de nôtre âge,
Sont exemts du badinage.
Non, Mirtale, ſans façon,
Tiens, reprit il ce garçon.
Je viens, par une avanture,
Qui ſurpaſſe la nature,
De rendre ce butin mien,
Prens-le demême pour tien;
Adoptons-le, ma Mirtale;
Qu'une amitié ſans égale,
Nous rende tous trois unis,
Et que ſon nom ſoit Daphnis.
J'y conſens, lui dit ſa Femme,
Du plus profond de mon ame,
L'enfant eſt digne de nous,
J'en rends graces à genoux.
Une ſemblable avanture,
C'eſt une vérité pure,
Non un conte fait exprès,
Arriva deux ans après,
Dans la caverne des Nimphes,
Au premier des paranimphes

De Lamon, nommé Drias,
Parent du bon Lisias.
Cet antre, que la nature,
D'une admirable structure,
Avoit taillé dans un roc,
Valoit du Roi de Maroc,
La plus magnifique sale,
Que jamais y vit Mirtale:
C'est elle au moins, qui le dit,
Je doute qu'elle mentit.
Les Napées, les Driades,
Et les humides Naiades,
Tous les enfans de Thetis,
S'y voioient très bien bâtis,
De fines pierres de taille
D'une avantageuse taille.
Leurs cheveux recoquillez,
Sur le dos éparpillez;
Leur piez, leurs cuisses charnuës,
Et d'autres parties nuës,
Excitoient souvent l'Amour
Dans les Pasteurs d'alentour.
Au fond, une douce veine
Produisoit une Fontaine,
Dont la fine herbe croissoit,
Qui le bétail nourrissoit.
On y voioit mille ofrandes
De bouquets & de guirlandes;

Des flûtes, des chalumeaux,
Plusieurs instrumens nouveaux,
Où ma muse ne voit goute,
En enrichissoient la voute.
Ce fut dans cet antre creux,
Où Drias, formant des vœux,
Aperçût sur la soirée,
Une brebis égarée,
Qu'il avoit été chercher,
S'aller promtement cacher.
Voici plus de six semaines,
Indigne objet de mes peines,
Dit il, que tu fais métier
D'alarmer nôtre quartier,
Par tes courses journaliéres;
Mais gare les étriviéres;
Ma foi, tu te souviendras
D'avoir fait troter Drias.
Enfin, tout chargé de crote,
Il se fourre dans la grote,
Où surpris jusques au bout,
Il voit la brebis debout,
Baissant un peu le derriére,
Pour donner à sa maniére,
A teter plus dextrement,
A l'enfant le plus charmant,
Ou la fille, la plus belle,
Qui tombât sous la prunelle.

Les ſuperbes vétémens
Sous diférens ornemens,
Dont l'innocente étoit ceinte,
Lui donnérent de la crainte.
Il fut long-tems incertain
S'il devoit mettre la main
Sur cet objet vénérable,
Mais craignant d'être coupable
D'un meurtre, indirectement,
Il, la prend furtivement,
Et d'une tendreſſe extréme,
La porte à Nape lui même,
Qu'il charge d'en avoir ſoin,
Mon troupeau, dans le beſoin,
Doit être las de m'atendre;
Tantôt tu pourras entendre,
Lui dit il, mon petit cœur,
Par quel genre de bonheur,
Cette pauvre fortunée,
Entre les mains m'eſt tombée.
Quoi qu'il en ſoit, mon mari,
Au moins n'en ſois pas marri,
Ce ſera nôtre héritiére;
Mais conſens à ma priére,
Reprit Nape, & que ſon nom
Soit Chloé, ne dis pas non.
Ces tendrons, quoi qu'en bas âge,
Charmoient tout le voiſinage:

Cent

Cent marques de vifs esprits,
Rendoient bien des gens surpris:
On ne parloit d'autre chose.
Quand à moi, je me propose,
Disoit Lamon, de Daphnis,
D'élever cet Adonis,
De la maniére du monde,
Qui parfaitement réponde
Aux grandeurs, que j'en atends.
Moi, de même, je pretends,
Juroit Drias, par Minerve,
Que ma femme, sans réserve,
Emploie, s'il faut cela,
Pour Chloé, tout ce, qu'elle a,
Dans l'agréable espérance
D'une belle récompense:
Les femmes, avec chaleur,
Y contribuoient du leur.
Ces aparences flateuses,
Enfin, devinrent douteuses;
La vision, qu'eut Drias,
Tenant Nape entre ses bras,
Et Lamon avec Mirtale,
Paroissoit assez fatale.
Il leur sembla dans la nuit,
Que chacun d'eux fut conduit
Dans la Caverne fameuse,
Où la plus oficieuse

Des Nimphes leur dit ainsi;
Bonnes gens, venez ici.
Alors ils virent décendre
De la voute, un enfant tendre,
Portant un petit carquois,
Dont il imposoit des loix,
Il avoit, à chaque épaule,
Pour leur témoigner qu'il vole,
Un aile, & comme un vainqueur,
Qui fait, disoit on, au cœur,
Souvent de facheuses bréches,
Tenoit un arc & des fléches,
A bouts, d'acier bien garnis,
En suite parut Daphnis,
Et Chloé, ce petit Ange,
Sur qui, d'une force étrange,
Une fléche il décocha,
Qui l'un sur l'autre coucha.
Après que le petit drôle
Eut ainsi joué son rôle,
D'un pas, il s'aprocha d'eux,
Leur annonçant que tous deux,
Garderoient moutons & chévres,
Et que, s'ils mouvoient les lévres,
Pour vouloir y repliquer,
Il ne leur sauroit manquer
D'assez dure pénitence,
Pour expier cette ofence.

Après

Après cette vision,
Nos gens, en confusion,
Tous ensemble s'éveillérent,
Et se la communiquérent.
Mais rien ne pouvoit aider,
Il falut, sans marchander,
Subir les loix éternelles
De l'enfant portant des ailes;
Car enfin, savoir ou non,
Ce qu'il étoit, & son nom,
Quand il s'agit d'ordonnance,
Une prompte obéissance
Est l'endroit, sans tracasser,
Par où l'on doit commencer.
On se fit donc un mérite
De leur montrer, au plus vite,
Les fonctions d'un berger:
Comme il faloit ménager
Le moindre troupeau champêtre;
Où l'on doit le faire paître,
Suivant les momens divers
Des étez & des hivers,
Ou que la saison varie;
En quel tems la bergerie
Doit s'ouvrir & se fermer;
Comme il faut acoutumer
Le bétail, des sa naissance,
Au joug de l'obéissance.

Daph-

Daphnis, comme on le pretend,
Parut être fort content,
Et Chloé, plus ſatisfaite,
Prit plaiſir à la houlette.
Jamais deux Paſteurs nouveaux
N'aiméŕent tant leurs troupeaux:
On eut dit, à les voir faire,
Que Daphnis & ſa bergére
Etoient nez pour ce métier,
Comme des fils de bouvier.
Phœbus alors dans ſa courſe,
Tendoit fortement vers l'Ourſe,
On apercevoit au tems,
Les indices du Printems.
Les Zéphirs, parmi les plaines,
Pouſſoient leurs douces halaines,
Tout ſortoit de ſa langueur,
Et ſembloit prendre vigueur.
Aux agréables ramages
Des oiſeaux, dans les bocages,
La terre, de tous côtez,
Ajoutoit mille beautez.
Daphnis, que Chloé contemple,
Lui ſourit, à leur exemple;
Avec les oiſeaux des bois,
Ils entremêlent leur voix.
Aux jeux, aux ris, aux œillades,
Ils ajoutent des gambades,

A l'aspect des soubresauts,
Que font les coulans ruisseaux.
Les agneaux, les colombelles,
Leur font des leçons nouvelles,
Ils veulent les imiter,
Sans jamais s'en écarter.
A l'exemple des abeilles,
Dans de petites corbeilles,
Ils cueilloient de tendres fleurs,
De diférentes couleurs,
Et s'en tréçoient des guirlandes,
Dont ils faisoient des ofrandes
Aux Nimphes de l'antre creux.
Souvent Daphnis desireux
D'être utile à sa compagne,
S'avançoit dans la campagne,
Et ramenoit dans les parcs,
Les brebis de toutes parts.
Chloé quelquefois de même,
Prenoit un plaisir extréme
A témoigner à Daphnis,
Qu'ils étoient très bien unis.
La moindre chévre écartée,
D'une ardeur précipitée,
Par tout elle alloit chercher;
Et loin de se relâcher,
A peine on l'a ratrapée,
Que l'on la voit ocupée

A garder les deux troupeaux:
Pendant que le long des eaux,
Qui couloient de la fontaine,
Le jeune homme se proméne,
Et ramasse des roseaux,
Dont il fait des chalumeaux.
A son retour, son bel Ange,
Promte à lui rendre le change,
Couroit aux joncs, les plus fins,
Pour construire des Cosins,
Ou ces simples tourterelles,
Mettoient mille bagatelles,
Que, de leurs membres subtils,
Ils fabriquoient sans outils.
Cependant comme il se trouve,
Qu'une grosse mére louve,
Après avoir louveté,
Avoit peut être, emporté
Cent moutons, ou davantage,
Aux environs du vilage,
Dans quinse ou vingt jours de tems;
Ces Messieurs les habitans
Conclurent avec sagesse,
D'user de quelque finesse,
Pour la prendre au trébuchet.
Ils prennent, comme il échet,
Ou pic, ou paile trenchante,
Et se trouvant bien soixante,

Ils font de grands trous, tout drois,
En plus de quarante endrois:
Puis en couvrent l'orifice,
Mais avec tant d'artifice,
Que la louve aſſurément,
S'y feroit priſe aiſément,
Si, par la proie aléchée,
Elle s'en fut aprochée.
Au lieu d'elle, maint agneau
Y fit perte de ſa peau.
Daphnis lui même, en perſonne,
Voiant qu'un grand bouc talonne
Un autre petit bouquin,
Que ce renié faquin
Pourroit achever de peindre,
Au cas qu'il vint à l'ateindre,
Se met après, à grands pas,
Et tombe, du haut en bas,
Le cu par deſſus la tête,
Avec cette lourde bête,
Dans l'un de ces vilains puis.
La Bergére, qui depuis
Cette culbute imprevûë,
En avoit perdu la vûë,
D'abord ſe met à courir,
Afin de le ſecourir.
Mais contre toute aparence,
Graces à la Providence,

Le Berger, ni l'animal,
Ne s'étoient point fait de mal.
Cependant, faute de monde,
Et la fosse étant profonde,
La pauvre fille ignoroit
Comment il s'en tireroit,
Enfin, s'étant bien lassée
A chercher, dans la pensée
Il lui vint heureusement,
Que puis que dans ce moment,
La fortune trop cruelle,
Refuse à son cœur fidéle
Les moiens de secourir
Un berger, qui va mourir,
Elle devoit, sans murmure,
S'adresser à la Nature,
Détacher ses cheveux blonds,
Et se couchant de son long,
Les tendre dans cette fosse,
A Daphnis, qu'un peu rehausse
Le bouc, honteux & dupé,
Sur lequel il est grimpé.
Il s'alonge, elle le presse
D'empoigner vite une tréce,
Et de la tenir bien fort,
Pendant que par un éfort,
Qui doit être réciproque,
Chacun, de bon cœur, invoque

Tous

Tous les ſaints de Paradis,
Et travaille autant que dix,
Pour le tirer de ce piége.
Quand je penſe à ce manége,
Comment lui, de ſon côté,
Souvent juſqu'au bord porté,
Eſt forcé de lâcher priſe:
Comment à chaque repriſe,
Jointe à des contorſions,
Et geſticulations,
Qui témoignent ſon grand zéle,
Elle le tire vers elle,
Quand je ſonge à leurs tourmens,
A leurs encouragemens,
A leurs cris, à leurs alarmes,
Je verſe preſque des larmes.
Mais, il ne faut rien cacher,
Je ne ſaurois mempêcher,
Quand il me ſouvient de même,
Des tranſports de joie extréme,
Que montroient ces chers enfans,
Lors qu'ils furent triomphans,
Je ne puis m'empêcher, di-je,
De marquer, comme un prodige,
Les tendres embraſſemens,
Dont ils parurent gourmands.
Que de douces acolades,
Que de ſauts, que de gambades;

Bref,

Bref, Ils devoient, par ſerment,
S'aimer éternellement.
Peut être même à cet âge,
Auroient ils fait davantage,
Si Phæbus, prêt à plonger,
Ne les eût fait déloger.
L'Amour, à ce badinage,
Jouë enfin ſon perſonnage:
Les éguillons de la chair
Commencent à les toucher.
A peine Daphnis repoſe,
Sans pourtant ſavoir la cauſe
Du mal, qu'il ſent augmenter,
Il veut toûjours baiſoter,
Et ſes baiſers, tout de flamme,
Embraſent plus fort ſon ame.
Ne ſuis-je pas malheureux?
Dit l'innocent amoureux,
De chérir cette bergére,
Mille fois plus que ma mére?
Elle eſt, il eſt vrai, ſans fiel,
Et plus douce que le miel;
J'aime l'air, qu'elle reſpire;
Cependant, s'il le faut dire,
Ses lévres perçent mon cœur,
J'ai goûté mainte liqueur,
Dont aiſément un ivrogne
Peut s'enluminer la trogne,

J'ai

J'ai careſſé, j'ai baiſé,
Rien ne m'avoit embraſé :
Mon cœur étoit toûjours libre,
Et maintenant tout le Tibre
Eteindroit malaiſément
Ce cruel embraſement.
Néanmoins, malgré la géne,
Où l'eſclavage m'entraine,
J'adore mon cher vainqueur ;
Je ſens treſſaillir mon cœur
A l'aſpect de ma bergére.
Chloé, tu m'es toûjours chére
Je ne puis vivre ſans toi,
Et quoi qu'une dure loi
Tienne mon ame aſſervie,
J'aime mieux perdre la vie,
A tes genoux garoté,
Que de m'en voir écarté.
Après tout, je deviens ſombre,
Je paſſe enfin comme une ombre ;
Mon mal, loin d'être une erreur,
Se connoit à ma maigreur.
Trop heureuſes érondelles,
Vous animaux à deux ailes,
Petit peuple réſonneur,
J'envie vôtre bonheur :
Dans les chams, dans les bocages,
Vos agréables ramages

Sont

Sont les innocens plaisirs,
Où se bornent vos desirs.
Ma flûte, à present müette,
Et témoin de ma défaite,
N'imite plus vos doux chants:
Et vous, belles fleurs des champs,
Vôtre vigueur continuë:
Admirez qu'est devenuë
Cette vermeille couleur,
Qui causoit de la pâleur
Aux plus éclatantes roses,
Que jamais œil vit écloses.
Ce terrible changement
Me fait craindre horriblement
Que ma mourante carcasse,
Du cœur de Chloé n'éface
Les sentimens de pitié,
Qu'a produits nôtre amitié,
Et qu'un rival détestable,
Dorcon, cet homme implacable,
Quoi que laid de sa facon,
Ne lui semble beau garçon.
Je sai que ce bouvier l'aime
Mille fois plus que soi même:
Si l'on répond à ses vœux,
Je jure par les cheveux,
Qui du piége me tirérent,
Par les mains, qui me sauvérent,

Et

Et par la rare beauté
Du seul objet enchanté,
Qui régle ma destinée,
Qu'à leur fatal Himénée,
Je ne veux pas seulement,
Survivre un demi moment.
Pendant que Daphnis lamente,
Qu'il se plaint, qu'il se tourmente,
Et se croit près du tombeau,
Dorcon se va faire beau,
Et trouvant l'heure oportune,
Chez Drias tente fortune.
Je t'aporte, cher Drias,
Dit il, des fromages gras,
Que l'honnêteté t'engage
De recevoir comme un gage
De nôtre ancienne amitié.
Par ma fique, c'est pitié,
Ajouta-t-il, qu'à ton âge,
Tu reste dans l'esclavage:
Quand on a des biens assez,
Et des tresors entassez,
On ne doit pas être lâche
A se donner du relâche.
Tu le peux bien, si tu veux,
En favorisant mes vœux,
Me recevoir pour ton gendre.
Jamais tu ne peux prétendre

De mari pour ta Chloé,
Plus digne de sa beauté.
Dans toutes les circonstances,
Mes humbles obéissances
Je te rendrai volontiers.
Nous serons tes héritiers,
Il est vrai, mais je te jure
Que nous n'aurons d'autre cure
Que de conserver le tien,
Et de te faire du bien.
Qui plus est, je veux encore,
Par Pan, le Dieu, que j'adore,
Si tu ne m'éconduis pas,
Te donner un grand repas,
Une jument, belle & pleine,
Six moutons, couverts de laine,
Une paire d'habits neufs,
Douze poules, cinq cents œufs,
Le raisin de mes deux treilles,
Le miel de dix mille abeilles,
Et tout ce, que tu voudras.
Le bon compére Drias,
Qui n'étoit pas inflexible,
Trouvant la chose possible,
Y donna presque la main:
Cependant le lendemain,
Comme il avoit pris ce terme,
Il résista fort & ferme,

De peur qu'un jour, les parens
De Chloé, riches & grands,
Reconnoiſſant leur lignage,
Et voiant le Mariage
Si diſproportionné,
Drias ne fut baſtonné.
Le bouvier, à ſa réponſe,
Touche au bonnet, & l'enfonce,
Réſolu, malgré les loix,
Dût il, ſur Chloé trois fois,
De ſon haut faire une chute,
De l'emporter à la lute,
Jugeant qu'on peut grapiller
En amour, ſans ſe ſouiller.
Pour jouër ſon perſonnage,
En gros badaut de vilage,
Il ſe couvrit dextrement
De la peau d'un loup gourmand,
Qu'un taureau, des ſa naiſſance
Promt à punir une ofence,
Voiant ce fier animal
Perſévérer dans ſon mal,
Avoit tiré d'embuſcade,
Et mis en capilotade,
Pour le bien de maint troupeau:
Couvert donc de cette peau,
Des piez juſques à la tête,
Et contrefaiſant la bête,

Il s'en alla ſe cacher
Aux environs d'un rocher,
D'où couloit une fontaine,
Où Chloé, quitant la plaine,
Souvent même ſans Daphnis,
Alloit mener ſes brebis.
Dorcon, roulant la prunelle,
Avoit bien fait ſentinelle
Deux groſſes heures au moins,
Lors qu'arriva, ſans témoins,
La brebis paiſible & tendre,
Que ce gros loup veut ſurprendre.
Il frémit, le cœur lui bat,
Et s'armant pour le combat,
De vigueur & de courage,
Se flate de l'avantage.
Mais comme il ſe croit plus près
Des lauriers que des ciprès,
Quelques dogues d'Angleterre,
Commis, par mer & par terre,
A la garde du troupeau,
Eurent le vent de la peau.
D'abord chacun d'eux s'aprête,
Pour ſe jetter ſur la bête,
Et tous enſemble grondans,
L'empoignent à belles dents.
Il a beau ſerrer les feſſes,
Et leur faire des careſſes,

Les

Les chiens croiroient être foux
S'ils faisoient quartier aux Loups,
Chloé cependânt s'alarme,
Elle fait un grand vacarme,
Et par ses cris inouïs,
Les chévres & les brebis
Gagnent, l'une la campagne,
L'autre une haute montagne;
Tout est en perplexité,
Avant que Daphnis, resté,
A dessein au pâturage,
Ait aperçû le ravage.
S'agissant de son secours,
Il prit aussi tôt son cours,
Vers son aimable bergére,
Où ces Mâtins, en colére,
Aboiant tous à la fois,
Faisoient retentir leur voix.
Comme encore il se propose
De s'informer de la cause.
D'un si grand brouillamini,
Et voulant être puni,
S'il ne s'en venge sur l'heure,
Il oit. Faut il que je meure?
Au nom de Dieu, mes amis,
Si vos chiens vous sont soumis,
Condannez les au silence,
Par une promte ordonnance:

Autrement je ſuis perdu.
Ces enragez m'ont mordu
Preſques juſques aux entrailles,
Et j'aperçois vos oüailles
Courir à tors & travers,
Par mille chemins divers.
La deſſus Daphnis ſe preſſe
De ſecourir ſa Maîtreſſe,
Qui fendoit l'air de ſes cris,
Et ſans paroître ſurpris,
D'un coup de ſiflet raſſemble,
Et chiens, & troupeaux enſemble.
Après ce ſilence heureux,
Dorcon faiſant le pleureux,
De nouveau les mit en peine;
Ils crurent que la fontaine
Sufiroit malaiſément,
Pour laver ſufiſamment
Ses dangereuſes bleſſures.
On ne voioit que morſures
Sur ſon corps enſanglanté,
Lors qu'on l'eut démailloté.
Ces innocens en pleurérent;
En ſuite, ils le conſolérent,
Et puis, l'aiant bien torché,
Ils mirent du jonc mâché
Sur des feuilles de viel orme,
Qu'ils apliquérent en forme,

Sur

Sur les membres ofensez :
Enfin, quoi que harassez,
Ils le prirent, s'en chargérent,
Et promptement le portérent
Jusque dedans sa maison,
Pour hâter sa guérison.
Durant cette longue absence,
Leurs chiens reprirent la danse,
L'odeur de la peau de loup,
Les ranima tout à coup.
Daphnis, que ce bruit fait craindre,
Presse Chloé de les joindre,
Mais fort inutilement :
Ce n'est pas sans fondement
Qu'il persiste dans le doute,
Tout leur bétail, en déroute,
Les confirme, à leur abord,
Que Daphnis n'a pas eu tort.
Au lieu de plaintes serviles,
Qui leur sembloient inutiles,
Chacun, selon son pouvoir,
Fait aussi tôt son devoir.
L'un, de bocage en bocage,
L'autre, le long du rivage,
Court, & mêle quelquefois,
Le siflet avec la voix.
Nonobstant leur diligence,
Ils n'eurent pas la puissance

De rassembler leur bétail,
Que le pompeux atirail
D'Erébe & de sa compagne,
Déja ne fut en Campagne.
Après ces rudes travaux,
Ni l'Amour, ni les rivaux
N'eussent pas troublé leur somme:
Daphnis dormit comme un homme,
Et Chloé n'éveilla pas,
Qu'une heure avant le repas.
Aussi tôt qu'ils se revirent,
Leur passions les saisirent:
Ils se sentoient dévorer,
Sans pouvoir conjecturer
Que l'Amour en fut la cause:
Daphnis savoit une chose,
Il assure, sans biaiser,
Que son mal vient d'un baiser,
Et Chloé se sentit prise,
Voiant Daphnis sans chemise.
Outre que le blond Phæbus,
A dessein, où pas abus,
Chevauchant une Ecrevice,
Augmentoit fort leur suplice,
Par son regard enflamé:
Tout paroissoit animé.
Les lis, les œillets, les roses,
Amoureusement écloses;

Expoſoient leur beau ſein nud
A l'œil les plus inconnu :
Et les pommes amoureuſes,
Voulant être plus heureuſes,
Abandonnoient leur pommier,
Pour s'aprocher du fermier.
Enfin, il étoit viſible,
Qu'Apollon, cet inſenſible,
Prenoit lui même plaiſir
De contempler à loiſir,
Les blanches cuiſſes charnuës
Des belles perſonnes nuës.
Daphnis, coifé de l'Amour,
Qui le brûloit, nuit & jour,
Paſſoit des heures entiéres
Dans le courant des riviéres,
A pêcher à l'ameçon,
Efaroucher le poiſſon,
Sauter, faire la culbute,
Ce qui cauſoit mainte chute ;
A prendre des moucherons,
Qui voloient aux environs.
Enfin, le jeune folâtre,
Pour celle qu'il idolâtre,
Ne ceſſe ſur ſon pivot,
De tourner comme un ſabot.
Sa bergére, qui l'admire,
Ne ſe borne pas à rire,

Elle court de pis à pis,
Trait les chévres & brebis,
Et rassemblant le laitage,
En fait d'excellent fromage,
Que toute l'Ile admiroit,
Et que la Perse tiroit.
S'étant ensuite levée,
Et fort proprement lavée,
Elle prenoit son bourlet,
Enrichi d'un chapelet,
Et sa belle peau de biche;
Puis aiant mis une miche
Dans un plat de lait caillé,
Qui, sur le sein émaillé
D'une campagne agréable,
Morgoit la meilleure table,
Elle s'aprochoit du bain,
Prenoit Daphnis par la main,
Et l'invitoit, d'un grand zéle,
A banqueter avec elle.
Ainsi mangeant & beuvant,
Ils étoient souvent rêvant.
Elle sans cesse rumine,
Sur le port & sur la mine
De son aimable berger;
Et lui, ne fait que songer.
Aux beautez de sa Maîtresse.
Quoi que son regard le blesse,

Quand

Quand il voit ſon chef couvert
De fleurs, de houx, de pin verd,
La belle peau, qui la couvre,
Et le colet, qu'elle entrouvre,
Pour lui montrer le coral
Du ſein, qui produit ſon mal;
Il penſe voir en perſonne,
La Nimphe, la plus mignonne,
Que renferme l'antre creux,
Où ſe terminent ſes vœux.
Ce charme augmente ſa braiſe,
Il la chatouille, il la baiſe:
De ces doux chatouillemens,
Naiſſent des embraſſemens.
Serre moi bien, ma Bellote,
Dit Daphnis, ma Nimphelote,
Lâche ton ame dans moi,
Et tire la mienne à toi.
Imitons l'herbe fleurie,
De cette verte prérie,
Et ces arbres amoureux,
Qui ſe font l'Amour entr'eux.
Vois comment les uns ſe baiſent,
Pendant que d'autres dégoiſent
Mille petites chanſons,
Sur mille diférens ſons.
Tant que les vents dans la plaine,
Retiendront leur douce haleine,

Profitons de l'ombre frais
De ces odorans ciprès.
Chloé, qui n'est pas ingrate,
Le mignardise & le flate:
Vien, lui dit elle, je veux,
Daphnis, paigner tes cheveux;
Aproche ta belle tête,
Digne qu'on lui fasse fête:
Pose la sur mes genoux.
Je te le dis entre nous,
Je t'aime plus que ma vie,
Et si jamais j'ai l'envie
D'aimer que le seul Daphnis,
Auquel mes sens sont unis,
Je veux bien, pour mon suplice,
Que Jupiter me punisse:
Mais cela certainement,
Se disoit innocemment.
Quelquefois sur sa musette,
Il jouë une chansonnette;
Puis tout d'un coup le folet,
Empoignant son flageolet,
Il le lui met dans la bouche,
Remarquant ce qu'elle touche,
Pour se donner le plaisir
De le baiser à loisir.
Folâtrant de la maniére.
En plein jour, sur la bruiére,

La

La bergére s'endormit;
Daphnis, de joie, en frémit,
Remet sa flûte à sa poche,
Et tout doucement s'aproche,
Pour la mieux considérer:
Oui, je vous veux adorer,
Dit il, paupiéres charmantes,
Qui de ces torches ardantes,
Dont tous mes membres sont ards,
Interrompez les regards.
Se peut-il, ô belle bouche,
Qu'aussi tôt que je te touche,
Je sente percer mon cœur,
Sans connoître son vainqueur?
La douceur de ton haleine,
Semble redoubler ma peine.
Ha! misérables bouquins,
Ne cesserez vous, faquins,
De nous ataquer sans cesse,
Pour troubler de ma Maîtresse
Le doux repos. Loups couards,
Qui fuiez, comme renards,
Aprochez, venez de grace,
Me venger de leur audace.
Cependant dans ce moment,
Par, je ne sai bonnement,
Quelle avanture fatale,
Une petite cigale

Vint impétueusement
Fondre assez profondément
Dans le sein de la bergére,
Où, d'une voix forte & claire,
Elle se mit à chanter :
Et nôtre Belle à sauter ;
Paroissant être surprise
De sentir dans sa chemise,
Je ne sai quoi remüer.
Elle avoit beau secoüer,
Il falut sans contredire,
Que Daphnis, crevant de rire,
Mit la main sur ses tetons,
Pour découvrir à tâtons,
Où la petite insolente
Donnoit si fort l'épouvante,
Et la tirant de son sein,
La lui posât dans la main.
Tandis que l'un en badine,
Et que l'autre l'examine,
Un ramier du prochain bois,
Leur fait entendre sa voix,
Et rend Chloé curieuse,
Quoi qu'elle crût fabuleuse
L'Histoire des tems jadis,
D'aprendre de son Daphnis
Ce, que cet oiseau champêtre
Vouloit donner à connoître.

Par

Par ſon chant triſte & plaintif.
Aiez l'eſprit atentif,
Reprit-il, j'én ſai l'Hiſtoire,
Et j'ai très bonne mémoire,
Je me ſouviens d'aſſez loin;
Témoin ces deux coups de groin,
Que m'apliqua ſur la trogne,
Lore, avant hier; la carogne
Vouloit vous faire dépit;
Mais enfin, cela ſufit,
Elle en eut toute la honte;
Revenons à nôtre conte,
En peu de mots, le voici,
Tel qu'ón le raconte ici.
Autrefois une fillette,
Douce, agréable, bien faite,
Avoit le don de chanter
Si bien, que pour l'écouter,
Les bêtes, les plus ſauvages,
Délaiſſoient leurs pâturages.
Jamais perſonne ne vit
Que la Belle ſe ſervit,
Ou d'éguillon, ou d'ataches,
Pour mieux gouverner ſes vaches:
Au ſimple ſon de ſa voix,
Elles reſpectoient ſes loix,
Le grand Pan étoit ſon ange;
Ce n'étoit qu'à ſa Loüange,

Pour

Pour lui marquer ſon Amour,
Qu'elle chantoit nuit & jour.
Un jeune homme de ſon âge,
Vivoit dans le voiſinage,
Qui gardoit auſſi les bœufs:
Sont port, ſa taille & ſes yeux,
N'avoient rien que d'admirable,
Et ſa voix incomparable
Ne trouvoit rien de pareil.
Un beau jour, que le ſoleil
Faiſoit chercher de l'ombrage,
Il entra dans le bocage,
Où la Nimphe avoit ſes parcs;
Se tournant de toutes pars,
Son oreille acoutumée
Aux airs rudes, fut charmée
D'entendre au milieu des bois
Une ſi charmante voix.
Pour faire pourtant connoître
Qu'elle avoit encor ſon Maître,
Il ſe met, ſans héſiter,
Auſſi demême à chanter.
D'Abord ſa voix, douce & tendre,
La fit ceſſer, pour l'entendre.
Son bétail, qui l'entendit,
En reſta tout interdit.
Douze des plus belles vaches,
Diſtinguées par leurs taches,

A cet agréable chant,
La quitérent ſur le champ.
L'afront, joint à ce dommage,
Lui parut comme un outrage,
Qu'elle ne pouvoit ſoufrir,
Et n'aiant rien pour ofrir,
Qu'une oraiſon très ardente,
Elle pria Radamante,
Du plus profond de ſon cœur,
Que, ſans punir ſon vainqueur,
Par des graces éternelles,
Il lui fit croitre des ailes.
La Nimphe devint oiſeau :
Tout d'un coup, ſon beau muſeau
S'alonge, ſes bras s'emplument,
Ses monts jumeaux ſe conſument,
Ses longs doigts furent changez
En des ongles mal rangez.
Enfin, ma chére Compagne,
C'eſt cet oiſeau de Montagne,
Que vous avez oui chanter.
Et ſe mettant à ſauter,
Il témoigna ſa ſurpriſe
Du ſucces de l'entrepriſe.
Chloé l'en félicita,
Et la deſſus le quita.
L'été paſſa de la ſorte;
L'autonne, qui nous aporte

Dequoi trinquer largement,
Couloit insensiblement,
Lors que deux ou trois galéres,
Que de perfides Corsaires
Avoient exprès fait bâtir,
Par les artisans de Tir,
Et qui venoient de Carie,
Afin que leur barbarie
Parût moins visiblement,
S'envinrent impunément,
Fondre en plein jour sur ces côtes,
Où ces detestables hôtes
Se mirent, à qui mieux mieux,
A piller jeunes & vieux;
Des habitans, qu'ils trouvérent,
Pas deux ne leur échapérent.
Daphnis de même y fut pris:
Il eut beau, de mille cris,
Implorer, pour sa défence,
Le bras de la Providence:
Il fut, dès qu'on l'eut ateind,
Enlevé comme un corps saint,
Avec trente de ses chévres;
Le mouvement de ses lévres,
Regrets, soupirs, repentir,
Rien ne l'en put garantir.
Mais qui la païa bien vite,
Fut cette engence maudite.

A peine avoient il en mer,
Mis la rame, pour ramer,
Que Chloé troublée, arrive,
Elle aproche de la rive,
Où les chévres de Daphnis,
Craintives comme conils,
Courent à bride abatuë;
Mais au fond, ce, qui la tüe,
Elle aprend que ce berger
Eſt dans un mortel danger,
Et pouſſe plainte ſur plainte.
Sentant redoubler ſa crainte,
A Dorcon elle a recours,
Pour implorer ſon ſecours;
Mais trouvant ce miſérable,
Qui renverſé ſur le ſable,
Tendoit au dernier ſoupir,
Elle faillit à mourir.
Voila, ma très chére amie,
Ce, que la rage ennemie,
Lui dit il, vient de cauſer;
Prens vite, ſans t'amuſer,
Ma grande flûte d'ivoire:
Il faut que nous faſſions boire
Ces barbares loups-garoux,
Qui m'ont abîmé de coups;
Et pris mes bêtes d'élite,
Touche la fort, au plus vite,

Tu jouë bien, je le sai,
J'en ai vû souvent l'essai?
Daphnis lui même, sans doute,
Au prix de toi, n'y voit goute.
Au moins, avant mon trépas,
Chloé, ne me quite pas,
Que ton adorable bouche
Premiérement ne me touche.
Dorcon ne veut qu'un baiser,
Tu ne peux lui refuser
Cette maigre récompense,
Sans faire aux Dieux une ofence.
La dessus, sans hésiter,
Chloé, pour le contenter,
Satisfait à ses priéres,
Et lui ferme les paupiéres,
Puis mélodieusement,
Jouë de son instrument.
Jamais flûte, que je sache,
Ne fit tant d'éfet sur vache;
Vous eussiez vû nos voleurs
Changer de mille couleurs,
De voir tout d'un coup ces bêtes
Trépigner, brauler leurs têtes,
Grimper comme hannetons
Sur cordes, perches, bâtons,
Et menacer l'équipage
D'un précipité naufrage.

Ils courent, qui ça, qui là,
Pour y mettre le hola,
Mais bien loin qu'aucune tremble,
Elles regardent enſemble
Les ondes, pour s'y plonger,
Et ſe mettent à nager.
Cependant, à cette chute,
L'une des barques culbute;
Point d'homme ne s'en ſauva;
La même choſe arriva
A leurs compagnons de chaſſe.
Daphnis ſeul, qui ſans préface,
S'étoit voüé, par beaux dis,
Aux ſaintes du Paradis,
Se retrouva, pâle & morne,
Tenant d'une main la corne
D'un taureau, qui l'emportoit,
Sans ſavoir ce qu'il étoit;
De l'autre, il tenoit l'oreille,
De tous les bœufs, la merveille,
Pour ſillonner pas les eaux.
Entre ces deux gros muſeaux,
Chloé, toûjours ſur la rive,
Voit comme Daphnis arrive.
Quelle joie, à ce retour;
Ils s'embraſſent, tour à tour,
Ravis de ce qu'un naufrage
L'afranchit de l'eſclavage.

Lui, d'abord fait l'empressé,
A raconter le passé,
Avec bien des circonstances:
Et Chloé fait des instances,
Pour l'obliger à l'ouïr.
Dorcon est allé jouïr,
Des avantages, dit elle,
D'une demeure éternelle:
Ceux, qui l'avoient amené,
D'un courage forcené,
Ont joint le fer aux injures;
Il est mort de ses blessures,
Après s'être bien vangé,
Car, en prenant son congé,
Il a fouillé dans sa trousse,
En a pris sa flûte douce,
Et me la mettant en main,
M'en a fait joüer soudain.
Tu viens avec le Corsaire,
De voir la fin du Mistére.
Je ne sai si tu le veux,
Mais pour moi, j'ai fait des vœux,
En signe de ta victoire,
D'en honorer la mémoire.
Ce discours, qui le charma,
Fit aussi qu'il l'en aima
Avec bien plus de tendresse.
C'est m'obliger, ma Maîtresse,

Lui répondit il d'abord,
Ce que tu dis, me plaît fort.
Ainsi, quitant le rivage,
Sans diférer davantage,
Ils rendirent à son corps,
Les honneurs, qu'on doit aux morts.
Ils couvrirent de verdure
Le lieu de sa sepulture,
Qu'ombrageoit un gros ormeau,
Où pendoit son chalumeau
A côté de sa houlette,
Son haut-bois, & sa musette,
Et par files, & par rangs,
Les diférens instrumens,
Qui servent au pâturage:
Ils versérent du laitage,
Sur sa fosse, & par bassins,
Le jus d'un mui de raisins.
En un mot, ils le pleurérent,
Puis vers l'antre s'en allérent,
Où tous scrupules banis,
Chloé lava son Daphnis,
S'étant aussi dépouillée,
Et Daphnis l'aiant mouillée,
Le goulu vit à loisir,
Avec un très grand plaisir,
La Nimphe qu'il idolâtre,
Netoient son corps d'albâtre.

Son

Son œil, pour ne rien paſſer,
Ne ſait par où commencer:
Tout lui plaît, tout le reveille,
Et lui ſemble une merveille.
Lors qu'il regarde le lis,
De ſes petits piez polis,
Ses jambes, bien arondies,
Sous deux feſſes rebondies,
Et je ne ſai quel ourlet,
Entouré de poil folet,
Pour mieux défendre la place;
Un ventre uni comme glace;
Droit au centre du pignon,
Un petit nombril mignon;
Des bras & des doigts d'ivoire,
Dont la friponne fait gloire;
Un ſein qui produit ſes maux,
Enrichi de monts jumaux,
Qui flotent à groſſes ondes.
Quand il voit ſes tréces blondes,
Et ſon teint blanc & vermeil,
Il ne ſait ſi le ſommeil
Le veut rendre heureux en ſonge:
Il n'a nerf, qui ne s'alonge:
Il baille, il s'étend cent fois,
Et paroit être aux abois,
Tant que Chloé, ſous ſa robe,
A ſes yeux ne ſe dérobe.

La fin fut d'aller aux fleurs,
Dont ménageant bien les couleurs,
Ils firent une guirlande,
Que Daphnis, comme une ofrande,
Pendit d'un commun acord,
Avec la flûte du mort,
Ses guêtres, & sa ceinture,
Au fond de la grote obscure.
De là, nos deux jeunes gens,
Pieux, sages, diligens,
Vers leurs troupeaux retournérent,
Que tout pensifs il trouvérent,
Les chévres & les brebis,
En l'absence de Daphnis,
Et de Chloé, sa compagne,
Avoient batu la campagne,
Et n'avoient fait que troter,
Sans jamais vouloir brouter:
Mais d'abord qu'ils les revirent,
A sauter elles se mirent:
Chacun, jusqu'au plus petit,
Paissoit de bon apétit.
Daphnis seul, meurt de tristesse;
Quand il songe à sa Maîtresse,
Sur, tout, depuis qu'il a vû
Ses cuisses & son sein nud,
Il sent jusque dans son ame,
L'ardeur d'une vive flamme.

Dans cet état violent,
Souvent son poux foible & lent,
Fait douter s'il est en vie,
Et cette lenteur, suivie
D'un batement redoublé,
Lui fait, en homme troublé,
Faire une laide grimace,
Et courir de place en place.
Il ne fait que tressaillir,
Comme si, pour l'assaillir,
Le pirate est à ses trousses,
Et ses fréquentes secousses
Ne causent pas moins d'ennui
A sa bergére, qu'à lui.
L'Amour fait au brigandage,
Qui sans cesse, le ravage,
Ne leur est pas bien connu:
L'un sait qu'il vit l'autre nud,
Mais il ignore la cause
Pourquoi son ame indisposé,
Depuis ce fatal moment,
Ne vit que dans le tourment.
Pendant ces combats étranges,
A la veille des vendanges,
Chacun de loin, & de près,
Vient pour faire ses aprês.
L'un lie l'osier par botes,
L'autre en compose des hotes:

Ici, l'on voit les tonneaux,
Ausquels on met des anneaux,
Pour leur servir d'éguillettes;
Là, l'autre émoud des serpettes,
Et les meules pour fouler,
Par tout, ne font que rouler.
Cet agréable exercice,
Où chacun avec justice,
Prend tant d'innocens plaisirs,
Produit de nouveaux desirs.
Daphnis oubliant la Belle,
Qui jour & nuit le martelle,
Court se saisir d'un panier,
De peur d'être le dernier,
Qu'un honnête devoir range,
Et se charge de vendange.
Il foule, & presse au cuvier,
A l'aide d'un gros levier,
Le vin, qui sort, il l'entonne,
Et quelquefois il s'en donne
Tant, que souvent tout debout,
Il en fait caca par tout.
Sa Chloé, qui le contemple,
Abandonne, à son exemple,
Pour quelques jours, ses brebis;
Elle trousse ses habits,
Sans marchander davantage,
Et se va mettre à l'ouvrage.

Or comme en ces quartiers là,
Les vignobles ont cela,
Que leurs ceps tout bas à terre,
S'étendent comme le lierre,
Un enfant, sans s'alonger,
Peut aisément vendanger.
Là les femmes de vilage,
Pauvres, riches, de tout âge,
Qu'on avoit fait inviter,
Afin aussi d'assister
A la bachique naissance
D'un fils, que par révérence,
Les péres dévotieux
Mettent au nombre des Dieux,
Paroissoient moins ócupées,
Qu'elles n'étoient apliquées
A lorgner avidement
Daphnis, nôtre jeune Amant.
Baccus n'étoit, à leur dire,
Qu'un monstre, à nous faire rire,
Au prix de ce Cupidon,
Et sous ombre du pardon,
Que l'une de ces friponnes,
Peut être des plus gloutonnes,
Lui demande, sans façon,
Elle empoigne le garçon,
vous le tortille, & le baise
Cinquante fois à son aise.

Il paroit un peu faché,
De ce qu'on l'avoit touché,
Mais le dépit est extréme,
Pour la personne qu'il aime.
Elle voudroit bien mourir
Pour voir à l'instant périr
Sa dangereuse rivale,
Dont à ses yeux, rien n'égale
Les mouvemens violents.
D'autre part, les plus galants,
De ceux, qui sont à la presse,
Traitent Chloé de Déesse.
Plut, dit l'un, au Dieu Baccus,
M'en coûtât il deux écus,
Qu'une brebis fut ma mére,
Et que j'eusse pour bergére,
Chloé, cet objet Divin.
L'autre jure par le vin,
Qui dist le de la tonne,
Que Chloé, la plus mignonne,
Que vit jamais laboureur,
Méritoit un Empereur.
Ces douceurs, qui la font rire,
Causent un cruel martire
A nôtre berger jaloux:
Une troupe de gros loups,
Ou les pirates en armes,
Aporteroient moins d'alarmes,

A son esprit inquiet:
De sorte qu'il ne voioit
Qu'à regret, durer la fête;
Mais enfin, ce mal de tête,
Qui ne pouvoit plus durer,
Qu'on ne les vit expirer,
Finit avec les vendanges.
Toutes ces femmes étranges,
Et gens à discours oiseux,
S'en retournérent chez eux.
Daphnis & Chloé de même,
Remplis d'un desir extréme,
D'être seul à seul, aux champs,
Où les oiseaux, de leurs chants,
Les divertissoient sans cesse,
S'y rendirent avec presse.
Etant craintifs & devots,
Ils veulent que leurs travaux,
Comme Pan le leur commande,
Soient précédez d'une ofrande,
Qu'ils font aux Dieux immortels,
En posant sur leurs autels,
Des plus beaux fruits, que l'autonne,
Par leur seul vouloir, nous donne.
Depuis qu'ils étoient formez,
Ils s'étoient acoutumez
A rendre, comme enfans sages,
Leurs religieux hommages,

Et le matin, & le ſoir,
Dans le fond de l'antre noir,
A leurs Nimphes tutélaires,
Et mêmes, à leurs priéres,
Ils ajoutoient, ou du lait,
Ou quelque beau braſſelet,
Fait des fleurs les moins communes :
Des noix, des figues, des prunes,
Et de tout ce, qui croiſſoit,
Que la ſaiſon fourniſſoit.
Au ſortir de la caverne,
Un viellard, qu'on ne dicerne
D'avec un ſquélette afreux,
Que par le ſon langoureux,
Que rend la voix enrouée
De ſa carcaſſe trouée,
Vient ſe ranger auprès d'eux,
Et de ſon regard hideux,
Conſidére l'un & l'autre.
Eux, regardant cet apôtre,
Qui n'a preſque rien d'humain,
Un gros bâton à la main,
Pour ſoutenir ſa machine,
Et portant ſur ſon échine,
Une peau de vieux bouquin,
Au pié droit un brodequin,
Au gauche, une chauſſe obſcure,
Une corde à la ceinture,

Sur la tête un grand bonnet,
Qu'on ne vit qu'une fois net,
On n'eut pas, l'aſe me quille,
Eu beſoin d'une cheville
Pour leur étouper le cul;
Jamais dubioprocul,
On n'avoit vû créature
Moins propre à faire une ordure,
Dans ſes chauſſes de la peur;
Mais ce maſque fut trompeur:
Ce viellard épouvantable
N'étoit pas Monſieur le Diable:
C'étoit un homme de bien,
Auquel, je ne ſai combien
De jours, de mois, & d'années,
Et de triſtes deſtinées,
Avoient rendu, ſous leur faix,
Tous les membres contrefaits.
Grand amateur de ſience,
De beaucoup d'experiénce,
Un homme, enfin, dont l'eſprit,
Bien tôt après, les ſurprit.
Aſſeions nous, il me ſemble
Que de peur, le cœur vous tremble,
Leur dit il, ne craignez pas,
Je ſuis le vieux Philetas,
Qui, par la ſeule pratique
D'une charmante muſique,

Ai

Ai gouverné mes troupeaux,
Et chanté des airs nouveaux,
A l'honneur de Pan, mon Maître,
Avant que l'on vous vit naître.
Je me repose à present:
Jupiter m'a fait present
De biens, dans une abondance,
Qui me donne la puissance
De vivre, & de me loger.
J'ai sur tout, un beau verger,
Où j'ai tout planté moi même,
Et qui, par mon soin extréme,
M'aporte, en chaque saison,
Des meilleurs fruits à foison.
De mille fleurs odorantes,
Roses, pavots, amarantes,
Oeillets, violettes, lis,
Le Printems couvre mes lits.
L'été, qui raporte aux hommes,
Des noix, des poires, des pommes,
M'en fournit abondamment.
J'ai de l'huile, du froment,
Tant de raisin en Autonne,
Que souvent on s'en étonne.
L'abondance & la beauté
De ce jardin enchanté,
Arrosé de trois fontaines,
Ou les arbres, par centaines,

Sont hauts, toufus, bien épars,
Atire de toutes pars,
Les animaux à plumage,
Dont l'harmonieux ramage
Cause un plaisir nompareil.
A midi, que le soleil
M'avoit fait chercher l'ombrage
De l'agréable feuillage
D'un de mes plus hauts ciprès,
J'ai découvert d'assez près,
Le charmant petit visage
D'un garçonnet fort volage,
Chargé de fleurs & de fruits,
Dont les membres, bien construits,
Et la peau, blanche & vermeille,
Paroissoit une merveille.
J'ai d'abord eu le desir
D'aprocher, pour le saisir,
Mais de même qu'une anguille,
Le petit drole frétille,
Et s'écoule entre mes doigts.
Petit voleur, je t'en dois,
Lui di-je, comme en colére,
On vous aprendra, compére,
A venir piller mon bien :
Je pers, je ne sai combien,
De mes plus belles grenades :
Tout cela, rodomontades,

Il ſe rit de mes diſcours.
Cent fois, ſans aucun ſecours,
Je me ſuis vû rendre Maître
D'agneaux, qui venoient de naître,
En vain les chevreaux de lait,
D'un air badin & folet,
Gambadoient en ma preſence:
Ici, ni ma vigilence,
Ni ma qualité d'Ancien,
Ne fait abſolument rien.
Quoi que je lui puiſſe dire,
Le fripon ne fait que rire,
Et s'il répond quelquefois,
C'eſt des mains, non de la voix,
Me couvrant de grains de meurte.
Souvent il paſſe, & me heurte,
Puis ſe gliſſe entre mes bras.
Dans ce cruel embaras,
Je compoſe mon viſage,
Change à l'inſtant de langage,
Lui fais des ſoumiſſions,
D'humbles proteſtations:
Je me ruine en promeſſes:
Il ſentira mes largeſſes,
S'il veut, ſans plus m'amuſer,
M'aprocher & me baiſer.
Cela te ſeroit nuiſible,
Philetas, eſt-il poſſible,

Me dit il, d'un ton moqueur,
Qu'encore aujourd'hui, ton cœur
Penſe plus au badinage?
Conſidére ton grand âge;
Je baiſe fort volontiers
Jeunes gens, & vieux routiers,
Rarement je le refuſe,
Mais ſouvent on en abuſe:
Mes fréquens embraſſemens
Cauſent d'étranges tourmens.
Aprens que ſi de ma bouche,
Un ſeul moment je te touche,
Tes membres, les plus diſpos,
Ne ſeront plus en repos.
Par une forte pourſuite,
Pour vouloir être à ma ſuite,
Tu te verras diſſiper,
Sans me pouvoir atraper.
Il n'eſt aigle, ou tourterelle,
Qui, volant à tire d'aile,
M'ateigne, en dût il mourir:
Mes piez ſont fais à courir.
Mon corps trompe à l'aparence,
Loin d'être encore en enfance,
Je ſuis plus ancien que toi;
Saturne eſt moins vieux que moi.
Lors que, de baiſers avide,
Tu ſervois Amarilide,

A cause de sa beauté,
J'observois, à ton côté,
Tes démarches amoureuses,
Et tes actions fougueuses;
Par tout, je guidois tes pas,
Et tu ne me voiois pas.
J'étois de même avec elle,
Je la gardois d'un grand zéle,
Jamais ne l'abandonnai,
Enfin, je te la donnai.
Vous avez eu, ce me semble
De très beaux enfans ensemble,
La mort vous a desunis.
Presentement c'est Daphnis
Et Chloé, que je gouverne.
Le matin, dans la caverne,
Pendant leur dévotion,
De ma bénédiction,
Par amour, je les honore,
Quoi qu'ils l'ignorent encore.
De là, je viens me loger
Dans ton aimable verger;
Je m'y lave à la fontaine,
En suite je me proméne;
Rien n'altére moins les sens
Que les plaisirs innocens.
Au reste, c'est ma presence,
A qui ce lieu de plaisance

Doit l'éclat de sa beauté.
Tu t'es mille fois vanté,
Sans en rien vouloir démordre,
Que ta main dans ce bel ordre,
L'a toûjours entretenu;
Sois un peu plus retenu.
Sans moi, ces arbres fertiles
Seroient la plûpart stériles;
L'eau seule, pour le prouver,
Qui me sert à me laver,
Rend toute plante féconde,
Et sur la terre, & sous l'onde.
A ces mots, il m'a quité,
Et se glissant à côté,
J'ai vû les petites ailes,
Dont il couvre ses aisselles:
En ses mains un arc tendu,
Et sur le côté pendu,
Un carquois rempli de fléches,
Qui font de sensibles bréches.
La signification
De cette aparition,
Est bien aisée à comprendre:
Chloé, Daphnis te doit prendre,
Et Daphnis, d'Amour épris,
Par Chloé doit être pris.
Le Berger & la Bergére,
Quoi qu'ignorants du mistére,

Aplau-

Aplaudissent, tour à tour,
A ce conte de l'Amour;
Mais ils voudroient le connoître.
C'est, reprit il, nôtre Maître,
Il préside dans les Cieux,
Comme il fait dans ces bas lieux;
Son visage est agréable,
Il est doux, il est afable,
Et gagne aisément les cœurs
Des plus barbares vainqueurs.
Non, dans toute la nature
Il n'est point de créature,
Qui ne sente son pouvoir:
Les Astres, sans le savoir,
Sont sujets à sa puissance.
Oui, j'admire, quand j'y pense,
Comment ils se font la cour,
Que l'un après l'autre court,
Le surprend & le caresse:
Comment en suite il le laisse,
Et parcourt tous les aspects,
Pour lui rendre ses respects.
Voiez de quel air Diane
Fait perdre la tramontane
A Phæbus, son cher galant,
Lors qu'après elle roulant,
Il pense l'avoir ateinte,
La Belle, par une feinte,

L'é-

L'évite gaillardement,
Et le fait dans le moment,
Ecarter de sa presence,
Et tomber en défaillance,
Sans pouvoir, qu'un mois après,
La rejoindre de si près.
Les Dieux mêmes, les plus graves,
Comme de simples esclaves,
Obéissent à ses loix.
Tout périroit à la fois,
Si l'Amour sortoit du monde,
Le Ciel, & la Terre, & l'Onde,
Ne subsistent que par lui;
Ce pilier est leur apui.
Les émaux de nos campagnes,
Et les simples des montagnes,
Sont l'ouvrage de l'Amour;
C'est lui, qui fait, tour à tour,
Soufler les vents sur les plaines,
Couler nos claires fontaines,
Et badiner sous les eaux,
Les insensibles roseaux.
Voiez, la chose est palpable,
Dequoi souvent est capable
Un taureau, dans la saison,
Chacun en sait la raison.
Un paisible mouton même,
Fait connoître quand il aime.

L'un

L'un beugle comme un perdu,
Et si l'autre étoit mordu
D'un mâtin saisi de rage,
Il ne sauroit davantage
Sauter & faire le fou.
Lors que j'etois comme vous,
Mille fois Amarilide.
M'a vû pâle, sombre, aride,
D'auprès d'elle ne bouger,
Souvent sans boire & manger.
Le cœur me batoit sans cesse:
L'Amour, plus que la jeunesse,
Me consumoit de chaleur.
Pour apaiser ma douleur,
Suposant qu'une riviére
Otoit le feu du derriére,
Aux eaux j'avois mon recours.
Mille fois, à mon secours,
J'apelois, d'un air modeste,
Le grand Pan ce Dieu Céleste,
Qui comme nous, plus petits,
Avoit brûlé pour Pitis.
Mon mal étoit incurable:
Je ne trouvois rien capable
De m'aporter du soulas,
Amarilis même, hélas!
Me troubloit par sa presence:
Mais enfin, l'expérience

M'a convaincu puis après,
Qu'il se faut voir de plus près.
La dessus, sans plus rien dire,
Le bon viellard se retire,
Chargé d'un petit chévreau,
Et de fromage nouveau,
Juste loier de sa peine.
Sa leçon fût pourtant vaine:
Nos amans tout interdis,
En étoient plus étourdis.
Long-tems ils se regardérent,
Puis en suite s'aprochérent,
Côte à côte, ils se mettoient,
Se poussoient, & se heurtoient,
Et se pousseroient encore,
Si la nuit, cette pécore,
Ne les eut chassez chez eux.
Alors se trouvant oiseux,
Chacun à part s'examine,
Et trouve, tant à sa mine,
Qu'à ce que lui dit le cœur,
Que l'Amour, ce doux vainqueur,
Les tient captifs dans ses chaînes,
Et leur cause tant de peines.
Le viellard nous l'a bien dit,
Mais ce scélérat maudit,
Disoient ils, tout en colére,
A demandé le salaire

D'un

D'un œuvre mal achevé,
Car nous l'avons éprouvé,
Jamais on ne peut, ce ſemble,
Être joints plus près enſemble,
Que nous l'étions hier au ſoir;
J'en, ai le côté tout noir;
Pourtant rien ne diminuë,
Ou faut-il que la chair nuë
Ne ſente rien entre deux?
Le coup n'eſt guêre haſardeux,
Je brûle d'impatience,
D'en faire l'expérience.
Le jour à peine eſt éclos,
Que Daphnis de ſon enclos,
Gagne en poſte la Campagne,
Pour y joindre ſa Compagne:
Chloé l'avoit prévenu,
Alors, d'un air ingénu,
La fille fait l'empreſſée,
Pour déclarer ſa penſée,
Ils aprouvent l'action,
Mais pour l'éxécution,
Perſonne ne ſe dépéche,
La matinée eſt trop fraîche;
Ordinairement l'Amour
Se réveille au chaud du jour.
Cependant pas un ne ceſſe
De faire à l'autre careſſe:

Les

Les nouveaux embraſſemens
Renaiſſent à tous momens.
Après bien des acolades,
Qu'un autre auroit trouvé fades,
Daphnis, plus bas que le ſein,
Gliſſe tout d'un coup la main,
L'un recule, l'autre ſerre,
Ils tombent tous deux à terre,
Chloé deſſous, à l'envers,
Les deux genoux découverts.
Une poſture ſemblable,
Leur paroit fort convenable,
Et l'afaire eût été loin,
Si l'Amour en eût pris ſoin:
Mais il n'en fit que la mine.
Certains bourgeois de Méthimne,
Riches & de qualité,
Aiant long-tems héſité,
Paſſérent, le vent en poupe,
Dans une ſimple chaloupe,
De leur ville à Mételin.
Leur valet, nommé Colin,
Pour le dire en nôtre langue,
Comme porte la harangue,
Que contient le manuſcrit,
D'où je l'ai moi même écrit,
Car en termes de l'Ecole,
Colin dérive de cole,

Et

Et l'on le dérive ainsi,
Tout aussi bien là qu'ici.
Colin donc, qu'on me l'acorde,
Aiant oublié la corde,
Dont on atachoit l'esquif,
Court comme un cheval poussif,
Tant qu'aiant trouvé des saules,
Dont il pût couper des gaules,
Il les pela proprement,
Et presques én un moment,
Fit de l'écorce une atache,
Et d'une corne de vache,
Qu'il aperçût dans un coin,
Une ancre dans ce besoin,
En l'enfonçant bien en terre,
Dequoi l'on lui fit la guerre,
Mais fort peu cela dura.
La troupe se sépara,
Les uns pêchoient de leurs lignes,
Les autres batoient les vignes,
Pour en chasser le gibier,
Qui, d'un puissant lévier,
Devenoit d'abord la proie.
Cependant on se dévoie,
Les hommes ont beau crier,
Les chiens ne font qu'aboier;
Ils entrent dans la Campagne,
Où Daphnis & sa Compagne

Etoient

Etoient encore embrassez,
Comme je les ai laissez.
Ce bruit, qui les épouvante,
Toûjours de plus fort augmente,
Et leur fait plaindre leur sort,
Les chiévres prennent l'essor,
Delaissant leur pâturage,
Elles gagnent le rivage,
Où l'atache de Colin,
Devint bien tôt leur butin,
Elles n'en laissérent marque,
De maniére que la barque,
Seule, à les merci du vent,
Par un reflux, bien avant,
En mer fut d'abord portée.
Là, des vagues agitée,
L'endroit étant fort profond,
Elle coula droit à fond.
Comme un goufre la dévore,
Et qu'on l'aperçoit encore,
Entre deux flots fort enflez,
Nos chasseurs, tout essouflez,
Se rencontrent sur la gréve,
Je croi, la peste me créve,
Que voila nôtre bateau,
Dit l'un, adieu mon manteau.
D'autres regrettent leurs hardes;
Quelles diables de nasardes,

Les

Les entend on à la fois,
S'écrier d'un ton de voix:
Et puis barbotant des lévres,
Ils juroient contre les chévres,
Qui leur avoient fait le tour.
Leur Maître étoit un vautour,
Un tigre, un chien exécrable,
Et donnoient leur ame au diable,
Que s'ils pouvoient l'atraper,
Il auroit un beau souper.
Là dessus Daphnis arrive,
Qui rassemble sur la rive,
Son bétail intimidé.
Eux, sans avoir marchandé,
Lui donnent mille roulades
De pesantes bastonnades,
Apliquées sur son dos,
Qui lui fracassent les os,
A bon conte sur la déte.
Dans cette triste entrefaite,
Lamon acourt au secours;
Drias tient le même cours:
Le grand nombre se renforce,
Et tire Daphnis de force,
D'entre les cruelles mains
De ces hommes inhumains.
En suite, on leur fait comprendre
Qu'ils doivent se faire entendre

A des juges compétens,
Et qu'ils en seront contens.
Philetas, à juste titre,
Fut d'abord pris pour arbitre,
Il se choisit un ajoint.
Après leur avoir enjoint
D'éloigner tout préjudice,
Et de rendre la justice,
Comme gens de probité,
Dans la derniére équité.
Les Méthinniens s'avancérent,
Et nettement rélatérent
Tout ce, qui s'étoit passé;
Jurant n'avoir pas pensé
Qu'un chévrier mal habile,
Pût dans la vie civile,
Impunément outrager
Le passifique étranger.
Qu'ils faisoient par ce naufrage,
La perte de leur bagage,
Sans conter l'argent contant,
Qui valoit au moins autant.
Que ne pouvant le leur rendre,
Ils prétendoient sans atendre,
Que bien qu'à demi navré,
Le Pasteur leur fut livré,
Comme légitime esclave,
Protestant, s'il étoit brave,

Et

Et qu'ils en fussent contens,
De l'afranchir dans vingt ans.
Daphnis, à ces mots, soupire.
Tout ce, que je puis vous dire,
Dit il, Messieurs, humblement,
C'est qu'on ne peut justement
Me blâmer de ma conduite;
Eux mêmes ont mis en fuite
Le troupeau, qui m'est commis:
On eut dit que d'ennemis,
Toute l'ile étoit remplie;
Si donques, je vous suplie,
Quelques chévres, par hasard,
Trouvent, & mangent le hart,
Qui tient leur bord sur la côte,
Dira-t-on que c'est ma faute?
Et se mettant à pleurer....
Pour moi, je vous puis jurer,
Dit Philetas, d'un air grave,
Par Pan, dont je suis l'esclave,
Pour ne vous point amuser,
Que je ne puis acuser,
Dans cette triste avanture,
Que les vents & la nature,
Sur lesquels, mes chers amis,
Les Dieux ne m'ont point commis.
Vôtre p[illegible]e me chagrine,
Dit il, à ceux de Méthimne,

Toi, Daphnis, assurément,
Je te plains du traitement,
Que t'a causé cette afaire.
Mais cela ne servit guére
Qu'à faire enrager ces gens;
Et sans les plus diligens,
Ou meilleurs amis du juge,
On auroit eu du grabuge;
Le pauvre Daphnis daubé,
Eut sans doute été flambé.
On le tira de leurs pates;
Et si, comme gens sans rates,
Ils n'eussent haussé le pas,
Ma foi, je ne doute pas
Qu'on ne les eut mis en peine.
Chloé cependant entraine
Son pauvre Daphnis à l'eau,
Pour lui laver le museau;
En suite, elle le régale
D'un tourteau frais, qu'il avale,
Avec un fromage mou,
Et le baise tout son sou,
Pour lui refaire les côtes.
D'autre part, nos jeunes hôtes,
Etant arrivez chez eux,
Ne furent point paresseux
A publier leur desastre.
Ils font mention d'un Pastre,

D'un

D'un vieux Juge Philetas,
Et de fripons, un grand tas,
Qui leur ont fait violence.
A juger par l'aparence,
Ces Messieurs avoient raison;
Ainsi, sans la garnison,
Qu'on mit sur une galére,
Le Magistrat, en colére,
Permit, pour mieux se venger,
Aux capres, de ravager,
En atendant que par terre,
On allât faire la guerre
A ces insolens mutins.
D'abord quinse Brigantins,
Sans examiner leurs fautes,
Débarquérent sur les côtes
Des pauvres Méthiléniens,
Et leur ravirent leurs biens.
Ces sacriléges infames
Aménent hommes & femmes,
Et sacageant les mortels,
N'épargnent pas les autels.
Chloé n'en est pas exemte;
En vain elle se tourmente,
On enléve ses brebis,
Et les chévres de Daphnis.
Elle aussi subit la peine
Des malheureux, qu'on entraîne,

Comme de pauvres captifs,
Malgré leurs regrets plaintifs.
Pendant ce cruel ravage,
Qui paſſa comme un orage,
Le Berger, du fond d'un bois,
Du meilleur de ſes haut-bois,
Divertit ſa bien aimée,
Et coupe de la ramée,
Pour régaler ſon bétail.
Je ne ſaurois en détail,
Bien repreſenter ſa peine,
Lors qu'étant ſorti d'un chêne,
Aparemment ſec & creux,
Où le tintamare afreux,
Qu'avoit cauſé la pourſuite,
L'avoit fait grimper bien vite,
Il ne vit que les fouteaux,
Plantez entre deux côteaux,
Qui ſous leur épais feuillage,
Où l'on étoit à l'ombrage,
Les atiroit bien ſouvent.
Marchant un peu plus avant,
Il aviſe une houlette,
Un bourlet, une muſette,
Toûjours tirant vers la mer
Enfin, il entend ramer,
Et découvre l'équipage,
Qui chargé de leur bagage,

Avan-

Avance, à force de bras.
Dans ce cruel embaras,
Le pauvre garçon lamente,
D'avoir perdu ſon amante.
Son troupeau lui tient au cœur,
Mais il maudit le vainqueur,
Qu'il ne s'eſt pris à lui même,
Plutôt qu'à l'objet qu'il aime.
Qu'avoit elle mérité,
Dit-il, d'un air emporté?
O grand Pan, qui nous gouverne?
Vous Nimphes de la Caverne,
Ingrates divinitez,
Après tant d'honnêtetez,
Tant de vœux, & tant d'ofrandes,
Le lait, les fleurs, les guirlandes,
Dont Chloé, juſqu'à preſent,
Vous fit mille fois preſent.
Eſt-ce là faire juſtice?
Loin de nous être propice,
Vous ſoufrez que les méchans
Pillent nos bourgs & nos champs.
En vain les louves goulües,
Avoient leurs dents émoulües,
Pour dévorer mon troupeau,
Du ſeul ſon de mon apeau,
Je les éloignois ſans peine;
Aujourd'hui l'on me l'entraine.

Troupeau, qui m'étois si cher,
Faut-il qu'un cruel boucher
T'expose à sa barbarie?
Faut-il que l'on t'ait ravie,
Compagne de mes travaux?
Au detestables rivaux,
Je sai que la Providence
Vangera nôtre innocence.
Mais ou fuïr cependant?
Mon Pére est sans doute ardent:
Je redoute sa colére;
Les priéres de ma Mére
Ne la pourra dissiper;
Et puis, à quoi m'ocuper?
Non, pour ce, qui me concerne,
J'aime mieux dans la caverne,
Expirer tranquilement,
Que comme un grand garnement,
Etre oiseux sur une porte.
En raisonnant de la sorte,
Sur les suites de son sort,
Le pauvre garçon s'endort.
Aussi tôt le Dieu Morphée
S'en aproche, & fait trophée
De peindre dans son cerveau,
D'un agréable pinceau,
Les Nimphes de la Caverne:
De sorte qu'il les dicerne,

A leurs longs cheveux épars,
Qui flotent de toutes pars,
Sur leurs épaules charnuës:
A leurs belles jambes nuës,
Et leurs précieux atours.
Sans user de grands détours,
L'une se mit à lui dire;
A quoi bon montrer ton ire,
Daphnis? tu n'as pas raison;
Tes cris sont hors de saison.
Tu nous acables d'injures;
Tes grimaces, tes postures,
Nous marquent trop vivement,
Ton grand mécontentement.
Cependant la chose est telle,
Nous avons soin de ta Belle,
Plus que toi, je le sai bien.
Depuis, je ne sai combien,
Que Chloé fut exposée,
Je ne me suis proposée
Que sa conservation.
La considération,
Que mérite sa naissance,
Nous fait prendre connoissance
De ses moindres actions.
Ne prens pas pour fixions,
Ce, que je dis à cette heure:
Non, Daphnis, ou que je meure,

Chloé, comme tu verras,
N'est point fille de Drias,
Ni née dans ce vilage:
Sa fortune, & son partage,
N'étoit point dans ces cantons,
Une troupe de Moutons.
Nous aurons toûjours soin d'elle;
Et je te dis pour nouvelle,
Que nos ennemis contens,
Ne le seront pas long-tems.
Le grand Pan, à ma priére,
Avec son humeur guerriére,
Et que tu vois sous ce pin,
C'est déja mis en chemin,
Pour aller tirer vengeance
D'une si sensible ofence.!
Ce Dieu, sur tout, est actif,
Promt, terrible, expéditif,
Il fera bien tôt l'afaire;
Demain au soir, ta Bergére
Sera chez nous, sans mentir;
Tu peux bien en avertir
Tantôt, Lamon & Mirtale.
Leur tristesse, sans égale,
Diminuëra beaucoup,
Lors qu'ils verront tout d'un coup,
Paroître l'objet aimable
De leur Zéle invariable.

Ils.

Ils crient encore à nous;
Les bonnes gens, à genoux,
Implorent nôtre clémence;
Va vite, par ta preſence,
Les tirer de leur erreur.
Jamais aucun Empereur
Ne ſentit dans ſes entrailles,
Du ſuccès de dix batailles,
Mieux un plaiſir nompareil,
Que Daphnis, à ſon réveil.
Il rend d'abord ſes hommages
A ces divines Images,
Exalte leur équité,
Jurant par leur ſainteté,
Que ſi Chloé, ſa Maîtreſſe,
Le tiroit de ſon angoiſſe,
Par le promt retour promis,
Avec chévres & brebis,
Il feroit un ſacrifice
Convenable à leur juſtice,
D'une chévre du troupeau,
Dont il garderoit la peau,
Pour ſe mettre ſur la tête,
Lors qu'on célébre leur fête.
Puis ſe tournant tout d'un coup,
Il promit de même un bouc
A Pan, ce Dieu débonnaire,
Si ramenant ſa Bergére,

Le vainqueur étoit vaincu.
Enfin, lui baiſant le cu,
Suivant l'ancienne coutume,
Du moins comme on le préſume,
Il l'adora par trois fois,
Et fit retentir ſa voix,
Par un raviſſant mélange
De Himnes, à ſa loüange.
Après ce pieux ſermon,
Il ſe rendit chez Lamon,
Qu'il trouva dans la triſteſſe,
Mais qu'il remplit d'alégreſſe,
Par le rècit, qu'il lui fit.
Il ſoupa, ſe mit au lit,
Toûjours dans l'inquiétude,
Et craignant qu'en ſervitude,
Sa Maîtreſſe ne périt.
Le ſommeil, qui le ſurprit,
Rendit ſon eſprit tranquile,
Et tout ſon ſoin inutile.
Au grand jour, il s'éveilla,
Sans héſiter, s'habilla,
Puis enfilant la venelle,
Demande, quelle nouvelle?
Au moindre petit mâtin,
Qu'il rencontre en ſon chemin,
Sans qu'il puiſſe rien aprendre.
Perſonne ne peut comprendre

Qu'il

Qu'il ſoit aſſez malheureux,
Pour faire d'un ſonge creux,
L'objet de ſon eſpérance,
Croiant que la delivrance
De ſa Belle & cétera,
Ce jour même arrivera.
Apollon avec ſa lire,
Déja pâle, ſe retire,
Pour faire place à la nuit,
Et Daphnis, à qui tout nuit;
Révoque en doute l'oracle,
Quand par le plus grand Miracle,
Que les Dieux firent jamais,
Et qu'ils feront deſormais,
Chloé décent dans la plaine,
Avec ſon poil & ſa laine,
Ou les chévres & brebis.
Doutant ſi des ennemis
La bergére eſt pourſuivie,
Il tombe preſque ſans vie,
Par l'éfet de la vapeur,
Que rend la joie & la peur.
Cependant elle s'avance;
Le trouvant ſans connoiſſance,
Elle l'embraſſe & l'étreint;
Par ſes vœux elle contraint
Sa belle ame, qui s'envole,
De lui rendre la parole.

Je boirois plutôt la mer,
Que de vous bien exprimer
Les careſſes, qu'ils ſe firent,
Les tendreſſes qu'ils ſe dirent,
Et les plaiſirs innocens,
Dont furent frapez leurs ſens.
Quoi que d'un grand manteau ſombre,
La nuit éfaçât leur ombre,
Il falut ſe contenter;
Daphnis ſe mit à conter
Son réve extraordinaire,
Puis il pria ſa bergére
De lui marquer à ſon tour,
La cauſe de ſon retour.
Tu ſais Daphnis, lui dit elle,
Le ſujet de la querelle;
La deſſus les Méthinniens
Sont venus piller nos biens,
D'une maniére afronteuſe:
Je fus aſſez malheureuſe,
Pour tomber entre les mains
De ces tigres inhumains.
Le Chef de nôtre galére,
Rebuté du vent contraire,
Comme ſes gens de ramer,
Voiant une tête en mer,
En forme de demi-Lune,
Y fit halte ſur la brune:

Lors

Lors que tous eurent mouillé,
De ce, qu'ils avoient pillé,
Il leur donna la licence
De ſe bien garnir la pance;
A ce doux commandement,
Chacun agit promtement,
Et fait conſiſter ſa gloire
A remüer la machoire.
L'un s'enivre, d'un côté,
L'autre aiant bien tempêté,
Va dégobiller de l'autre,
Et comme un cochon, ſe veautre
Dans ces ſales excrémens.
Les voix & les inſtrumens
Réſonnent par excellence:
L'on y joüe, l'on y danſe;
Ainſi joieux & contens,
Ces Meſſieurs paſſent le tems.
Mais au plaiſirs de la table,
Certain bruit épouvantable,
Qui s'avance, en augmentant,
Succéde dans un inſtant.
La mer haute, les tourmente,
La terre les épouvante,
L'air leur paroit tout en feu,
De maniére qu'il n'eſt vœu,
Ni priére, qu'on ne faſſe.
Ah! l'ennemi nous pourchaſſe,

Dit

Dit l'un, je me ſens bleſſé :
L'autre ſe croit terraſſé.
Il n'en eſt point, qui ne crie
Quartier, Meſſieurs, je vous prie,
Permettez que le dernier
Reſte vôtre priſonnier.
L'iſſüe d'une nuit ſombre,
Où chacun craignoit ſon ombre,
Renouvelle leur terreur.
Les deux troupeaux, en fureur,
Hurlent d'une étrange ſorte.
Point de chévre, qui ne porte
Sur ſes cornes un bouquet,
Et Chloé, qui ne manquoit
De vigueur, ni de courage,
Leur montre aſſez que l'orage
Les menace ouvertement
De tomber dans le moment;
Entre les pates terribles,
De mille monſtres horribles,
Que l'Océan produiſoit.
Cependant leur Chef n'oſoit
Paroître qu'à fond de cale :
Là, comme encore il avale
Quelques verres de liqueur,
Pour lui ſoutenir le cœur,
Faute d'autre médecine,
Par ordonnance Divine,

Le misérable s'endort.
Pan se presente d'abord
A son esprit mercenaire,
Et d'un ton apre & sévére,
Blâme sa noire action.
Enfans de perdition,
Dit il, maudits sacriléges,
Dans quels infernaux colléges,
Vous a-t-on si bien instruits?
Les temples, qu'on m'a construits,
Où chacun me rend hommage,
Y mettre tout au pillage!
Ce n'étoit donc pas assez,
Comme de purs insensez,
De ravager toute une ile?
Prendre vin, froment & huile,
Hommes, femmes & bétail,
Avec tout leur atirail?
Il faloit que les images
Des Dieux purs, justes & sages,
Ou de leurs Nimphes au moins,
Fussent les tristes témoins
Du rapt d'une jeune fille,
Qu'Amour trouve assez gentille,
Pour être, dans ses besoins,
Le tendre objet de ses soins.
Pour ne lui pas plus déplaire,
Dites qu'on la mette à terre,

Avec toutes ſes brebis,
Et les chévres de Daphnis:
Sans cela, je vous déclare
Que le mêt, qu'on vous prépare,
Sera dur à digérer.
Mais je vous puis aſſurer
D'une heureuſe delivrance,
Si par vôtre obéiſſance,
Vous marquez du repentir.
Ici, Pan fait retentir
Un grand bruit dans ſon oreille,
Dont Briaxis s'éveille,
Troublé de la viſion,
Qui n'eſt point illuſion.
Il convoque dans ſa barque,
Tous les Oficiers de Marque,
Et leur en fait le récit.
Là deſſus, chacun s'aſſit,
On conſulte, on délibére,
On trouve là du miſtére;
La peur les fait obéir.
Je riois, à les ouïr:
La résolution priſe,
D'abord à terre on m'a miſe,
Et ce, qui nous apartien,
J'ai mon troupeau, voi le tien,
Il ne manque rien au nombre.
Mais la nuit devient trop ſombre,

Dit

Dit Daphnis, allons chez nous,
Loüer les Dieux à genoux;
Nous le devons, ce me femble,
Nous aiant remis enfemble,
Avec tout nôtre butin.
Le lendemain au matin,
Lamon, Drias & leurs femmes,
Avec d'autres bonnes ames,
Acompagnérent Daphnis,
Après s'être bien munis
De bêtes graffes fans vices,
Pour faire des facrifices.
Chaque Nimphe eut une peau
Des chévres de leur troupeau,
Et des fleurs en abondance.
En fuite on fit une danfe,
Où prefque tous leurs amis
Furent librement admis:
De forte, je vous affure
Qu'ils couvroient une mefure
De terre, au moins d'un Arpent.
En fuite, on fut trouver Pan,
Aux piez duquel cette fuite
Egorgea des boucs d'élite.
Le Berger & fa Chloé,
L'aiant mille fois loüé,
Prirent le fang d'une bête,
Qu'ils jettérent fur fa tête,

Et par un amour Divin,
Versérent du meilleur vin,
Une coupe en sa presence,
Après quoi, chacun s'avance,
Et travaille à dépêcher
Ce que l'on avoit de chair,
Des bêtes du sacrifice,
En cervelat, en saussice,
Et cinquante autres aprêts,
Qui furent servis après
Pendant cette chére entiére,
Philetas, à la priére
De Tiatire son fils,
Qui revenoit de Memphis,
Survint, chargé de guirlandes,
Pour faire aux Dieux des ofrandes,
De ce qu'ils avoient eu soin
De son enfant, près & loin.
On les fit asseoir à table,
Et d'une maniére afable,
On les régala de vin.
Quand tous les viellards enfin,
Eurent filé d'importance,
Et très bien rempli leur pance,
Il se mirent à jaser.
Ce n'est point pour me priser,
Dit le plus gai de la bande,
Mais je veux qu'Amour débande

Son

Son arc, & m'ote la voix,
S'il fut un meilleur grivois :
Je pillois des pucelages
Des filles de nos vilages,
Plus que l'on ne bat d'écus.
Qui sait combien de cocus
J'ai fait pendant trente années,
Il me faudroit des journées,
Pour les pouvoir conter tous.
Fi, le vilain, taisez vous,
Interrompit Salmonée,
Dont la trogne, enluminée
Du vermillon de Baccu,
Etoit rouge comme un cu,
Graté toute une semaine,
Vous mettez les gens en peine :
Pour moi, gaillard & dispos,
Je n'ai chéri que les pots.
J'étois encor dans les langes,
Qu'on me portoit aux vendanges,
Autrement, point de quartier,
Je ne faisois que crier :
Ma nourrisse avoit beau faire,
Le vin seul me faisoit taire,
Cette charmante liqueur
Me réjouissoit le cœur.
Dès mes premiéres sorties,
J'étois toûjours des parties,

Où l'on devoit bien trinquer;
On ne m'osoit ataquer;
Habile homme, à coups de verre,
Qui m'auroit couché par terre.
Et moi, s'écria Midas,
Je n'aimois que les Soldats:
Leur Equipage, & leurs Armes,
Me charmoient, dans les alarmes;
Je courois au feu comme eux.
Peut être ai-je aigri les Dieux,
Mais il faut que je l'avoüe,
J'étois comme sur la roüe,
Tant que nous avions la paix.
Un jour, qu'un brouillard épais
Obscurcissoit l'hémisphére,
Il me souvient qu'un Corsaire
Aborda, pour nous piller:
Moi, ne cessant de veiller,
Pour la garde de mes bêtes,
J'entens de loin. Armes prêtes,
Enfans, prenez garde à vous,
Tous ces coquins sont à nous.
Loin de batre la retraite,
Je prens vite ma houlette,
Pesant dix livres au moins,
Et m'avance, sans témoins,
Cours vers eux, tête baissée,
Criant, d'une voix forcée,

Tiie,

Tüe, tüe, ſans merci;
Oficiers, venez ici;
Vous, Archers, prenez la gauche;
Que pas un ne ſe débauche;
Nous leur briſerons les os.
D'abord ils tournent le dos;
Je les pourſuis d'une halaine,
Atrape le Capitaine,
Chargé de cent moins trente ans,
Et pour profiter du tems,
Lui donne une croquignole,
Qui l'aterre, & le deſole:
Il me demande quartier.
Moi, qui ne fais point métier
D'égorger un miſérable,
Je le mis dans mon étable,
Et deux ou trois jours après,
Aiant viſité de près,
Le meilleur de ſon bagage,
Le fis ſortir de ſa cage,
De peur qu'il ne la rompit.
Là, Criton l'interrompit,
Pour dire ſes avantures.
Les plus fiéres créatures
Avoient paſſé par ſes mains.
Point de Lions inhumains,
D'ours, de tigre, ou de panthére,
Qu'il n'eut mis d'un coup, par terre.

On étoit dans sa maison,
Dégoûté de Venaison.
Pour peu, qu'il fût à la chasse,
A son retour, sa besace
Etoit pleine du gibier:
Sans armes, sans lévrier,
Lors qu'un cerf couroit trop vite,
Il l'alloit surprendre au gîte,
Et l'étrangloit de sa main.
Pour finir ce discours vain,
De tout ce, qui court, ou vole,
Rien n'échapoit à ce drôle,
Enfin, le vieux Philetas,
Se lassant d'entendre un tas
De contes à la cigogne,
Léve tout d'un coup la trogne,
Et demande trois momens,
Pour causer des instrumens.
Le plaisir en est extréme,
Mais sur tout, leur dit il, j'aime
La flûte, & le flageolet,
Plus qu'un jeune enfant le lait:
Je m'en déméle en merveille,
C'est un charme pour l'oreille,
Que de m'entendre jouër.
Ce n'est point pour me loüer,
On sait dans nôtre vilage,
Que dès la fleur de mon âge,

J'ai

J'ai morgué, jeunes & vieux:
Jamais berger ne fit mieux.
Plusieurs, pour voir sa sience,
Font instance sur instance,
D'autres viennent aux défis:
Dans le même instant son fils
Court chercher sa flute douce,
Aussi grosse que le pouce
Du geant le plus mordant.
Lamon voulant cependant
Faire un de ses tours de singe,
Fit le conte de Syringe,
D'un certain air, qui marquoit,
Que lui même s'en moquoit.
Cette infortunée fille,
Dit il, & chaste, & gentille,
Charma Pan, entre les Dieux,
Par son chant mélodieux.
Epris de l'Amour du monde,
Qu'on peut nommer furibonde,
Il vient droit à son troupeau,
Mettant la main au chapeau,
Et faisant la révérence,
Parle de l'obéissance,
Qu'il s'ofre de lui jurer,
Pourvû que, sans diférer
Un moment, elle permette
Qu'il la jette sur l'herbette,

Pour

Pour se donner le plaisir
De contenter son desir.
Il remüe en vain les lévres,
Pour l'assurer que ses chévres
Feront toûjours deux chevreaux;
Qu'au lieu de godelureaux,
Qui souvent chantent sornettes,
Sans rien donner aux fillettes,
Elle trouveroit en lui,
De l'amour & de l'apui.
Elle paroit mécontente,
Sa figure l'épouvante;
Deux cornes, comme un cocu,
Une queuë sur le cu,
Des piez de chévre sauvage,
Avec un fichu Visage,
Charment rarement les sens.
Non, jamais je ne consens,
A ton amour illicite,
Dit elle, & prenant la fuite,
Se précipita dans l'eau,
Et fut changée en roseau.
Pan, n'ignorant pas la cause
De cette Métamorphose,
En coupa dans le moment,
Et bâtit un instrument,
Dont l'agréable musique
Est parmi nous en pratique.

Com-

Comme Lamon achevoit,
Et que chacun aprouvoit
Tout ce, qu'il venoit de dire,
On vit venir Tiatire,
Avec la flûte à haut ton,
Bien garnie de laiton,
Et faite de grosses cannes,
Qui, comme divers organes,
Rendoit toutes les chansons,
Sur de fort diférens sons.
Le tremblant viellard l'empogne,
Il se met à la besogne,
Après avoir en trois tems,
Salüé les assistans.
Chacun jure qu'il lui semble
Que tous les joueurs ensemble
De l'ile, sont rassemblez.
Tantôt leurs sens sont troublez
D'un bruit extraordinaire,
Puis tôt après, au contraire,
Ce son, petit à petit,
Tellement se ralentit,
Qu'on est charmé de l'entendre.
Personne ne peut comprendre,
Comment, en tant de façons,
Il peut varier les sons,
Avec un tel artifice:
Enfin, on lui rend justice.

Lui, par un nouvel éfort,
S'anime encor de plus fort.
Il leur fait à tous comprendre,
De quel biais il faut s'y prendre,
Pour faire paître un troupeau.
Que le bœuf & le pourceau
Veulent un ſon fort & rude,
Les chévres un clair prélude,
Suivi d'un air plus égu :
Et que le mouton, langu
Comme une brebis müette,
N'aime flûte, ni muſette,
Quelle n'ait de la douceur.
Tout ce, que tu dis eſt ſeur,
Reprit Drias, on t'admire;
Mais enfin, nous voulons rire;
Afin d'y contribuër,
Je te prie de jouër
L'ancienne chanſon bachique.
La deſſus, d'un air comique,
Il ſe met ſeul à danſer,
A couper, porter, preſſer,
Et par poſtures étranges,
Repreſenter les vendanges :
Chacun en fut ſatisfait.
Après avoir ſi bien fait,
Il ſe jetta, ſans mot dire,
Sur le cou, blanc comme cire,

De

De la charmante Chloé,
Et demeura là cloué,
Cueillant quelque baiser tendre,
Tant que Daphnis la vint prendre,
Pour répéter, en dansant,
Le conte divertissant,
Que Lamon venoit de faire.
Il s'adresse à sa Bergére,
Lui parle de son amour.
Elle répond à son tour.
Il la presse, elle recule,
Rétive comme une mule,
Mais au lieu d'aller aux eaux,
Se cacher dans des roseaux,
Elle fuit dans le bocage;
Et s'il la suit davantage,
Sur le bout de ses orteuils,
Comme sur piez de chévreuils,
Ou maigres jambes de chévres,
En marmotant de ses lévres,
Ce n'est qu'à pas d'un empan,
Pour mieux contrefaire Pan.
Après cette perte afreuse;
De la flûte harmonieuse
Du bon homme Philetas,
Il entonne des hélas!
Soutenus de mille craintes:
En suite, oubliant les plaintes,

Il contrefait le berger,
Qu'un loup viendroit d'outrager,
Lui ravissant une bête;
Comme s'il étoit en quête,
Il court, il cherche avec soin,
Tantôt près, & tantôt loin:
Enfin il crie, & rapelle;
Et sa métode nouvelle
Plut au viellard tellement,
Qu'il l'embrassa tendrement.
Digne enfant de ton bon Pére,
Que j'aime, & que je révére,
Lui dit il, que Jupiter,
Par tout, te veuille assister,
Et te comble de sa grace.
Cependant le jour se passe;
Chacun pense avec raison,
A regagner sa maison.
Nos deux seuls amans font gloire,
Jusqu'à la nuit toute noire,
De diférer leur départ.
Ils se plaisent mieux à part,
Dans un tendre tête à tête,
Qu'à la plus fameuse fête,
Où les principaux festins
Sont souvent pleins de mutins.
Ici. chacun les regarde,
Là, personne ne prend garde

Aux

Aux folâtres actions,
Que causent leurs passions.
Comme ils vont toûjours ensemble,
Leur bétail, qui leur ressemble,
Ne marche guére qu'un, bis;
Une chévre & sa brebis.
C'est ainsi presque sans faute,
Qu'il avancent, côte à côte,
Tandis que les deux amans,
Toûjours de baisers gourmands,
Les conduisent à l'étable,
Là, sans songer à la table,
Pour avoir trop bien mangé,
L'un prend de l'áutre congé,
Résolu, des la lumiére,
De desserrer la paupiére.
En éfet, de grand matin,
Comme si quelque lutin
Eut interrompu leur somme,
On aperçoit le jeune homme,
Et Chloé, tout comme lui,
Sortir, & refermer l'hui.
Daphnis n'est point à son aise,
Qu'il ne caresse & ne baise;
Et Chloé, pour l'endurer,
Ne se fait pas trop tirer.
Tant de tendres mignardises,
Tant d'agréables sotises,

Et de baiſers innocens,
Embraſent plus fort leurs ſens.
Elle en devient plus hardie,
Et veut, quoi que l'on en die,
Que Daphnis par un ſerment,
Jure ſolemnellement,
Que tant qu'il aura la vie,
Il n'aura d'autre Silvie.
Lui, d'un ſaut de turlupin,
Se rend d'abord ſous le pin,
Et jurant par un Ciclope,
Prend le Fils de Pénélope,
Et les grands Dieux à témoins,
Qu'il n'aimera jamais moins
Chloé, ſa chére Maîtreſſe,
Que Pan aime ſa Déeſſe.
Elle auſſi, de ſon côté,
Remplie d'humilité,
Dans le moment ſe proſterne
Devant la ſainte Caverne,
Requerrant qu'à l'avenir,
Le Ciel la puiſſe punir,
Si l'amour ou la tendreſſe,
Qu'elle ſent pour Daphnis ceſſe.
Puis ſe tournant vers Daphnis,
Pour être encor mieux unis,
Mon cher berger, lui dit elle,
Je te prie, d'un grand zéle,

De faire un ferment nouveau,
Par les boucs de ton troupeau.
Le Dieu Pan, j'aurois beau dire,
Au fond ne feroit que rire
De ton infidélité,
Si tu changeois de Beauté,
Lui même, comme un vieux finge,
Court de Pitis à Siringe,
Et change à chaque moment,
D'Amours & de fentiment.
Daphnis, ravi de l'entendre,
Prit du plaifir à s'étendre
Sur l'amour qu'il lui portoit:
Et Chloé, qui l'écoutoit,
En fut enfin fi contente,
Que toute la nuit fuivante,
Ils dormirent doucement,
Sans s'éveiller un moment.
Cependant tout le monde arme,
Depuis ce dernier vacarme,
Les braves Mitiléniens
Obfervent les Méthinniens,
Et veulent tirer vengeance
D'une fi fenfible ofence.
Comme on étoit fur l'hiver,
Il leur fufit de lever,
Pour les ataquer par terre,
Quatre mille hommes de guerre,

Sans conter cinq cents chevaux,
Et des gens pour les travaux :
En atendant que Neptune
Leur permit, ſans crainte aucune,
D'équiper auſſi par mer.
On fut d'avis de nommer
Hippaſe, homme de mérite,
Pour les conduire au plus vite,
Vers leur ennemi commun,
Avec ordre que pas un
Ne feroit le moindre outrage
Aux pauvres gens de vilage,
Sur peine de chatiment :
Mais qu'il faloit ſeulement
Chercher l'entiére ruine
Des habitans de Méthinne.
Avant que l'on fut parti,
L'ennemi fut averti,
Qu'on en vouloit à la ville ;
Il députe un homme habile,
Qui courant au devant d'eux,
Une bonne mille ou deux,
Dans une campagne raſe,
Vint déclarer à Hippaſe,
De la part des Magiſtrats,
Que ſi, pour quelques fatras,
Ils avoient eu l'imprudence
D'enfreindre leur aliance,

Ils en ſont au deſeſpoir.
Comme il avoit du ſavoir,
Il s'étend fort ſur la choſe,
Leur en indique la cauſe,
Et condannant l'action,
S'ofre à réparation
Des intérêts & dommages,
Souferts par tous les outrages,
Que leurs Soldats leurs ont faits,
Pourvû qu'ils gardent la paix.
La deſſus le Capitaine
Fait ſavoir à Mitiléne
Cette propoſition,
Avec ſon intention.
Les habitans de la ville
Crurent qu'il étoit utile
De ne pas aller plus loin.
Ainſi Hippaſe eut le ſoin,
Se contentant de leur honte,
De leur faire rendre conte
De tout ce, qu'ils avoient pris.
Dès alors on fut ſurpris
De voir la neige & la glace
Couvrir la vaſte ſurface
Des champs, naguéres fleuris.
Nos Amans en ſont Marris,
Ils aimeroient mieux la guerre,
Que de voir qu'on les reſſerre,

Et qu'une rude ſaiſon
Les retient à la maiſon,
D'où l'on voit, dans les campagnes,
Couler, du haut des montagnes,
Et des endrois montueux,
Des torrens impétueux.
Ajoutez à ce ſpectacle,
Qui ſeul peut ſervir d'obſtacle
Aux ſorties des bergers,
Le triſte état des vergers;
Comment l'hiver tient ſans vie,
Sous ſa rigueur aſſervie,
Et les plantes, & les fleurs,
Et vous verrez leurs douleurs
Partir d'une juſte cauſe.
Un Païſan ſe repoſe,
Dit on, pendant tout l'hiver,
Mais ſelon eux, c'eſt réver.
Les autres ont beau leur dire,
Que l'été fait leur martire,
Au lieu qu'en l'autre ſaiſon,
Ratiſer un gros tiſon,
Roupiller la matinée,
Et cifler l'aprés dinée,
D'un ſirop ſans mixion,
Fait leur ocupation,
Ils s'en mettent en colére:
Le repos, la bonne chére,

N'a

N'a pour eux aucuns apas,
S'ils ne s'entrevoient pas.
Lors que la saison passée
Leur revient dans la pensée,
Ils ne font que soupirer;
La nuit les fait endurer,
Et leur triste destinée
Veut que toute la journée
Se passe en facheux regrets.
En vain par des vœux secrets,
Des oraisons, des promesses,
Ils voudroient, de leurs Déesses,
Obtenir la liberté
De se voir comme l'été.
Le ciel même est inflexible,
Il n'est presque pas possible
Que Chloé puisse sortir
Un jour, pour se Divertir.
Sa nourrisse prétenduë,
La tient au roüet penduë,
Sans bien souvent lui parler
Que d'aprendre à bien filer,
Ou Gouverner un ménage:
Et pour lui donner courage,
On l'entretient d'un mari:
Mais il n'est point de souri,
A quoi ce discours l'excite:
Tout la choque, tout l'irrite;

Rien ne lui fait de plaisir.
Daphnis de plus de loisir,
S'étant remis en mémoire
Que Drias avoit la gloire
De nourrir des arbres verts,
Les étez & les hivers,
A quatre pas de sa porte,
Au premier jour s'y transporte.
Avant que de s'en aller,
Il a soin, pour régaler
Chloé, de garnir sa poche
De bons fruits, cuits à la cloche,
De noisettes, de pruneaux,
Et de diférens tourteaux,
Remplis de miel & de beure,
Qui devoient servir de leure,
S'il étoit assez heureux,
Pour trouver les gens chez eux.
Ne s'oubliant pas lui même,
Il se fournit tout de même,
De glu, de lacs, d'instrumens,
Et de quelques alimens,
Sous prétexte d'aller tendre
A des oiseaux, pour les prendre:
Et comme on ne contoit pas
Plus de sept ou huit cents pas,
De l'une à l'autre demeure,
Il y fut dans un quart d'heure.

S'étant

S'étant posté sous deux pins,
Où, comme autant de raisins,
On appercevoit, à l'ombre
D'un grand Meurte, obscur & sombre,
Qui formoit deux pavillons,
Mille petits grapillons,
D'un incomparable Lierre,
Il tend ses filets à terre,
Et sur divers arbriceaux,
Ses lacets, & ses gluaux.
En moins d'une heure & demie,
Sa besace fut fournie
De merles, grives, ramiers,
De bizets, & de pluviers.
Ainsi, la chasse étoit bonne,
Mais il ne voioit personne.
Retournerai-je chez moi,
Se disoit il, à part soi,
Non, il faut, à l'avanture,
Qu'après si bonne capture,
Au moins, je me fasse voir.
Mes amis pourroient savoir
Que j'en suis venu si proche,
Et j'en aurois le reproche:
Ma Chloé s'en facheroit,
Et Drias me blâmeroit.
Mais cependant, que leur dire?
Ils auront sujet de rire,

Si je demande du pain,
Mon bissac en étant plein:
Du vin, après la vendange?
Ai-je couru par la fange,
Pour manger de leurs raisins?
Ou passé trente voisins,
Qui, faute d'une étincelle,
Me font porter ma chandelle
Chez Nape, pour l'alumer?
Non, on pourroit me blâmer,
D'avoir usé d'une feinte,
Avec des gens, que sans crainte,
Je vois ordinairement:
Parlons sans déguisement.
Drias, je viens de la chasse,
Vois-tu, la belle bécasse,
Dirai-je, & ces trois perdrix?
Ces faisans sont bien nourris,
Ils plairont fort à mon Pére.
Hé, qu'en avons nous afaire,
Diront ils, avec raison?
Retournons à la maison,
C'est le meilleur, ce me semble.
Cependant, comme il rassemble
Son butin, pour s'en aller,
Drias le vient acoler,
Avec un amour plus tendre,
Que s'il eût été son gendre,

Et

Et restant comme perclus,
Bien loin de tempêter plus,
Et de poursuivre en furie,
Un chien de la bergerie,
Qui venoit, dans le moment,
De lui prendre adroitement,
Son dîner, sur son assiette:
Vien, Daphnis, la chose est faite,
Lui dit il, mais le pendart
Le paiera, tôt ou tard.
Nous nous étions mis à table,
Et ce mâtin exécrable,
Que tu viens de voir passer,
S'en est venu se glisser
Entre ma chaise & ma cuisse,
Et m'a pris, ou je périsse,
Le mêt, qu'on m'avoit servi.
Mais entre, je suis ravi
De te trouver à ma porte,
Quoi que ce coquin m'emporte
Le plus excellent morceau,
Quelques graillons de pourceau,
A la sausse à la moutarde,
La moitié d'une poularde,
Et deux où trois couples d'œufs,
Sufiront bien pour nous deux.
J'ai d'ailleurs de bon breuvage;
Nous en boirons davantage;

Quand on veut se réchaufer,
Il faut un peu se coifer.
Drias conte des merveilles,
Mais Daphnis n'a point d'oreilles
Pour ouïr ce compliment;
Il se borne uniquement
A contempler sa Maîtresse,
Prête à tomber en foiblesse.
Au moindre de ses regards:
Et sans avoir des égards,
Pour les chefs de la famille,
Il se jette sur la fille,
Et bras dessus, bras dessous,
Vous la baise tout son sou.
En suite, il parle à la mére,
L'embrasse à son ordinaire,
Puis se met à raconter,
Qu'après s'être vû rester
Renfermé dans une chambre,
Depuis la fin de novembre,
Il avoit eu le desir
De prendre un peu le plaisir
De la chasse à la pipée,
Et que leur cour, ocupée
Par mille oiseaux, tout le jour,
Qui préferoient ce séjour,
A cause des beaux plantages,
Aux plus spacieux bocages,

L'a-

L'avoit, de très grand matin,
Atiré ſous ce haut pin,
Où, par un bonheur extréme,
Drias ſon ami, lui même,
L'étoit venu careſſer,
Lors qu'étant las de chaſſer,
Il avoit plié bagage,
Pour s'aller remettre en cage.
Nape, riant de le voir,
Le conjure de s'aſſeoir,
Et Chloé d'abord fait gloire
De verſer par tout à boire:
Mais faiſant pourtant ſemblant
De nommer afront ſanglant,
Le diminutif de zéle,
Qu'il marque pour voir ſa Belle,
Lors qu'il eſt dans ſon quartier,
Il fut ſervi le dernier,
Après avoir elle même,
Pour boire à tout ce qu'il aime,
Vuidé la coupe à moitié.
Mais quoi qu'il eut emploié
Un quard de jour à la chaſſe,
Et qu'il fit laide grimace,
De la ſoif, qu'il enduroit,
Le gros goulu ne tiroit
Que comme avec quelque peine,
Et buvoit à longue haleine,

Pour

Pour prolonger le plaiſir.
En ſuite, on eut le loiſir
De s'informer de Mirtale,
Cette femme ſans égale,
Et de Lamon, ſon mari.
Ils t'ont certes bien nourri,
Daphnis, lui diſoit la femme,
Tu ſerois digne de blâme,
Si tu ne parlois ainſi;
Mais je te confeſſe auſſi,
Qu'ils ſont heureux, à leur âge,
D'avoir un enfant ſi ſage.
Ce n'eſt point pour te Loüer,
Mon fils, il faut l'avoüer,
On te rend cette juſtice,
Que tu vis ſans aucun vice.
Si l'on ajoute à cela,
Qu'on lui dit de reſter là,
Pour aſſiſter à la fête,
Puis que l'ofrande étoit prête,
Que Drias, le lendemain,
Devoit ofrir de ſa main,
Au Dieu, Patron de leur Ile,
Il ſeroit bien dificile
D'exprimer briévement,
La joie de nôtre amant.
Il tira de ſa beſace,
Trois vaneaux, une bécaſſe,

Et

Et plusieux autres oiseaux,
Avec de plus courts museaux,
Que Chloé mit à la broche.
Avant qu'on eut oui la cloche
Sonner six heures du soir,
On s'étoit venu rasseoir
Autour d'une grande table,
Où tout étoit délectable.
Nonobstant cette faveur,
Daphnis faisoit le réveur,
Et mangeoit moins qu'un malade;
Sa Maîtresse, d'une œillade,
Le régaloit beaucoup plus,
Que de ses mêts superflus.
Enfin, on ote la nape,
Le sommeil, qui les atrape,
Ocupez à se chaufer,
Les force d'aller coucher,
Suivant l'ancienne pratique,
Nape avec sa fille unique,
Et Drias avec Daphnis.
Nos jeunes gens, plus munis
D'Amour que de patience,
Détestoient cette ordonnance:
Il falut sans hésiter,
Néanmoins s'en contenter,
Tout ce, que Daphnis peut faire,
Est de caresser le pére,

Et de s'y tenir colé,
Comme s'il tenoit Chloé
De l'une & de l'autre pate:
D'autre part, elle se flate
De le voir à son lever.
D'abord qu'on vit arriver
Apollon, au beau visage,
Sans prétendre davantage
Rester nud, pour sommeiller,
Chacun songe à s'habiller.
Tandis que d'une genisse,
Drias fait un sacrifice,
Qu'il ofre à diférens saints,
Sa femme, qui met les mains,
Comme l'on dit, à la pâte,
Garde que rien ne se gâte,
De ce, qu'il faut aprêter,
Pour se pouvoir bien traiter.
Cependant Daphnis caresse
Son adorable Maîtresse,
A dix pas de la maison.
Tu n'avois pas hier raison,
Lui dit il, ma colombelle,
De me paroître cruelle:
Je te jure par ma foi,
Que c'est pour l'amour de toi,
Que je suis dans ce vilage.
Ne m'en dis pas davantage,

Reprit elle, en ſoupirant,
Tu peux croire au demeurant,
Que je n'ai point fait de plaintes,
A ton égard, que de feintes,
Afin de tromper nos gens,
Qu'un ſoupçon rend diligens
A ſouvent chercher la cauſe
De la plus petite choſe.
Je t'aime, cela ſufit:
Tu peux faire ton profit
De l'aveu d'un cœur ſincére.
Je n'en doute point, ma chére:
Reſtons donc toûjours unis,
Dit il. Oui, mon Adonis,
J'ai juré, répondit elle,
D'être .... mais on nous apelle,
Au moins, pas tant de reſpect,
Que tu ne leur ſois ſuſpect.
Dès là, je ſuis fort à plaindre,
Car enfin, je ne puis feindre,
Lui repliqua le Berger,
C'eſt folie d'y ſonger:
Mais je voudrois pour mes merles,
Et trois des plus belles perles,
Que l'orient nous fournit,
Que demain l'hiver finit.
Un berger à la campagne,
Jouït avec ſa compagne,

D'u-

D'une entiére liberté.....
Ici, l'odeur d'un pâté,
Fait par Nape, à croute fine,
Et le bruit de la cuisine,
Leur fit redoubler le pas.
Jamais Daphnis, au repas,
N'avoit mieux rinsé sa coupe.
Enfin, il prit de la troupe
Un congé bien entendu:
Aiant mis le résidu
De son butin dans sa male,
Pour le porter à Mirtale.
Eux voulant absolument
Le régaler réglément,
Une ou deux fois la semaine,
Il n'eut pas beaucoup de peine
A trouver l'ocasion
De voir sans confusion,
La Belle, à la voix artiste:
De sorte que l'hiver triste
Ne se passa pas pour eux,
Sans les plaisirs amoureux.
Cependant Phæbus, vers l'Ourse,
Tend vaillamment, dans sa course:
A ses pénétrans regards,
Disparoissent les brouillards.
Plus de neige, plus de glace;
La terre change de face,

Les valons couverts d'émaux,
Invitent les animaux
A jouïr de leur pâture,
Enfin, dans peu, la nature
Fait montre de tant d'apas,
Que les bergers, à grands pas,
Gagnent par tout l'herbe verte,
Dont la Campagne est couverte.
Nos prétendus prisonniers,
Ne furent pas des derniers,
A sortir de l'esclavage.
Pan fut la premiére image,
Qu'ils allérent adorer;
En suite, il vont assurer
Les Nimphes, leurs protectrices,
De leurs plus humbles services,
En leur ofrant un bouquet
De Moron & de Muguet,
Enrichi de Violette;
Puis au son d'une musette,
Ils se mettent à chanter,
Dans le dessein d'exciter
Les rossignols au ramage,
Cachez sôus l'épais feuillage
Des arbres les plus rameux.
Leurs troupeaux ravis, comme eux,
De pouvoir faire gambade,
En font librement parade.

Cha-

Chaque petit agnelet,
Pour quatre goutes de lait,
Fait cent ſauts devant ſa mére.
La moindre brebis s'altére,
Par un fréquent bêlement,
Pendant qu'un bélier gourmand
D'innocens plaiſirs, la preſſe
De ſoufrir qu'on la careſſe.
Les boucs n'en faiſoient pas moins,
Ils toleroient des témoins,
Lors qu'ils couvroient leur amie,
Mais point de poligamie:
Chaque chévre avoit le ſien,
Par un privilege ancien.
Toutes ces fraiches ſaillies,
Que les perſonnes, viellies
Dans les combats vénériens,
N'auroient, malgré leurs liens,
Pû voir qu'avec deuil extréme,
Sans vouloir faire de même,
Excitérent tant l'amour,
Que le berger à ſon tour,
Auſſi bien que la fillette,
S'entretinrent d'amourette,
Pendant ſix heures de tems,
Sans encore être contens.
Je te prie, ma folâtre,
Découvre ton ſein d'albâtre,

Di-

Disoit Daphnis, tout en feu ;
Vien, que je te baise un peu ;
Tourne toi, mets toi par terre,
Non, léve toi, pousse, serre ;
Ce n'est pas encore ainsi ;
Mets un peu la main ici.
Ma foi, je n'y vois plus goute ;
Il faut être nuds, sans doute :
Philetas derniérement,
Nous le dit tacitement.
Essaions, ote ta jupe.
Ce viellard t'a pris pour dupe,
Repartit elle, en riant :
Les boucs, dont tu parles tant,
Que de si près tu contemples,
Et me cites pour exemples,
Sont-ils moins vétus que toi ?
Les brebis sont plus que moi,
Afublées de leur laine ;
Tu vois pourtant que sans peine,
Ils satisfont leur amour ;
Après, le reste du jour,
Chacun est doux & tranquile.
La dessus le pauvre gile,
Honteux, s'assiet de nouveau,
Et pleure la comme un veau,
Gratant des deux mains la tête,
De ce qu'il étoit plus bête,

 Que

Que le troupeau, qu'il conduit,
Et dont pas un n'eſt réduit
A ſoufrir peine pareille.
L'Amour cependant, qui veille,
Pour le bonheur des amans,
Voiant durer ſes tourmens,
Vint les terminer lui même.
Un fermier, riche à l'extréme,
Avare, aſſez mal dreſſé,
Et que l'âge avoit caſſé,
Avoit ſa femme, au contraire,
Belle, jeune, débonnaire,
Dont le nom Licænion,
Donnoit bonne opinion
De ſon prétendu mérite,
De ſon train, de ſa conduite,
Aux pauvres viellards chenus.
Cette agréable Vénus
Voiant tous les jours, ſans faute,
Daphnis paſſer, côte à côte,
De Chloé, devant ſon huis,
Ne penſoit toutes les nuits,
Auprès du viellard tranquile,
Qu'au moien le plus facile
De rendre Daphnis heureux.
Un jour, d'un air amoureux,
Paſſant ſeul, elle l'aproche,
Et lui fourre dans la poche

Des

Des gateaux paîtris au lait,
A la main, un flageolet,
Avec une pannetiére,
Aussi belle par derriére,
Qu'il la trouve par devant;
Je te verrai plus souvent,
Mon cher Daphnis, lui dit elle,
Va vite joindre ta Belle:
Elle est au bas du côteau,
Assise sous le fouteau,
Où sans doute, ton absence
Lui fait perdre patience.
Remarquez qu'auparavant,
Elle avoit été souvent
Ecouter leurs dialogues,
Et qu'elle étoit à ses gogues,
Lors qu'au travers d'un buisson,
Elle voioit ce garçon,
Plus innocent que sa Blonde,
Chercher par ou sort le monde,
Avec un empressement,
Qui dénotoit son tourment.
Tôt après qu'il l'eut quitée,
Triste, & toute épouvantée,
Elle s'en vient le trouver.
Ce n'est point pour t'éprouver,
Mon cher Daphnis, luit dit elle,
La chose en éfet est telle,

Sans en faire un long difcours,
J'ai befoin de ton fecours.
Une aiglonne, oifeau de proie,
Vient de m'enlever une oie.
De quinfe livres pefant,
Dont on m'avoit fait prefent,
Mais l'aiglonne étant tout proche
Du fommet de cette roche,
Où ces oifeaux font leurs nids,
J'ai vû, mon très cher Daphnis,
Qu'elle s'eft venu abatre,
Avec encor trois ou quatre,
Dans le bocage, ici près;
Allons, courons vite après;
Il perd fouvent, qui trop tarde,
Chloé peut bien prendre garde
Aux deux troupeaux à la fois.
Le berger, humble & courtois,
Prend auffi tôt fa houlette,
Pour joindre cette coquette,
Qui l'aiant pris par la main,
Le conduifit à deffein,
Dans le bois, loin de la plaine,
Jufqu'auprès d'une fontaine,
Petit féjour enchanté,
Néanmoins peu fréquenté,
Et propre à joüer fon rôle.
Alors, prenant la parole,

Il ne s'agit plus d'oiſon,
C'eſt pour une autre raiſon,
Mon cher enfant, lui dit elle,
Que le deſtin nous apelle
Dans ce ſolitaire lieu.
Les Nimphes avec ce Dieu,
Dont un certain vieux grand pére
T'a fait le récit ſincére,
M'ont aparu pluſieurs nuits,
Pour me dire tes ennuis,
Et m'en faire oter la cauſe.
Cette loi, que l'on m'impoſe,
Et qu'on ne peut transgreſſer,
Sans grandement ofencer
La Majeſté Souveraine,
M'a fait une rude peine:
En vain j'ai le cœur tranci,
Il faut obéir ici.
Avance donc au plus vite,
Que ma vertu ne s'irrite,
Vien, & je t'enſeignerai,
Du mieux que je le pourrai,
Le jeu, que tu veux aprendre.
A peine peut il comprendre
Ce, que la Belle lui dit,
Il tremble, il reſte interdit,
Tant que, s'étant expliquée,
Et ſa raiſon ofuſquée,

Aiant débrouillé le ſens
Du diſcours, dit j'y conſens,
Du plus profond de mon ame,
Mais peut être auſſi, Madame,
Que n'aiant rien à donner,
Vous pourrez vous étonner
De ce qu'un pauvre imbécile,
Pour un art ſi dificile,
Oſe ainſi donner dedans;
Me faudra-t-il bien du tems?
Je vous prie de le dire.
Non, Daphnis, tu me fais rire,
Reprit elle: fais ainſi....
Tu n'as pas mal réuſſi,
Et ce coup pourroit, peut être,
Paſſer pour un coup de maître.
Auſſi tôt lui, ſans façon,
Pour répéter ſa leçon,
Veut aller trouver ſa Belle.
Licænion le rapelle.
Sache, dit elle, Daphnis,
Si nous nous ſommes unis,
Avec un plaiſir extrême,
Qu'il n'en ira pas de même,
Avec ta chére Chloé:
Je ſuis, Pan en ſoit loüé,
Mariée, & cette Belle
Eſt ſans doute, encore pucelle:

Tu ne ſaurois l'aprocher,
Qu'elle ne le païe cher.
Ainſi, ſi tu me veux croire,
De peur qu'on ne loie braire,
Du mal, que tu lui feras,
Lors que tu l'engageras
A la premiére carriére,
Fui le monde, & la lumiére;
La fontaine, que voila,
Eſt un lieu, propre à cela;
Ce feuillage, par ſon ombre,
Le rend ſolitaire & ſombre,
Perſonne ne vous verra,
Perſonne ne le ſaura:
Et ſi, comme la moins forte,
En luitant de cette ſorte,
Elle ſaigne en quelque part,
Tu peux, avant ton départ,
La laver de cette eau claire.
Mais au moins, tu ſais te taire;
Ne t'en va pas divulguer
Ce, que je viens d'alléguer.
La deſſus, elle le quite,
Et lui de même, au plus vite,
Va rejoindre ſon troupeau,
Et repaſſant de nouveau,
Tout ce, qu'il venoit d'entendre,
Il jure de n'entreprendre,

Contre son objet si cher,
Rien, qui le puisse facher.
Ces cris, ces pleurs & ces plaintes,
Remplissoient de mille craintes,
Son cœur, quand il y pensoit,
Et tout son poil s'hérissoit,
Lors qu'une plaie sanglante,
A son esprit se presente:
Non, il ne peut concevoir
Qu'aucun homme puisse avoir
De l'amour pour sa Maîtresse,
Dans le moment qu'il s'empresse,
Sous prétexte d'amitié,
De la tüer à moitié.
Aussi tôt que la fillette,
Qui faisoit de violette,
Un chapeau, pour son berger,
D'assez loin, le voit bouger,
Elle le joint, & l'embrasse,
Le caresse, & le menace,
Le menace avec raison,
De ce que, pour un oison,
Il l'a mise en peine extréme,
Et le caresse de même,
Pour être enfin revenu.
Lui, comme un bégue-cornu,
L'entretient long-tems des régles
D'un combat avec les aigles:

Com-

Comment, pour les débusquer,
Il à sû les ataquer;
Et fait consister sa gloire
Dans l'importante victoire,
Qu'il a gagnée sur eux.
J'en rends graces à nos Dieux,
Reprit Chloé, sa mignonne,
Il faut que je te courronne;
Elle prend le beau chapeau,
Le pose sur le coupeau
De sa tête, qu'elle baise,
D'un baiser chaud comme braise;
Protestant par sa candeur,
Qu'elle est de meilleure odeur
Que les fleurs de sa guirlande.
En suite, elle lui commande
De mordre dans un gâteau,
Mais chaque petit morceau,
Que de ses levres, il touche,
Elle le prend de la bouche,
Et lui rend, pour l'apaiser,
Au lieu de pain, un baiser.
En badinant de la sorte,
Un bruit confus, qui les porte
A jetter de toutes parts,
Mille curieux regards,
Leur fait voir une chaloupe,
Conduite par une troupe

De pêcheurs, & gens de mer,
Fort ocupez à ramer,
Qui pour adoucir leurs peines,
Chantent comme des ſirénes.
Etant près, & vis à vis,
Il fut à l'inſtant avis
A nôtre bergére aimable,
Qu'une autre troupe ſemblable,
Répondoit, du fond du bois,
A toutes ces rares voix.
Mais entendant tout de même,
Le bruit des rames, & même
Les ſecouſſes du bateau;
Se peut-il que ce côteau,
Mon cher Daphnis, lui dit elle,
Nous cache une autre mer, telle
Que nous voions celle-ci?
D'où l'on puiſſe entendre ainſi,
Ce, qu'un pilote y peut dire?
Daphnis ſe mit à ſourire
De l'interrogation:
Enfin, à condition
Qu'un petit baiſer folâtre,
Pris ſur ſa gorge d'albâtre,
Seroit l'unique loier,
Dont elle pourroit païer
La peine qu'il alloit prendre
A lui bien faire comprendre

Le neud de la question:
On ſait, par tradition,
Qu'entre les Nimphes mortelles,
Eco, dit il, des plus belles,
Que nous peignent les Romans,
Jouoit bien des inſtrumens,
Chantoit, danſoit à merveille,
Charmoit l'œil, charmoit l'oreille,
Et ſervoit, ſans vanité,
D'exemple à la chaſteté.
Pan, la trouvant ſi jolie,
Fut pris, juſqu'à la folie,
D'amour, pour ce rare objet;
Il la ſert, comme un ſujet,
Et le feu, qui le dévore,
Fait que mêmes il l'adore;
Mais il n'eſt Dieux, ni ſilvains,
Qui ne lui paroiſſent vains,
Dans leurs plus vives pourſuites.
Pan, avec ſes jambes cuites,
A beau lui courir après,
Elle le dédaigne exprès.
Enfin, ce Dieu s'en ofence,
Et pour en tirer vengeance,
Il rend bergers, & troupeaux,
Enragez, dans ces hameaux.
La pauvre fille eut beau faire,
Ces animaux, en colére,

Comme autant de Lionceaux,
La coupérent par morceaux,
De leurs dents envenimées :
Mais les Nimphes, animées
Contre Pan, ce vieux grivois,
Lui conservérent la voix,
Avec l'aide de la terre,
Qui la tient dans une pierre,
D'où nous l'entendons chanter,
Parler, crier, imiter,
Des instrumens l'harmonie,
De nos voix la simphonie,
Le doux murmure des eaux,
Le ramage des oiseaux,
Les plus doux airs, qui s'entonnent,
Et tous les cors, qui résonnent.
Ici, Daphnis s'arrêta,
Et Chloé le contenta.
Sur le champs, de bonne grace.
Cependant le printems passe,
Et fait place, avec raison,
A la plus belle saison.
Daphnis s'en aperçoit vite,
Il n'atend pas qu'on l'invite
A se baigner, à son tour;
Il est dans l'eau tout le jour.
Chloé quite aussi la plaine,
Pour se rendre à la fontaine,

Et chanter une chanson,
A quoi répond le garçon,
Toujours ardent, comme braise,
Qui la patrouille & la baise,
Mais laisse le principal,
De peur de lui faire mal,
Selon la leçon donnée.
Durant toute cette année,
Et même depuis deux ans,
Un nombre de courtisans
Font sans fin, la cour à Nape,
De peur que Chloé n'échape
A leurs soins interessez.
D'autres font les empressez,
Tous les jours, auprès du pére;
L'un l'honore & le révére,
L'autre lui donne un veau gras,
Le nommant son cher Drias.
Les presens, & les services,
Sont les moindres artifices,
Qu'emploient ces turlupins,
Pour parvenir à leurs fins.
Mais Drias, quoi qu'on le presse,
Se representant sans cesse,
Le régal qu'on lui feroit,
E le tort, qu'il causeroit
A cette charmante fille,
Si quelqu'un de sa famille

La reconnoiſſoit un jour,
Fait chez lui peu de ſéjour,
Que pour prendre des ofrandes,
Et ſatisfaire aux demandes,
Par un ſeul, je ne prétens
Que deux ou trois jours de tems
Pour vous rendre ma réponſe.
Chloé cependant annonce
A Daphnis que les preſens
De vingt riches païſans,
Qui nonobſtant ſon jeune âge,
La vouloient en Mariage,
Aiant ébloüi Drias,
Elle étoit dans l'embaras
De ne ſavoir qu'entreprendre,
Pour éviter de ſe rendre
Au trop redoutable éfort
D'un pére, qui l'aimoit fort.
Daphnis, à cette nouvelle,
Se ſent tourner la cervelle,
Et ne va plus qu'à tatons.
Il plaint chévres & moutons;
L'abſence de ſa Bergére,
Qui ſeule le deſeſpére,
Doit perdre auſſi leur bétail.
Puis repaſſant en détail,
Les tendreſſes de ſa mére,
De l'aveu de ſa Bergére,

Il

Il la prie, sans tarder,
De vouloir intercéder,
Pour eux, auprès de son pére,
A quoi Mirtale obtempére.
Mais le sévére Lamon,
S'étant saisi d'un ramon,
Lui pensa casser la tête.
Tu n'es, dit il, qu'une bête;
N'est ce pas pour enrager,
De me vouloir engager
A ce fichu Mariage.
Drias est de ce vilage,
Il n'est pas grand terrien;
Moi, de même, je n'ai rien,
On sait que je lui ressemble:
Il feroit beau voir ensemble,
Deux gens, nuds comme la main:
Au lieu que si, des demain,
Daphnis connoit ses ancêtres,
Des chévres nous serons maîtres;
Tais t'en donques desormais,
Ne m'en parles plus jamais.
Mirtale, Femme prudente,
Loin de donner l'épouvante,
A son tendre nourisson,
Lui dit, tu sais, mon garçon,
Que nous n'avons rien au monde;
Drias, au contraire, abonde

En tout ce, qu'on a besoin,
Pour vivre sans aucun soin;
Il ne voudroit pas entendre
Qu'on lui proposât un gendre,
Qui n'eut de même du bien;
Croi moi, nous ne ferons rien.
Cependant, parle toi même,
Je sai que la fille t'aime;
Si Chloé te veut aider,
Qu'on te la veuille acorder,
Et qu'elle devienne nôtre,
Sans boursiller, l'un, ni l'autre,
Nous le voulons bien tous deux;
Mais le coup est hasardeux;
Je doute qu'il y consente.
Tu sais ce, qu'on lui presente,
Les riches sont les meilleurs;
Pour moi, je verrois ailleurs.
Dans ces étranges alarmes,
Daphnis a recours aux larmes,
Et par ses touchans discours,
Il apelle à son secours,
La troupe de la caverne,
Comme celle, qui gouverne,
Selon lui, tout l'univers.
La dessus, d'un doux revers,
Morphée, & sa noire suite,
Dans son lit le précipite,

Et pour calmer ſon ennui,
Le berce tout la nuit.
Pendant ce ſommeil tranquile,
Pan quite ſon domicile,
Avec les Nimphes, ſes ſœurs,
Et les Dieux, ſes aſſeſſeurs,
Puis bien loin de ſon atente,
A ſon eſprit ſe preſente,
Diſant, Daphnis, mon ami,
Je n'aime point à demi:
Quand un homme eſt aſſez ſage,
Pour ſavoir me rendre hommage,
Et tous les jours m'invoquer,
Rien ne lui ſauroit manquer.
Pour moi, je connois ton zéle,
Juſqu'à la moindre étincelle;
Tu me ſers dévotement,
J'aurai ſoin pareillement
De tes petites afaires.
Malgré tes fiers adverſaires,
Tu veux Chloé, tu l'auras,
Des mains même de Drias.
Voici mon ami Neptune,
Qui fournira la pécune
Aux parens intéreſſez,
Tant qu'ils en auront aſſez.
Va-t-en le long du rivage,
Où tu ſais qu'a fait naufrage

La barque des Métinniens,
A trente cinq pas des tiens,
Au dela de la Redoute,
Tu trouveras là, ſans doute,
La bourſe de ces ſendans,
Avec cent Ducats dedans.
Il n'en faut pas davantage,
Pour pouſſer ton mariage
Au comble de tes ſouhaits:
N'oublie pas nos bien-faits:
C'eſt moi, qui te le conſeille.
La deſſus Daphnis s'éveille
Tout d'un coup, comme en ſurſaut.
Et du lit, ne fait qu'un ſaut,
Avec le troupeau, qu'il méne,
Juſqu'après de la fontaine,
Où Chloé, pour l'y trouver,
Venoit auſſi d'arriver,
Sans s'être ailleurs amuſée.
Auſſi tôt qu'il l'eut baiſée,
Il s'encourut vers la mer,
Remettant à l'informer
Des favorables promeſſes
Des Dieux & de leurs Déeſſes,
Juſques à l'heureux moment
De leur acompliſſement.
Leur parole étant certaine,
Il n'eut pas beaucoup de peine,

A

A découvrir le treſor;
Les eſpéces étoient d'or,
Qu'il mit dans ſa pannetiére.
Je croi qu'il eſt néceſſaire
De faire ici remarquer,
Qu'il n'eut garde de manquer
D'aller rendre ſes hommages
Aux vénérables images
De ſes ſages Déitez,
A cauſe de leurs bontez.
De là, ſon amour le preſſe
De courir à ſa Maîtreſſe,
Pour lui conter ſon bonheur.
J'aurai, lui dit il, l'honneur,
On le diable n'y voit goute,
De voir bien-tôt en déroute,
Mes rivaux, ſe débander,
Et de ſeul te poſſéder.
Vois-tu, dans ma pannetiére,
Ce, qu'à mon humble priére,
Pan m'a donné ce matin?
Ne crois pas que ce butin
Soit de peu de conſéquence,
La ſomme eſt, comme je penſe,
De cent beaux & bons ducats,
Qui plairont fort à Drias;
Je cours droit chez lui me rendre,
Pour voir s'il voudra m'entendre.

Si tu veux, à mon retour,
Je prendrai ſoin, à mon tour,
De tes bêtes & des miennes.
Les Divinitez Païennes
Te conduiſent, dit Chloé:
Je ſai, Pan en ſoit loüé,
Que l'on t'aime chez mon pére,
Et que même il te préfére
Aux autres, juſqu'à preſent:
Quand il verra ton preſent,
Ce ſera bien autre choſe:
C'eſt ſur quoi je me repoſe.
Mais tu marchandes ſouvent;
Va, que l'on n'en ait le vent,
Et qu'on te rendre le change.
Drias étoit dans ſa grange
Lors que le jeune galant,
S'en aprochant tout tremblant,
Lui parla de cette ſorte.
Je viens voir comme on ſe porte
Dans cette famille ici;
J'en ſuis ſouvent en ſouci,
Comme le ſait ma Maîtreſſe,
Parce que je m'intéreſſe
Au bonheur de ta maiſon,
Et, ce n'eſt pas ſans raiſon,
Car ſi l'on y veut entendre,
Je voudrois être ton gendre.

Tu connois mes facultez:
J'ai de bonnes qualitez,
Sans me trop vanter moi même,
Chloé sait le soin extréme
Que je prens de mon troupeau.
Il y eut au renouveau,
Trois ans que l'Amon, mon Pére,
Par le conseil de ma Mére,
Dont les desirs & les miens,
Quadrent fort avec les siens,
Me mit en main trente bêtes:
Depuis ce tems, mes conquêtes,
Vous en étes les témoins,
Surpassent ce nombre au moins,
Des deux tiers, ou davantage.
J'entends bien le labourage;
Je sai batre le froment,
Jouër de maint instrument,
Et tout ce qu'en un vilage,
Savent les gens de mon âge;
Avec cela simplement,
Je pourrois facilement
Prétendre la préférence;
Mais je vous veux d'abondance,
Enrichir de cent ducats,
Dont Nape fera du cas.
A l'aspect de cette somme,
La femme, aussi bien que l'homme,

Res-

Reſtérent comme perclus.
Les autres en ſont exclus,
Dis Nape, je te le jure:
Mais la choſe eſt pourtant ſure,
Que ce n'eſt point d'apreſent,
Ou pour ton riche preſent,
Que Drias te conſidére:
Tu le deſires pour pére,
Et lui te veut pour ſon fils.
Ma femme a raiſon, Daphnis,
Repartit le viel avare:
J'eſtime moins l'or en barre,
Que l'eſprit, le jugement,
Et le bon comportement
De celui, qui veut ma fille,
Oui, n'eut il qu'une guenille,
Pour couvrir ſa nudité,
Je le dis en vérité,
Que j'aimerois mieux le prendre
Qu'un Créſus, qu'un Alexandre,
Aux débauches adonné,
Et d'un timbre mal tourné.
Mais remontons à la ſource,
Delivre moi cette bourſe,
Que tu m'as tantôt fait voir,
Afin qu'avant qu'il ſoit ſoir,
Je me porte chez ton pére,
Pour terminer cette afaire.

La voila, dit le Berger,
Mais avant que de bouger,
Si mon afaire te touche,
N'en ouvre jamais la bouche;
J'apréhende que Lamon
Ne pestât comme un demon,
S'il en savoit la nouvelle,
Parce qu'il n'est que ma Belle,
A laquelle il est connu
D'où ce bijon m'est venu.
Drias, sans s'en mettre en peine,
Croíant la chose assez vaine,
Lui dit qu'en homme discret,
Il garderoit le secret,
Et la dessus, il le quite,
Pour se porter au plus vite,
Vers les parens de Daphnis.
Que tous les Dieux soient benis,
De ce que j'ai l'avantage
De vous trouver, à vôtre âge,
Leur dit il, frais & dispos,
Et tout seuls, bien à propos.
La raison de ma venuë
Vous est sans doute, inconnuë,
Mais elle est nouvelle aussi.
Vous venir trouver ici,
Afin de vous faire entendre
Que je voudrois bien pour gendre,

Vôtre

Vôtre fils, nous le savons,
C'est au tems, où nous vivons,
Un cas extraordinaire;
Mais je n'y saurois que faire,
Qu'on en glose, je m'en ris,
Puis qu'ils ont été nouris,
Depuis les maillots ensemble,
Il est tems qu'on les rassemble.
Marque que je le veux bien,
Je ne vous demande rien,
Quoi que tous les jours sans cesse,
Ou l'un, ou l'autre, me presse,
Déja bien depuis deux ans,
D'accepter de gros presens,
Moiennant que je m'engage
A signer leur Mariage
Avec Chloé, sans tarder.
Loin de vous rien demander,
Je suis tout prêt, au contraire,
Si vous en avez afaire,
A vous faire part du mien.
Que chacun garde le sien,
Reprit Lamon, je confesse
Que je n'ai poulain d'anesse,
Ni la valeur d'un teston,
A donner à mon garçon:
Mais aussi que l'on me donne,
Je croi que jamais personne,

Ar-

Arrive ce, qui pourra,
Ne me le reprochera.
Je ſuis déja dans vos détes,
Par l'honneur, que vous me faites,
De vouloir, ſans palier,
Avec moi vous allier.
Mon fils eſt pour vôtre fille,
Elle eſt ſage, elle eſt gentille,
Ils s'aiment depuis long-tems,
Et nous en ſommes contens;
Touchez là, la choſe eſt faite,
Mais l'on commande à baguette,
A des gens fait comme moi;
Un autre me fait la loi;
Je dépends d'un Maître grave,
Dont je ne ſuis que l'eſclave;
Il faut ſon conſentement,
Vous le ſavez, autrement
Gâre une entiére diſgrace:
Dans un fort petit eſpace
De tems, nous l'aurons ici;
Il m'eſtime, Dieu merci,
Et rarement il s'opoſe
A ce, que je lui propoſe;
S'il conſent, mon cher Drias,
Tu veux un fils, tu l'auras.
Et pour te faire ouverture
D'une célébre avanture,

Un fils, plus noble que moi,
Et d'un autre lieu que toi.
Je l'ai dit, la chose est seure,
Mais c'en est trop, à cette heure:
A ces mots, il l'embrassa:
Puis d'un pas il s'avança,
Et témoignant à Mirtale
Une amitié sans égale,
Comme étant fort content d'eux,
Il prit congé de tous deux,
Non pas sans inquiétude,
Car, se faisant une étude
Des paroles de Lamon,
Il se seroit fait démon,
Pour découvrir ce mistére.
Quoi, Lamon n'est pas le pére,
Se disoit-il, de ce fils?
Ce n'est pas toi, qui le fis?
Il est vrai, mon cher compére,
Qu'il ne te ressemble guére,
Et je n'en suis pas marri.
Une chévre l'a nourri,
On le sait dans ma famille;
Il vient, pour avoir ma fille,
De trouver tant de ducats;
Voiez, que d'étranges cas;
Il faut, dans son entreprise,
Que le Ciel le favorise.

Mais comme je n'ai Chloé,
Enfant aux Dieux dévoué,
Que par un bonheur extréme,
Auroit-il bien, tout de même,
Trouvé Daphnis exposé?
Et qu'en suite, le rusé
A fait croire au voisinage
Qu'il étoit de son lignage?
Plaise au Nimphes des forêts,
Pour nos communs intérêts,
Que ceux, dont il reçût l'être,
Puissent un jour le connoître;
Ma fille en profiteroit,
Et ce moien serviroit
A découvrir sa famille,
Et celui, dont elle est fille.
En s'entretenant ainsi,
Du Mariage transi
De cette innocente paire,
Il se trouva sur son aire,
Lors qu'il ne se flatoit pas
D'avoir fait cinquante pas
D'abord, d'un air doux & tendre,
Il parle, & traite de gendre
Daphnis, qui trembloit de peur,
Que quelque noire vapeur
Ayant troublé des cervelles,
Il n'aportât les nouvelles

Que Mirtale avec Lamon,
Après quelque long ſermon,
N'euſſent fait la ſourde oreille:
Mais ce fut une merveille,
De le voir caprioler,
Lors qu'il l'entendit parler
Du ſuccès de ſon voiage.
Je n'en veux pas davantage,
Dit il, le Ciel ſoit loüé;
Je vai le dire à Chloé,
Puis qu'elle a part à la féve,
Il eſt ſur, ſi je ne réve,
Qu'elle en ſera, ſur ma foi,
Auſſi joieuſe que moi.
En éfet, la pauvre ſote,
A genoux, dedans la grote,
Tachoit, par œuvres, & dits,
D'obtenir du Paradis,
Des graces, plus qu'ordinaires,
Pour le bien de leurs afaires,
Lors que Daphnis la joignit.
En l'abordant, il feignit
D'avoir perdu tout courage:
Mais voiant, à ſon viſage,
Que ſon ame en patiſſoit,
Il dit ce, qui ſe paſſoit;
De ſorte qu'ils s'embraſſerent,
Et qu'ils ſe félicitérent

Tous

Tous deux réciproquement.
Mêmes, depuis ce moment,
Ils firent peu de Mistére,
Ou de se dire, ou de faire,
Tout ce, que l'honnêteté,
Et la familiarité,
Pouvoient alors leur permettre.
Chacun vouloit s'entremettre
De ce, que l'autre faisoit.
Lors que Chloé proposoit
De traire seule les chévres,
Elle n'avoit de ses lévres,
Formé le mot qu'à peu près,
Que Daphnis étoit après :
Et la fille, tout de même,
Tachoit, par un Zéle extréme
A prévenir le berger,
Lors qu'il vouloit s'engager
A soulager son amante.
Comme une année abondante
Avoit, pour leur usufruit,
Couvert la terre de fruit,
Daphnis prenoit sa compagne,
Et traversant la campagne,
Ils alloient souvent au bois,
Casser de petites noix,
Là, les meilleures du monde.
Un jour, faisant cette ronde,

Ils trouvérent un pommier,
Ou quelque avare fermier
N'avoit laissé qu'une pomme,
Mais jamais le premier homme
Ne vit rien, qui l'égalât.
Soit que Chloé reculât,
Ou discourût d'autre chose,
De peur qu'elle ne fût cause
D'un malheur, si son berger,
En grimpant, pour l'obliger,
A la cime de cet arbre,
N'en tombât froid comme marbre,
Il auroit cru de faillir,
S'il n'eut été la cueillir,
Pour la donner à sa Belle.
Tien, dit il, ma colombelle,
Prens de ma main ce beau fruit,
Que le beau tems à produit;
Un bel arbre l'a nourrie,
Un beau soleil l'a meurie,
Cette pomme de bonheur,
Et j'ai maintenant l'honneur
D'en faire present, moi même,
A la Bergére, que j'aime.
Ne m'en fais point un secret,
N'aurois-tu pas eu regret,
Si la gréle, ou le tonnerre,
L'aiant fait tomber à terre,

Quel-

Quelque monſtre de ſerpent,
Avec des dents d'un empan,
L'eut de venin empeſtée?
Ou que l'âge l'eut gatée?
Vénus, dans l'antiquité,
Eut pour prix de ſa beauté,
La pomme d'or en partage:
Aujourd'hui, ton beau viſage
A mérité celle-ci.
Je ſuis juge, Dieu merci,
D'auſſi grande compétance
Que Paris, quoi qu'en naiſſance,
Peut être, il m'ait ſurpaſſé;
Car enfin, il a paſſé
Pour un berger, comme un autre:
Mais laiſſons là, cette apôtre.
Il ne s'agit, à preſent,
Que de mon petit preſent;
Prens, le Chloé, je t'en prie,
Daphnis, il faut que je rie,
Reprit elle, en l'embraſſant,
Donne le moi, j'y conſens,
Sans aucune réſiſtance;
En voila la récompenſe.
Baiſe, dit-il, baiſe encor,
Ce ſeul baiſer vaut de l'or.
Pendant ce doux badinage,
Un valet vint au vilage,

Dire qu'on auroit l'honneur
D'en voir bien tôt le Seigneur,
Acompagné de ſa Belle,
De ſon fils, d'une ſéquelle
De véritables fendants,
A bon piez & bonnes dents.
Lamon, à cette nouvelle,
Se démontoit la cervelle
A tout ranger proprement:
Sans diférer un moment,
Il fit curer les fontaines,
Vuider les étables pleines,
Et nétoier le Verger.
Daphnis, ce gentil berger,
Reçût ordre de ſon pére,
D'avoir ſoin de ſon afaire,
Mieux qu'il n'avoit encore eu,
De peur que l'eſprit bourru
De quelque ſot domeſtique,
Ne mît ſa ruſe en pratique,
Pour le faire mépriſer;
Quoi qu'on ne pût l'acuſer
De la moindre négligence;
Son troupeau, par excellence,
Ne ſe pouvant mieux ſoigner.
Cependant, voulant gagner
Les bonnes graces du Maître,
Qui lui pouvoit, ſans peut être,

Oter Chloé, pour toûjours,
Il se levoit, tous les jours,
Deux heures avant l'aurore.
Les autres pasteurs encore
Roupilloient profondément,
Que son troupeau, goulument
Brouvoit l'herbe, à la campagne.
Le soir, avec sa compagne,
Rarement il revenoit,
Si ce n'est, lors qu'il tonnoit,
Ou que d'horribles tempêtes
Donnoient la chasse à leurs bêtes,
Qu'Apollon ne fut couché.
Il n'étoit point ataché
Aux beautez d'un pâturage;
Un pré sec, un marécage,
Un précipice, un torrent,
Tout étoit indiférent,
Pourvû que l'herbe fut bonne.
Il ne s'étoit vû personne,
Jusqu'alors, qui de torchons,
Frota lés deux cornichons,
Qu'une lourde & sale bête
Porte au sommet de la tête.
Ses boucs, polis, & bien oints,
Etoient tous les jours, au moins,
Peignez de belle importance:
Et cela, dans l'espérance

De passer, dans ce quartier,
Pour le premier Chévrier.
Chloé, sa chére Maîtresse,
A le seconder, s'empresse;
Elle recoud ses habits,
Et néglige ses brebis,
Pour le troupeau, qu'il fait paître.
Cependant, on vit paroître
Eudrome, un second valet,
Que Daphnis traita de lait,
Et d'un excellent fromage,
Pour lui mieux donner courage
De le servir puis après.
Ses ordres étoient exprès,
Qu'on devoit quiter les granges,
Et s'emploier aux vendanges,
Aussi fort que l'on pourroit,
Après quoi chacun auroit
Le plaisir, & l'avantage,
De voir venir au vilage,
Le Patron des païsans,
Chargé de riches presens.
On fit d'abord diligence,
Eudrome, par sa presence,
Avança l'œuvre d'un quart,
Et partit, à son départ,
Content de la bonne chére,
Que l'on venoit de lui faire.

Chloé trembloit cependant,
Que ce Maître, intimidant
Son Berger, par sa soutanne,
Il perdit la tramontane,
Lors qu'il voudroit proposer
De la vouloir épouser.
Daphnis même, étoit en trance,
Sachant son insufisance;
Il eut voulu, pour beaucoup,
Pouvoir éviter ce coup,
Qui lui donnoit la migraine,
Pour n'être point à la peine
De se voir rester confus,
Par un trop cruel refus.
Pendant qu'ils versoient des larmes,
Il survint d'autres alarmes;
Lapes, homme dangereux,
Depuis long-tems, amoureux
De nôtre belle bergére,
Aiant apris du vulgaire,
Que Daphnis, sans plus tarder,
S'en alloit la posséder,
Si le Seigneur du village
Consentoit au Mariage,
Inventa, pour l'empêcher,
Un tour, digne d'un vacher,
Comme étoit ce vilain traître
Il savoit bien que le Maître

Avoit paſſé de tout tems,
Dans l'eſprit des habitans,
Pour un renommé fleuriſte;
Si donc j'entre, à l'improviſte,
Se penſa-t-il, chez Lamon,
Et que, comme un beau Démon,
Je renverſe ſes parterres,
Jamais homar, de ſes ſerres,
Ne pinça mieux les corps morts,
Qu'il ſera pincé pour lors.
Daphnis aura beau prétendre,
On ne voudra point l'entendre,
A cauſe de ce forfait.
Comme il fut dit, il fut fait;
Il ſe gliſſa, ſur la brune,
Avant le clair de la Lune,
Dans ce jardin curieux,
Et fit là le furieux.
Lors que Lamon, quoi que ſage,
S'aperçût de ce ravage,
O Ciel! que ne fit-il pas?
Il n'eſt de Dieux, haut & bas,
Qu'il ne prenne par la tête:
Il ſaute, il jure, il tempête,
Comme un homme hors du ſens.
Mirtale, à ces cris perçans,
Acourt de toute ſa force,
Daphnis ſe donne une entorſe,

En

En faisant deux pas pour un;
Enfin, chacun à son run,
Vient voir ce triste spectacle.
O Jupiter! quel obstacle,
Dit Chloé, hélas, Daphnis,
Nos plus beaux jours sont finis;
Sauve toi, qu'on ne te pende,
Et que personne n'entende,
Où tu t'en seras allé.
Le tems étoit écoulé,
Qu'on t'avoit donné pour terme,
Demain, la chose étoit ferme,
Nous devions nous marier:
Comment tout peut variér.
O circonstance fatale!
Il est vrai, reprit Mirtale,
Tout étoit prêt pour cela,
Et néanmoins nous voila:
Mais Lamon se desespére.
Mon ami, que veux-tu faire?
Tout ira peut être bien.
Je voi, je ne sai combien,
De belles plantes de reste,
Dont la moindre fleur ateste
Que ta main en a pris soin:
Et les voisins, au besoin,
Diront tous la même chose,
S'il arrive que l'on ose,

Devant Monsieur, te charger
D'avoir voulu négliger
Ce, qui faisoit ses délices,
Pour d'autres vains exercices.
Mirtale, tu dis bien vrai,
Reprit il, & je pourrai
Alléguer, pour chose seure,
Que hier pendant plus d'une heure,
Nôtre Cousin Halardin,
Admira, dans mon Jardin,
Les émaux de ma culture.
Mais le moien qu'on s'assure
Sur le caprice des grands.
Ils sont pourtant diférens;
Quoi qu'il en soit, j'en suis quite;
La perte n'est pas petite.
Le printems retournera,
Mais hélas! il ne verra
Que les chétives reliques
Des violettes atiques,
Dont mes lits étoient garnis.
Où sont tes œillets Daphnis?
Baccus, n'as-tu point de honte
De soufrir que l'on t'afronte,
En foulant impunément,
Ce, qui te sert d'ornement?
Laborieuses abeilles,
Qui pour remplir vos corbeilles,

Veniez ici picorer,
Ne cessez de soupirer.
Mais que voi-je, est-ce un fantome ?
Assurément, c'est Eudrome,
Le plus grand de nos amis.
Comment va? m'est-il permis
De savoir ce, qui t'améne?
Rien, dit il, je me proméne;
Monsieur viendra dans trois jours.
Pour son fils, il dit toûjours
Que demain, sans point de faute,
Vous l'aurez ici pour Hôte.
Enfin, il fut question
De l'infernale action,
Qui les mettoit en déroute.
Eudrome ne voioit goute,
Long-tems, à l'obscur sermon,
Que lui composa Lamon,
Pour le porter à leur être
Favorable auprès du Maître,
Et moiennant du contant;
Mais bien tôt après, pourtant,
S'acoutumant à son stile,
Il lui protesta qu'Astile,
Seul enfant de son Seigneur,
Etoit un garçon d'honneur,
Qui ne cherchoit qu'à bien faire:
De sorte que sans mistére,

Ils devoient, en arrivant,
Lui courir tous au devant,
Et lui raconter la chose,
Assurant qu'il seroit cause
Qu'on ne leur en diroit rien.
Ce conseil leur plut très bien,
Mêmes ils en profitérent,
Car les bonnes gens allérent,
Aussi tôt, qu'il fut venu,
D'un air assez ingénu,
Implorer son assistance.
Astile eut la patience
D'écouter ce bon fermier,
Qui lui parla le premier,
Et tôt après, sa famille,
Daphnis, sa femme & sa fille.
D'abort il en eut pitié,
Et pour marque d'amitié,
En se chargeant de l'afaire,
Il devoit dire à son pére
Qu'on ne pouvoit en tout cas,
Acuser de ce fracas,
Que ses deux chevaux de selle,
Qui dans leur humeur rebelle,
S'étant, je ne sai comment,
Détachez secrétement,
Seroient allez sans cortége,
Faire au jardin leur manége.

La

Lamon, toûjours à genoux,
Le remercia pour tous.
Mais Daphnis fit davantage,
Il lui porta du fromage,
Meilleur que de Roquefort,
Et ce, qui lui plut bien fort,
Deux chevreaux, nourris de crême,
Qu'il conservoit pour lui même,
Au cas qu'il se mariât.
Cependant un scélérat,
Gnaton, le boufon d'Astile,
N'aiant vû garçon en ville,
Mieux fait que nôtre berger,
Se mit d'abord à songer
Aux moiens de le surprendre.
Afin de mieux l'entreprendre,
Il le vit le lendemain,
Et le prenant par la main,
L'assura de son estime.
Nôtre Maître est cacochime,
Dit il, je ne pense pas
Qu'il évite le trépas
Avant que l'hiver se passe;
Astile m'a pris en grace,
Il fait tout ce, que je veux;
Lui seul mérite mes voeux;
S'il régne un jour, que je meure,
S'il ne t'afranchit sur l'heure,

A ma ſuplication;
Et j'ai bonne intention.
Je te voi de ta perſonne,
Bien fait, homme qui raiſonne;
Tu jouës des inſtrumens;
En un mot, tes agrémens.
Me charment, je te l'avoüe.
Daphnis ravi qu'on le loüe,
Donne droit dans le panneau,
Il ſaute comme un moineau,
Joüe, ſifle & s'abandonne
A tout ce, que l'autre ordonne,
Qui ſe voiant éloigné,
Et croiant l'avoir gagné,
Sans atendre davantage,
Lui parle de badinage:
Mais en vain, l'homme aux grand airs,
S'exprime en des termes clairs;
Son langage le ſurpaſſe.
De garcon à fille, paſſe,
Mais de bélier à bélier,
C'étoit, ſans rien palier,
Prendre ſon cu pour ſes chauſſes,
Régles, qui paroiſſent fauſſes,
Et d'un fameux impoſteur,
Auprès du jeune paſteur.
Gnaton ſuit pourtant ſa pente,
Il s'àgite, il ſe tourmente,

Et

Et tente un dernier éfort,
Où Daphnis fut le plus fort,
Car l'aiant jetté par terre,
Et bien cogné d'une pierre,
Il le laissa là, pour mort.
L'autre connoissant son tort,
Aussi bien que sa foiblesse,
Crut devoir user d'adresse,
Pour parvenir à son but;
De sorte qu'il résolut
De faire engager Astile
A mener Daphnis en Ville,
Afin de pouvoir après,
L'entretenir de plus près,
Des maximes des profanes.
Justement Dionisophanes,
Pére d'Astile autrement,
Arriva dans le moment.
Ce bon viellard vénérable,
D'une vie inimitable,
Veut que sa dévotion
Précéde toute action
Vaine & mole, il court au temple,
Et sa femme, à son exemple,
Avec Astile, & leurs gens,
Paroissent tous diligens,
A rendre de bons ofices,
Et faire des sacrifices.

Aux

Aux Dieux de ces quartiers là.
En suite de tout celà,
Chacun s'arrête, & contemple
Les rares beautez du temple.
L'Autel étoit revêtu
De pommes de capendu,
De grains de meurte & de lierre.
Dessous, taillé dans la pierre,
On découvroit les traits fins,
Qui transformoient en Dauphins,
Les Tiréniens sur l'onde.
Baccus, assis sur la bonde
D'un tonneau, qu'il embrochoit,
Pendant que s'en acouchoit,
Sémelé sa bonne Mére.
Licurgue à mine sévére,
Garoté de gros chainons.
Les Indiens, comme guenons,
Etoient étendus par terre.
Penthéus, à cette guerre,
Surpris, fortement bourré,
Paroissoit tout déchiré.
On y voioit des Baccantes,
Avec leurs gueules béantes,
Danser comme des perdreaux,
Au doux son des chalumeaux,
Dont Pan régale sa troupe.
Ariadne avec sa coupe,

Rem-

Remplie d'un jus vermeil,
Pour exciter le ſommeil.
En un mot, toute l'hiſtoire
Du Dieu, qui ſait le mieux boire,
Et de quelques ennemis,
Qu'à la fin, il a ſoumis,
Ou pour le moins, mis en fuite.
Dioniſophanes, en ſuite,
Vit le verger de Lamon.
Son fils, fin comme un démon,
Prit ſur lui, tout le dommage
Des fleurs & du jardinage,
D'un certain air, qui lui plut;
De ſorte qu'il réſolut,
Comme par reconnoiſſance,
Pour la grande diligence
De ce fidéle fermier,
De l'afranchir le premier.
De là, l'on ſe mit à table,
Où ce Seigneur vénérable
Traita tous ſes païſans,
En leur faiſant des preſens,
Dignes d'un ſi riches Maître.
Enfin, on ne vit, peut être,
Jamais des gens plus contens.
Pendant l'agréable tems
De cette bachique fête,
On lui rompit tant la tête

De

De Daphnis, que ſur le champ,
Il ſe ſentit du penchant
A voir ce paſteur habile:
De ſorte qu'avec Aſtile,
Cléariſte la Maman,
Qui le quitoit rarement,
Et quelque autre, pour l'inſtruire,
Il ſe fit d'abord conduire,
Ou ce jeune juvenceau
Faiſoit paître ſon troupeau.
Chloé, comme un perduë,
Si tôt qu'elle en eut la vûë,
S'alla cacher dans le bois.
Daphnis la pria cent fois
De reſter, pour les atendre,
Mais n'y voulant point entendre,
Qu'elle ne les connut mieux,
Lui ſeul s'avança vers eux,
Afublé d'une peau rare,
Avec laquelle il ſe quarre,
Comme un pourceau de cinq ſous.
A gauche, pendoit deſſous,
Une pannetiére neuve,
Qu'on avoit faite à l'épreuve
De la pluie & du Soleil.
Sous ce ruſtique apareil,
Daphnis leur rend ſes hommages,
Chargé des meilleurs fromages,

Et d'un chevreau, gros & gras,
Que, sans aucun embaras,
Il presente à Cléariste,
Qui, loin d'en paroître triste,
Répond agréablement,
A son petit compliment.
La dessus, Lamon s'avance,
Et faisant la révérence,
Dit, Seigneur, c'est ton pasteur:
Ce seroit un imposteur,
Qui l'acuseroit d'un vice:
Il n'a non plus de malice
Qu'un jeune enfant nouveau né;
Toûjours au bien adonné,
Vertueux, modeste, sage,
Et de tout nôtre vilage,
Le plus habile berger:
Il ne faut qu'envisager
Son troupeau, pour y souscrire,
En éfet, chacun l'admire:
Mais ce, qui vous surprendra,
C'est qu'aussi tôt qu'il prendra
Quelque instrument de musique,
Vous verrez, d'un air rustique,
Toutes ces bêtes danser,
Reculer, ou s'avancer,
Boire, ruminer, ou paître,
Se coucher devant leur Maître,

Et faire cent jolis tours.
Cléariſte, à ce diſcours,
Voulut qu'avec diligence,
Il en fit l'expérience.
Et pour mieux l'encourager,
Elle promit au Berger,
De lui donner ſans remiſe,
Des ſouliers, une chemiſe,
Et dequoi faire un manteau.
D'abord, il court au fouteau,
Où ſa flûte étoit penduë,
Et tenant toûjours la vûë
Sur la Dame, il lui fit voir
Que mille fois ſon ſavoir
Surpaſſoit ſa renommée,
Cléariſte en fut charmée,
Et voulut fort galamment,
Le contenter doublement,
Avant que quiter la plaine.
Le ſoir, elle prit la peine,
A l'entrée du ſouper,
De fort proprement couper
Près de la moitié d'un liévre,
Le tiers d'un enfant de chévre,
Qu'on avoit mis en ragoût,
D'une tarte de ſon goût,
Et de diverſes viandes,
Délicates & friandes,

Qu'a-

Qu'avant que de rien manger,
Elle fit rendre au Berger,
Avec une ample bouteille
Du meilleur jus de la treille,
Qu'il trouva fort à ſon gré.
Aiſe, au ſupréme degré,
D'être bien avec ſes Maîtres,
En dépit de tous les traitres,
Qui vouloient le débuſquer,
Il ne ceſſa de trinquer
Avec Chloé, moins avide,
Tant que le flacon fut vuide.
De l'autre côté Gnaton,
Tenant tout un autre ton,
Devenoit pâle & débile;
De ſorte qu'enfin Aſtile,
Ignorant qu'il fût penſif,
Par un principe lacif,
Lui reprocha ſon ſilence.
Je mourrai dans l'abſtinence,
Reprit il, mais non exprès:
Peut être, Monſieur, qu'après,
Vous en aprendrez la cauſe,
Car pour à preſent, je n'oſe
Vous déclarer mon ſecret.
Je ne ſuis point indiſcret,
Lui dit Aſtile, en colére;
J'ai perſécuté mon pére

 Pour

Pour t'avoir auprès de moi,
Tu ſais que je t'aime, & toi,
Tu feras le dificile,
Lors qu'il s'agit.... foi d'Aſtile,
Tu mangeras au repas,
Et ne t'amuſeras pas,
Comme un enfant, qui doit craindre,
A t'écarter, pour te plaindre,
Ou tu me diras pourquoi.
Vôtre ordre m'eſt une lôi,
Répondit le bon apôtre,
Je n'en reconnois point d'autre;
Mais ne vous courroucez pas;
L'Amour cauſe mon trépas.
Le bon vin, la bonne chére,
Juſqu'à preſent, a ſû faire
Toute ma félicité.
Aujourd'hui, c'eſt la beauté.
Pour un garçon je me pâme;
Daphnis a charmé mon ame,
C'eſt folie d'y penſer,
Mais je ne ſaurois forcer,
Et l'amour, & la nature.
Oui, mon Maître, je vous jure,
Il faut en être ſurpris,
J'en ſuis tellement épris,
Que s'il faut fermer les lévres,
Et brouter comme les chévres;

Pour

Pour vivre avec ce berger,
Je consens de déroger,
Et d'homme, devenir bête.
Voila pourquoi je m'aprête
A mourir, si je ne l'ai.
Si vous voulez, je le sai,
Me l'acorder, cher Astile,
Rien ne vous est plus facile.
De tout mon cœur, j'y consens,
Tu pourrois perdre les sens,
Dit ce Seigneur débonnaire,
Je suplierai mon pére
De vouloir te l'acorder,
Pour te servir, & t'aider
Dans nos besoins domestiques.
Que dis-tu, de ces pratiques?
Admirables, sur ma foi,
Mais nous savons bien pourquoi,
Repliqua ce vieux satire.
Non Gnaton, je croi que l'ire
De Pan, dit il, ce grand Roi,
S'embraseroit contre moi,
Si j'aprochois d'un esclave.
Mai foi, l'homme le plus grave,
Reprit Gnaton, à present,
N'en seroit donc pas exemt.
Chacun le fait à sa guise,
Et tout est de bonne prise.

Les Dieux ſont bien amoureux;
Jupiter fit le pleureux,
Pour corrompre Ganimède;
Et Vénus, qui ne le cède,
S'il s'agit de la beauté,
A nule Divinité,
Prend pour ſon galant Anchiſe,
Qui n'avoit que la chemiſe.
Ce miſérable bouvier
Se fait pourtant envier.
Daphnis vaut bien davantage,
Quoi qu'il vive en eſclavage,
Les aigles de Jupiter
Pourroient bien nous l'emporter,
Juſque ſur les hautes voutes.
Eudrome étoit aux écoutes,
Qui ne manqua pas d'abord
D'aller faire le raport
De ce, qu'il venoit d'entendre,
A ſon ami, cher & tendre,
Lamon, & même à Daphnis,
Qui, par des cris inouïs,
En témoigna ſa triſteſſe,
Et jura par la Déeſſe,
Qui l'avoit patrociné,
Dès le moment qu'il fut né,
Qu'il perdroit plutôt la vie,
Que de la voir aſſervie

Au

Au caprice de ce loup.
Non, il faut parer ce coup,
Dit le bon homme, à Mirtale,
La conjoncture est fatale,
Et le projet odieux,
Mais, avec l'aide des Dieux,
Nous en préviendrons la suite.
Quoi, tu voudrois par la fuite,
Dit elle, éviter ce coup,
Daphnis, il s'en faut beaucoup
Que ce soit là ma pensée.
C'est une afaire pressée,
Reprit Lamon, va sans bruit,
Me querir ce manuscrit,
En caractéres Gotiques,
Et les marques hautentiques
De l'endroit d'où sort Daphnis.
Il passe pour nôtre Fils,
Je l'avoüe, mais que faire?
Il n'est plus tems de se taire;
Et de plus, tout bien conté,
Si nous perdons d'un côté,
De l'autre, sans grand Miracle,
Nous pourrions, suivant l'oracle,
Y profiter doublement.
Je te le dis franchement,
Et parle comme à ma femme,
Je doute que nôtre Dame

N'ait eu part à la façon
De cet aimable garçon.
Elle l'aime, il lui ressemble:
Allons y tous deux ensemble,
Tu m'aideras à parler.
Là, l'on le vint apeller,
A nom de Dionisophanes,
Qui lui dit, par les organes
De Gnaton, cet imposteur,
Que Daphnis, quoi que pasteur,
Et d'une assez vile race,
Avoit obtenu la grace,
A son intercession,
Faite à bonne intention,
D'aller demeurer en ville,
Pour servir son fils Astile.
Ce me seroit, mon Seigneur,
Dit Lamon, bien de l'honneur,
Mais je n'en suis point le pére;
J'en avois fait un mistére,
Je change aujourd'hui de ton,
Que l'impudique Gnaton
En veut faire la victime
Du plus détestable crime,
Qu'ait de nos jours enfanté
L'infame Lubricité,
Sous le spécieux prétexte
Qu'étant bien fait, jeune, leste,

Astile, de ce Pasteur,
Veut faire son serviteur.
Oui, je vous le dis encore,
Par tous les Dieux, que j'adore,
Que c'est un enfant trouvé;
Je l'ai depuis élevé,
Avec un plaisir extrême,
Encore aujourd'hui je l'aime,
Comme s'il m'apartenoit.
Le Sieur Gnaton fulminoit
Cependant, de bon courage,
Et ne pouvant davantage
Suporter ce long discours,
Il en arrêta le cours,
Par ses horribles grimaces,
Puis en venant aux menaces,
Sans doute il l'eut bastonné,
Si le Seigneur, étonné
De ce, qu'il venoit d'entendre,
N'eût pris soin de lui défendre
De faire trop le gaillard:
Puis, s'adressant au viellard,
Il faut, lui dit il, bon pére,
Me débrouiller ce mistére:
Je veux bien, pour un moment,
T'écouter patiemment,
Mais, que tout soit véritable.
Je ne viens point d'une fable,

Vous entretenir, Seigneur,
Dit il, je ſai trop l'honneur,
Qu'on doit à vôtre éminence:
Et l'afaire eſt d'importance.
Alors, élevant ſa voix,
Il fit une bonne foix
Le récit de ſon hiſtoire;
Et pour la rendre notoire,
Etala devant leurs yeux,
Les ornemens précieux,
Dont l'enfant faiſoit parade
Quand.... ceci me perſuade,
Interrompit le Seigneur:
O Jupiter! quel bonheur.
Aſſurément, dit la Dame,
Ce crochet de filigramme,
Pour atacher le manteau,
Ce ceinturon, ce couteau,
Enrichi de pierres fines,
Sont les mêmes qu'Euphroſines,
Expoſa ſous un buiſſon,
Avec le petit garçon,
Dont la douceur & les charmes
M'ont fait verſer plus de larmes,
Qu'au moment, que je le fis.
Un berger eſt nôtre fils,
Cher enfant, heureuſe mére!
Daphnis, Aſtile eſt ton frére?

Quelle

Quelle grace, ô Jupiter!
Allons l'en féliciter,
Avant qu'un autre l'entende.
D'aussi loin que cette bande
Se découvrit au berger,
Il se mit à déloger,
Croiant qu'on le venoit prendre.
Loin de vouloir rien comprendre
A tant de cris redoublez,
Ses sens en sont si troublez,
Qu'il s'alloit noier lui même,
Si la diligence extréme
D'Astile, fort aproché,
Ne l'en avoit empêché,
Par mille marques d'estime.
Arrête toi, mon intime,
Lui disoit il, viens à moi;
Nous ne courons tous à toi,
Que pour te faire caresse:
Il n'est, ni Dieu, ni Déesse,
Que je n'en prenne à témoins,
Arrête un moment, au moins
Reconnois moi pour ton frére;
Voici mon Péré & ma Mére,
Qui te veulent embrasser.
Tu ne dois pas t'éforcer,
Petite Muse volage,
A representer l'image

Des transſports, des hurlemens,
Des cris des embraſſemens,
Que cauſa cette entrevûë;
Nôtre langue eſt dépourvûë
De termes, pour l'exprimer.
Ils penſérent s'abîmer
De joie, & de coups de gueule.
Chloé, peut être, eſt la ſeule,
Qui reſte ſans mouvement,
Elle ne ſait bonnement
Si ce ſpectacle eſt un ſonge;
Un ſouci mortel la ronge,
Et rend ſes membres perclus.
Daphnis, qui ne la voit plus,
Dans cet embaras extrême,
Ne ſe connoit plus lui même.
D'abort il ſe voit en neuf,
Au lieu d'une robe, neuf,
Avec cent teſtons en poche.
Pas une ame ne l'aproche
Que le chapeau ſous le bras.
Ce n'eſt que de chapons gras,
De ragoûts à la moderne,
D'excellens vins de Falerne,
Qu'on régale ce Seigneur;
Et qui, ſans conter l'honneur,
Trouve tout ſi délectable,
Qu'il ne peut quiter la table.

L'agréable changement !
Le pourquoi, ni le comment,
On avoit eu le courage
De l'exposer, en bas âge,
Aux rigueurs d'un triste sort,
Pire qu'une promte mort,
Ne l'ocupe certe guére;
Le faste, la bonne chére,
A pour la chair tant d'apas,
Que l'esprit n'y pense pas.
Son tendre pére, au contraire,
Ne croit pas devoir s'en taire,
Il craint que cette action,
Qui, sans contestation,
Doit lui paroître cruelle,
Ne lui trouble la cervelle,
Ou lui rendre indiférens,
Ses amis & ses parens.
Pour prévenir ce desastre,
Et satisfaire le Pastre.
J'avois trente & quelques ans,
Leur dit il, mes chers enfans,
Le jour de nôtre himénée:
Avant la fin de l'année,
Suivant les vœux, que je fis,
Ma femme acoucha d'un fils,
Le premier de ma famille;
En suite, elle eut une fille;

Aſtile ſuivit de près,
Daphnis enfin vint après,
Qu'on fit expoſer ſur l'heure,
Avec une marque ſeure
De quelque diſtinction,
Non pas dans l'intention
De le revoir de ma vie,
Je n'en avois point d'envie,
Mais pour fournir amplement
Aux frais de l'enterrement.
Cependant, ô cas étrange!
Dans peu, je reçûs le change;
Le Ciel l'avoit ordonné;
Ma fille & mon fils ainé
Me furent ravis enſemble;
Le mal, en toi, ce me ſemble,
Mon fils, eſt récompenſé.
Ne penſe point au paſſé,
Cela ſeroit inutile.
Et toi, regardant Aſtile,
Que j'ai tendrement nourri,
Mon fils, ne ſois point marri,
Si par cette découverte,
Tu fais aujourd'hui la perte
De la moitié de mon bien.
Il n'eſt aſſurément rien,
Qui vaille un aimable frére:
Outre, qu'Aſtile, j'eſpére

Que

Que vous en aurez assez.
J'ai des tresors entassez,
Des terres en abondance,
Des maisons par excellence,
Des meubles, & du crédit.
Mais qu'il ne soit jamais dit
Qu'un autre, dans le partage,
Ait tiré cet héritage
Que Daphnis; dès aujourd'hui,
Je prétens qu'il soit à lui,
Hommes, femmes, moutons, chévres...
Je n'ai desserré les lévres,
Reprit Daphnis, de long-tems,
Parce que je vous entens
Avec un plaisir extréme,
Et que je n'osois pas même,
Entrer dans vôtre propos:
Mais, en parlant de troupeaux,
Vous m'avez remis en tête
Que je n'ai pas une bête,
Qui n'ait soif, assurément;
J'y vai soigner promtement,
Comme le devoir m'y porte.
Chacun rit de bonne sorte,
De voir cet ancien Pasteur
Raisonner en serviteur,
Lors qu'il est devenu Maître.
Celui, mon fils, qui fait paître

Vos chévres, ſaura trouver
De l'eau, pour les abreuver,
Repliqua d'abord ſon pére,
Cela n'eſt point vôtre afaire;
Tous les troupeaux de chez nous,
Ne ſont plus dignes de vous.
Cependant bien des vilages
Venoient rendre leurs hommages
Au jeune & nouveau Seigneur.
Il leur fit à tous l'honneur
De les traiter à ſa table,
D'une maniére agréable.
On viſita les ſaints lieux,
Et Daphnis ofrit aux Dieux,
Quantité de bêtes graſſes,
Et mille actions de graces.
Il donna ſa flûte à Pan,
Longue trois fois d'un empan:
Au blond Phœbus ſa muſette.
Il preſenta ſa houlette
Aux Nimphes de l'antre creux,
Avec le prix de ſes vœux.
Baccus eut ſa pannetiére,
Qui n'étoit pas moins entiére,
Qu'au moment qu'il la reçût.
Mais enfin on s'aperçût,
Qu'il verſoit ſouvent des larmes,
Tant il regrétoit les charmes

De la vie, qu'il quitoit.
Sa Bergére lamentoit
Pendant ces cérémonies.
Perfide, tu me renies,
Disoit elle, en soupirant,
Tu m'as fait, deux ans durant,
Cent & cent fois la promesse
De me préférer sans cesse
A la plus rare beauté :
Un peu de félicité
Te fait manquer de parole.
Pour moi, rien ne me console,
Tout plaisir m'est défendu.
Puis qu'en toi, j'ai tout perdu,
Il faut quiter cette vie.
Lapes, qui l'avoit suivie,
La voiant au desespoir,
Tacha de s'en prévaloir,
Par une nouvelle instance;
Mais voiant que sa presence
Avançoit peu son dessein,
Et que, pour s'ouvrir le sein,
Elle tenoit la main prête,
Il la charge sur sa bête,
Et pour calmer son ennui,
La méne au plutôt chez lui,
Sans lui faire d'autre outrage,
Que tenter un Mariage.

Le Ciel élevant Daphnis,
Ces amans sont desunis,
Disoit il, sans point de doute,
Ou, ma foi, je n'y vois goute.
Assurément que Drias
Fera moins le fier-à-bras,
Qu'il ne faisoit d'ordinaire,
Et qu'il ne sauroit mieux faire,
Que de m'en faire un present,
Puis qu'aussi bien, à present,
Etant déja dans ma cage,
Pas une ame du vilage
Ne la voudroit épouser,
De peur de faire causer,
Et se charger pour sa vie,
D'un sujet à jalousie.
Pendant qu'exemt de souci,
Le bouvier se flate ainsi,
Du succès de l'entreprise,
Un Païsan, sans remise,
Va déclarer à Daphnis
Que trois gaillards, bien munis
De bâtons, pour leur défence,
Avoient eu l'impertinence
D'enlever devant ses yeux,
L'objet charmant de ses vœux.
Gnaton, pour rentrer en grace,
Ne diféra que l'espace

D'un

D'un moment, pour y courir,
Et résolut de périr,
Ou de tirer la bergére
Des mains de son adversaire.
L'entreprise réussit:
Avant que Lapes s'assit,
Pour traiter ses camarades,
Gnaton, de cent bastonnades,
Qu'il déchargea sur son dos,
Lui pensa rompre les os;
Puis il remena lui-même,
Avec un respect extréme,
Chloé, droit à son amant,
Humblement le supliant
Qu'il n'eut pour lui plus de haine.
Il n'eut pas beaucoup de peine
A gagner son amitié;
Outre qu'il faisoit pitié,
Daphnis crut que ce service
Surpassoit de sa malice,
Le fait de tous, le plus ord,
Et voulut qu'après sa mort,
On fit honneur à ses manes.
Cependant Dionisophanes
Ignoroit jusqu'à ce jour,
Que son fils eût de l'amour
Pour cette belle bergére.
Drias en faisoit mistére,

Mais laſſé de le cacher,
Il vient enfin le chercher,
Pour lui faire l'ouverture
D'une nouvelle avanture,
Pour un aſſez long ſermon,
A peu près comme Lamon.
Il montre les pierres fines,
Et les perles argentines,
Pour en faire au moins trois tours,
Qui parmi d'autres atours,
Donnoit aſſez à connoître
Que le ciel avoit fait naître
Chloé de gens opulens;
Et que s'ils n'étoient pas lents,
A rechercher ſa famille,
Ils trouveroit que ſa fille
Etoit digne de Daphnis.
Si les Dieux les ont unis,
Repartit d'abord le pére,
Je n'y ſerai point contraire,
Car, ſi je m'y connois bien,
Mon enfant, à ſon maintien,
Vient de découvrir ſa flamme;
Je ſuis certain que ma femme
Sera de mon ſentiment.
Oui, Monſieur, aſſurément,
Dit là deſſus Cléariſte:
Puis que le bonheur conſiſte,

Moins

Moins en la condition,
Q'en la ſatisfaction,
Qu'on a d'être bien enſemble,
C'eſt bien aſſez, ce me ſemble,
Qu'ils s'aiment étroitement.
Ca, des marchands, promtement:
Vous acceptant pour ma fille,
Il faut que je vous habille,
Chloé, d'une autre façon.
Jamais l'agréable ſon
D'une flûte harmonieuſe,
Ne la rendit plus joieuſe,
Et d'un air plus enjoué;
Et Daphnis, ſon dévoué,
Ne la vit jamais plus belle
Qu'en habit de Demoiſelle.
Drias même en fut ſurpris;
Tant les vétemens de prix
Aportent de l'avantage.
De nouveau, tout le vilage
Eut un ſomptueux repas,
Mêmes on n'oublia pas
De faire des ſacrifices,
Sous de glorieux auſpices,
Pour rendre graces aux Dieux,
Et pour implorer des Cieux,
Le ſuccés de l'entrepriſe.
On n'uſa plus de remiſe,

Aprés

Après ces formalitez;
Tous ces Seigneurs, bien montez,
Les Dames dans leurs carosses,
Et les valets, sur des rosses,
S'en retournérent chez eux.
Leur voiage fut heureux.
Ils étoient entrez à peine,
Qu'ils virent tout Mitiléne,
Venir les féliciter.
On ne fit que banqueter,
Douze ou quinze jours de suite.
Dans cette Illustre visite,
Le Seigneur, de tems en tems,
Faisoit part aux assistans
Du succès de son voiage,
Et pesoit sur l'avantage
D'avoir retrouvé son fils:
Puis, abandonnant Daphnis,
Et ses fortunes étranges,
Il s'épuissoit en loüanges
Sur la haute qualité,
Les vertus & la beauté,
De Chloé, sa belle fille.
Point de pére de famille,
Qu'il n'étalât à ses yeux,
Les vétemens précieux,
Dont l'enfant étoit couverte,
Lors qu'elle fut découverte.

Enfin

Enfin, tout fut reconnu
Par un bon viellard chenu,
Que l'on apelloit Mégacle,
Et qui s'écriant, Miracle,
A ce raviſſant aſpect,
Manqua, ſous vôtre reſpect,
Par ſon extréme ſurpriſe,
De parfumer ſa chemiſe.
Lors qu'il fut un peu remis,
Vous étes de mes amis,
Dit il, à Dioniſophanes,
Je vous enjoins, par les Manes
De toute la parenté,
De vouloir, en vérité,
M'inſtruire de ce Miſtére.
Mais il n'en voulut rien faire,
Qu'il n'eut dit, en abrégé,
Ce, qui l'avoit obligé
A faire expoſer ſa fille.
Vous connoiſſez ma famille,
Reprit Mégacle, à l'inſtant:
Comme il n'eſt rien de conſtant
Dans le ſéjour, où nous ſommes,
Après m'être vû des ſommes
Nombreuſes aſſurément,
Mon mauvais comportement,
Les Jeux, aux fêtes publiques,
Trop de repas magnifiques,

Et deux naufrages ſur mer,
Avoient penſé m'abîmer.
Le reſte de ma ſubſtance
Conſiſtoit en une cenſe;
Je n'avois plus que cela.
Juſtement, en ce tems là,
Rhode me fit une fille,
Sans contredit, ſi gentille,
Que j'en étois enchanté,
Mais en cette pauvreté,
J'envoiai la malheureuſe
Dans la caverne fameuſe
Des Nimphes & des ſilvains.
Depuis, les Dieux Souverains
M'ont donné des biens immenſes,
Par leurs Divines clémences,
Et je n'ai point d'héritiers.
Les Patrons de nos quartiers
M'ont promi ſouvent, en ſonge,
Qu'avant qu'Atropos me plonge
Dans le ſepulcre inhumain,
Je me verrois mettre en main,
Par une brebis müette,
Une fille très bien faite,
Qui m'apellera Papa.
Cela ſufit, s'écria,
Tout d'un coup Dioniſophanes,
Les doutes ſont des chicanes,

Quand

Quand ils ſont hors de ſaiſon :
Vous n'auriez nule raiſon
De mettre un moment en doute
Que Chloé porte une goute
D'un ſang, qui ne ſoit à nous ;
Drias parle comme vous,
Je n'y voi rien, qui varie ;
Une brebis l'a nourrie,
Comme une chévre a nourri
Daphnis, ſon futur mari.
N'héſitez pas davantage,
Aprouvez leur Mariage.
Je croirois être inhumain
De n'y pas donner la main,
Dit Mégacle, & vous, Madame,
Certe, de toute mon ame,
Reprit Rhode, & ſans délais,
Allons à nôtre palais,
Conclure au plutôt l'afaire.
Cela n'eſt pas néceſſaire,
Dit Daphnis, reſtons ici,
Cléariſte a, Dieu merci,
Des lits, à vôtre ſervice.
On pourroit avec juſtice,
Me demander un moment,
Pour décrire nettement,
Et leur joye, & leur ſurpriſe ;
Mais j'en laiſſe l'entrepriſe,

Puis

Puis qu'on peut, ſans ſe peiner,
Fort bien ſe l'imaginer.
Nos amans, las de la ville,
Ne cherchoient qu'à faire gile.
Ainſi, dès le lendemain,
Chacun y donnant la main,
On prépara les caroſſes,
Pour aller faire les noces,
Comme ils croient le devoir.
Tout le monde courut voir
Cette noce Paſtorale.
Lamon, Drias & Mirtale,
Avec Nape, & leurs amis,
Enſemble y furent admis.
La table y fut magnifique;
Outre une belle muſique,
On eut danſes & chanſons.
Les deux péres nourriſſons,
Par pure reconnoiſſance,
Eurent chacun une cenſe,
Dont ils furent enrichis;
Etant de plus afranchis,
Ces deux viellards vénérables,
Devinrent conſidérables.
Daphnis en rit goulument;
Et Chloé pareillement,
Fut, avec ſes paranimphes,
Dans la Caverne des Nimphes,

Pour

Pour les en remercier,
Et pour leur ſacrifier
Tout ce, qu'elle avoit au monde.
Cette humilité profonde,
Fit que le Ciel les benit,
Car avant qu'un an finit,
Elle acoucha d'une fille,
L'ornement de ſa famille;
Tôt après elle eut un fils,
Qui reſſembloit à Daphnis,
Autant preſque qu'à ſoi même;
Et continua de même,
Juſques au nombre de ſix,
Gens de bien, de ſens raſſis,
S'il en fut dans le vilage:
De ſorte qu'en leur ménage,
Ils vécurent fort long-tems,
Toûjours heureux & contens.
Rien ne leur cauſoit d'obſtacle:
Ils enterrérent Mégacle,
Dioniſophanes après;
Rhode les ſuivit de près.
Nôtre Dame Cléariſte,
Toûjours languiſſante & triſte,
Reçût Aſtile au tombeau,
Auſſi frais, qu'il étoit beau.
Les deux méres putatives,
Gaies, frugales, actives,

Avec leurs maris Dispos,
Morguérent seuls Atropos,
Jusqu'à leur blanche viellesse:
Enfin pourtant, la tigresse
Coupa le fil de leurs ans.
Ainsi nos deux jeunes gens,
Héritiers d'un bien immense,
Laissérent en la puissance
De leurs petits fils Majeurs,
Dequoi vivre en grands Seigneurs.

RE-

RECUEIL

De pluſieurs petits ouvrages Poëtiques, comme Sonnets, Rondeaux, Acroſtiches, Epigrammes, Stances & autres piéces, ſur diférens Sujets.

COMPOSEZ

Par Mr. S. TYSSOT, Sr. DE PATOT.

P. O. E. M.

PORTRAIT DE L'AUTEUR,

A Mad. la Baronne N. N.

Qui par l'entremiſe de Mademoiſelle N. N. grande amie de l'un & de l'autre, avoit témoigné avec paſſion de le connoître, après avoir entendu faire la lecture de quelques unes de ſes Lettres.

MOrphée n'eſt pas plus ancien que les ſonges, Mademoiſelle, ceux, qui révérent les antiquitez, leur doivent ſans contredit, du reſpect & de la vénération : ils étoient autrefois en plus grand crédit que nous ne les voions dans ce malheureux ſiécle, ou l'incrédulité régne, & où l'on n'eſtime que les nouveautez :

Ciel ! qu'on m'eut porté de reſpect,
Si je fuſſe né ſous l'aſpect,
Qui vit dans Tſéboïm, un ſi grand incendie ;
Puis que des ſonges bien ſongez,
Et de ceux, que l'on a forgez,
Je penſe en avoir fait la meilleure partie.

Je ne ſuis pas plutôt pris du ſommeil, que ma tête devient le repaire de tous les fantomes, il ſemble que mon cerveau n'ait de la diſpoſition qu'à en inventer de nouveaux : & ce, qui eſt le plus facheux, dans ces inévitables réveries, c'eſt que je ne trouve aucun avantage à révaſſer. J'ai héſité cent fois à faire des vœux à Fobétor, pour m'exemter de cette peine, mais comme j'étois ces jours paſſez ſur le point d'en venir à une heureuſe concluſion.

Une grande pucelle, agréable, bien faite,
De port majeſtueux, d'une voix claire, & nette,
Me dit, dans une viſion,
Ne fais plus de proviſion

De vœux & de belles promesses
Garde-les pour quelques Déesses.
Phantase & Fobétor méritent peu d'encens,
Ils ont un Roi commun, qui les rend impuissans.
Crois moi, tu n'auras plus de visions communes,
Et dont souvent les sens sont fort embarassez,
Tu dois cette nuit même en avoir quelques unes,
Qui récompenseront tous tes songes passez.

La dessus, je m'éveille, je tourne la tête de tous côtez, pour rencontrer de la vûë, les beaux yeux de la charmante personne, qui venoit de me parler. Je me léve de dessus le fauteuil, où j'étois assis, & où c'est ma coutume de dormir une heure, toutes les après dinées, je sors promtement de mon cabinet, pour tacher de découvrir la route, qu'elle avoit prise: j'apelle mes gens, je demande où cette Dame s'étoit retirée, & ce, qu'elle leur avoit dit, en sortant. A cela, chacun me regarde, on ne sait de qui je veux parler. Cependant il ne me venoit point dans l'esprit que je n'eusse rien vû qu'en songe: je me mets à pester contre l'un, je m'emporte contre l'autre, parce qu'il n'a pas pris garde de quel côté elle avoit tiré: mais comme je faisois mine d'entrer en colére, & qu'on craignoit que je n'en vinse à de facheuses extrémitez, chacun prit peine à se justifier,

 &

& le fit en éfet, avec tant de ſerieux, que je ne demeurai pas long-tems ſans m'apercevoir de ma bévûë. Je n'en fis pourtant point de ſemblant : auſſi tôt que je me fus renfermé dans ma chambre, il faut vous avoüer que j'entrai dans de terribles inquiétudes. Il étoit impoſſible que je puſſe pénétrer dans ce ſonge Miſtérieux, & le deſir d'en voir la fin, me faiſoit prodigieuſement languir après la nuit, qui étoit encore aſſez éloignée. N'étant point malade, je ne ſavois de quel prétexte me ſervir, pour autoriſer l'envie, que j'avois de m'aller coucher. Il me vint dans l'eſprit d'avancer l'horloge de deux heures, pour faire croire à la cuiſiniére qu'elle tardoit trop à aprêter le ſouper : elle m'en crut ſur ma parole. Cependant le ſoleil répondoit mal à mes intentions, & ne s'acommodoit point avec ma machine ſonnante. Si j'avois eu alors la puiſſance, de hâter le cours de la terre, qu'on dit qui roule ſur ſon eſſieu, je lui aurois bien fait hauſſer le pas. Enfin, le tems, de ſe mettre à table, vint, je ſoupai aſſurément d'un merveilleux apétit : & afin que les vapeurs euſſent autant de force pour m'aſſoupir, qu'il faut qu'en aient les eſprits animaux, pour ébranler les parties du cerveau, de la maniére qu'elles le pourroient être par la preſence de quelque objet, qui agiroit

ſur

ſur les organes des ſens, je me fus enſévelir dans le lit. Je dormis à mon ordinaire, quatre grandes heures d'arrachepiè, pendant leſquelles je ne manquai pas de révaſſer tout mon chien de fou. Oui, Mademoiſelle, vous futes cauſe que je paſſai la plus déplorable nuit, que jamais l'abſence d'Apollon ait donné lieu d'engendrer au Caos & à la Terre.

Je défaillois à chaque inſtant,
Le cœur me palpitoit, je perdis preſque l'ame:
Pour ne vous rien cacher, je puis dire, Madame,
Que je n'endurai jamais tant.

Ce n'étoient pas les peines, que vous impoſiez à la curioſité, que je me ſentois, de connoître & de voir en vous, l'abrégé de toutes les merveilles de la nature, qui m'alarmoient ſi horriblement, il y avoit long-tems que Mademoiſelle N. N. m'avoit éblouï, par l'éclat de vos Divins atraits, & de vos incomparables charmes; mais au contraire, c'étoit par la honte, que j'avois d'aprendre en dormant, que vous prétendiez abſolument que je fuſſe connu de vous; j'ai de la joie de l'être de ces perſonnes, qui aiant les yeux taillez à table, ne voient les choſes que confuſément, & comme de loin, mais j'apréhende d'avoir trop de commerce avec celles, qui les ont faits en hiperboles: ces ſortes d'yeux groſſiſſent trop les objets; les moindres défauts ne leur échapent non plus qu'à ceux, qui uſent de Microſcopes: ce qui fait que lâ, où les autres n'ont aperçû que de l'agréable & de l'enjoué, ils n'y découvrent que de la diformité & de la foibleſſe. Je vous le dis tout franc, Mademoiſelle, vous m'auriez fait plaiſir de me laiſſer dans l'obſcurité, où j'étois aſſez eſtimé de ceux, qui ne m'y trouvoient qu'à tâtons, & de ne me pas expoſer à des lumiéres, qui vont découvrir toutes mes taches. Je ne ſai guére plus de gré à Mademoiſelle N. N. de me vouloir perſuader que mon ſonge eſt véritable, qu'elle vous a oui tenir les mêmes diſcours, & que je ne ſaurois faire un plus grand crime que de vous éconduire. Je croi, ma foi, parce que vous étes la fille d'un Général d'Armée, que vous vous imaginez que l'on ſe doive ſoumettre à tout ce, que vous voulez: je vous en fais juge vous meme. Voiez, je vous prie, s'il eſt juſte que je ſoufre de ce que la nature vous a faite ſi curieuſe? Je me contentois bien de vous connoître de réputation, pourquoi ne vous en teniez vous pas au ſimple récit, que l'on vous avoit fait de ma perſonne, & à ce que vous aviez vû de mes écrits?

Avoüez

Avoüez que le ſexe a d'étranges ſaillies,
Qu'il n'uſe guére d'équité,
Et que ſa curioſité
Vous force bien ſouvent à faire des folies.

Les hommes ſont foux d'avoir tant de déférence pour lui, ils dévroient conſerver pour eux mêmes, toutes les prérogatives, qu'ils lui donnent, & l'aſſujettir à leur empire, au lieu de ſe ſoumettre volontairement à ſes loix. Mais que di-je? comment eſt-il poſſible de ſe diſpenſer d'obéir à ce, qui n'a pris naiſſance que pour commander? Pour moi, je vous avoüe mon foible, je ſens bien que ſi vous avez pris à tâche de me connoître, je ne pourrai jamais éviter d'être connu. Connoiſſez moi donc, Madame, puis que vous le voulez, mais que ce ſoit au moins, d'une maniére agréable, je vous en ſuplie. Je veux bien de mon côté, contribuer a tout ce, que vous trouverez à propos, pour faciliter vôtre deſſein, vous n'avez qu'à m'en indiquer les moiens Si vous deſirez que je me tranſporte juſque chez vous, je ſuis prêt à me ſervir de la premiére commodité, pour m'y rendre : il m'arrive rarement de trouver des obſtacles dans mes entrepriſes, tout ſemble les favoriſer, & j'oſe déja tellement m'aſſûrer du bon ſuccès de celle-ci, que je n'atens plus que vos ordres, pour la mener à ces fins.

Jupiter favoriſe aiſément mes voiages,
Il ſait que je hai les orages,
Et que j'aime fort le beau tems:
Phœbus pour moi, changeant de route,
Rendra le Ciel ſerain, eſſuiera ſa voute,
Et du ſein de l'hiver fera naître un printems.
En un mot, tous les Dieux me ſeront favorables,
Ils ſont bons, ils ſont équitables,
Et ſavent ce, que je vous dois;
Cependant, penſez y vous même,
Si je pars, nous riſquons, la critique eſt extréme,
Et je ne manque point de plume, ni de doigts.
Quelque ame du commun, rampante, & ſcrupu-
Vous trouvera trop curieuſe, (leuſe,
Moi, ſans doute, trop complaiſant.
On nous taxera de foibleſſe,
Et loin d'avoir égard aux droits de la Nobleſſe;
On voudra plus de nous que d'un ſot païſan.

Prévenons, ſi vous m'en croiez, les calomnies des méchantes gens: qu'eſt il beſoin que le commun ſache ce, qui ſe paſſe entre vous & moi? Si ma plume ne peut pas vous tracer mon portrait au naturel, elle vous en donnera au moins, le monogramme: & comme il eſt faci

le

le à un Logicien de tirer la conclusion d'un argument, dont on lui propose les prémisses, il n'est pas malaisé à une personne autant spirituelle, que vous avez la réputation de l'être, de supléer aux fautes, que je commettrai, en tachant de vous donner une idée générale de tout ce, qui peut contribuer à me faire parfaitement connoître de vous. Vous étes trop équitable, pour ne pas aquiésser à ce conseil, ainsi sans plus diférer, je m'en vai exécuter mon dessein, en commençant par une briéve description de la qualité de mes Ancétres. Ma bonne Mére, que j'ai encore, est native de la ville de Dieppe.

Bons Dieux! ne vous emportez pas,
Et ne me chantez point de games:
J'ai fait vœu, jusques au trépas,
De porter de l'honneur aux Dames.

Monsieur de Endtsfielt, son bisaieul, étoit Gentilhomme, Seigneur de place, Ecossois de nation, qui dans le tems des grandes révolutions, fut contraint de quiter sa patrie, de méme que des miliers de François sont forcez de fuir la leur, dans le siécle, où nous vivons, pour la liberté de leur consience: Mais comme il n'avoit pû sauver dequoi soutenir son état, &

faire répondre son train à sa naissance, il fut obligé de se retrencher, & de se borner à vivre tout doucement, comme ont fait ses enfans après lui, jusqu'à cette heure.

Mon Pére, qui est défunt, étoit de Genéve, ses aieux, depuis plus de cinq cents ans, étoient originaires du païs de Gex : les ainez depuis alors, y ont possédé un bien assez considérable, dont nous portons encore le nom: mais mon grand-Pére, tant pour n'avoir pas pas été assez bon économe, que pour s'être vû chargé de vingt-huit enfans, laissa ses afaires en assez mauvais ordre. Depuis lui, tout est allé en décadence, tellement qu'encore que je sois l'ainé, mes prétentions sont si petites, que quand même on n'auroit pas confisqué les biens, apartenant aux gens de la Religion dans ce païs la je ne sai si elles vaudroient la peine que je fisse un voiage de deux cents lieuës, & en trasses dans des procès, qui ne finiroient de longtems, pour jouïr de ce que j'en pourrois tirer. Il y a des Cadets de la famille, qui ont été plus heureux que mon Pére, quelques uns font encore assez belle figure en ces quartiers la, comme par exemple les Messieurs Tyssot de Rance & de Romain-Motier ; & il n'y a que trois ou quatre ans, qu'un Chevalier de ce nom, & de nos parens, mourut Gouverneur de Suri-

name ;

name: je ſuis trompé ſi Mr. de Sommelsdyk ne lui à ſuccedé à cet emploi.

Voila ce qu'il en coute, à me vouloir connoître; Mais ce ſeroit bien pis, ſi j'allois rechercher ce qu'étoient mes Aieux, avant que l'on vit naître Atropos d'une pomme, & le ſtix d'un rocher.

Les Chinois, dans leur Cronologies chimeriques d'un nombre innombrable de ſiécles, ne trouveroient rien de ſemblable à ce, que je pourrois raconter de ces hommes imaginaires, mais cela nous méneroit trop loin, & j'aurois peur de vous ennuier. Mon Pére achevoit ſes voiages, après avoir quité une Compagnie de cent hommes, dont il étoit Capitaine, au ſervice des Venitiens; il avoit été curieux de voir l'Italie, l'Alemagne, la Suiſſe, la France, la Hollande &c. Il vouloit encore viſiter l'Angleterre, avant que de s'en retourner chez lui. Ma Mére ſe rencontra juſtement alors dans la ſuperbe ville capitale de ce beau Roiaume, où elle étoit allé voir une de ſes Sœurs, qui y étoit établie; ils ſe virent caſuellement dans quelques Compagnies, & ſe ſentant de l'inclination l'un pour l'autre, il ſe mariérent.

Je fus le premier fruit de leurs embraſſemens; Londres fut le ſéjour, témoin de ma naiſſance; depuis, je fus nourri huit ou dix ans en France, enfin je ſuis venu finir ici mes ans.

Nôtre départ des Iles Britaniques, fut cauſé par les troubles, qu'aportoient les diſſentions qu'il y avoient alors entre Cromwel & les Roialiſtes, perſonne n'étoit en ſureté, on ſe voioit dans de continuelles alarmes. Mon Pére, qui étoit las de faire la guerre, étoit devenu enfant de paix.

Mars avoit eu le tendre & la fleur de ſon âge,
Il avoit mis les armes bas,
Et ne vouloit plus de combats,
Que de ceux, où l'Amour met les ris au pillage.

Etant arrivez à Roüen, il eut la complaiſance, pour les parens de ſa femme, d'y reſter quelques années, au lieu de retourner dans ſon païs, où il étoit plus conſidéré que là: Car quoi que le Magiſtat du lieu de ſa naiſſance, l'eut muni d'une ateſtation autentique, ſignée & ſcellée d'un ſeau de cire jaune, par laquelle ils le recommandoient fort particuliérement aux autres Puiſſances, comme un homme de mérite, de qualité & iſſu d'une race noble & ancienne, la plûpart du monde ne le regardoit pas ſur ce pié là. Enfin, il fut forcé de ſe venir établir en Holande, par ce qu'il étoit proteſtant, & que l'on commençoit à nous perſécuter vivement

dans

dans tout ce Roiaume là. Nous y aportâmes sans contredit, dequoi vivre assez à nôtre aise, mais les fraudes, les vols, les banqueroutes, & divers autres incidens facheux, nous mirent bien tôt dans l'état où nous sommes presentement.

C'est le cours du monde, où nous sommes,
Aujourd'hui Rois, demain bergers,
Tantôt maîtres de grosses sommes,
Et tantôt d'argent fort legers.

Tout cela s'est passé, & le reste, avant que j'aie ateind l'âge de trente ans, où je suis presentement. J'ajouterois bien ici les avantures que j'ai eües depuis une quinsaine d'années, mais je ne voi pas que cela convienne à nôtre sujet, & puisse beaucoup contribuer à me faire connoître: je dirai seulement en passant, que j'en ai eu assez pour servir de matiére à un petit roman, & dont les particularitez, aussi bien que celles des autres endroits de ma vie, pourroient divertir un esprit moins solide que le vôtre. Car enfin, j'aperçois bien que je n'ai déja été que trop long dans le récit, que je vous ai fait de toutes les piéces, qui doivent remplir le champ de mon tableau, vous auriez lieu de vous facher si je tardois davantage à m'y representer moi même.

Il eſt tems d'en donner ici le premier trait,
Il faut vous dépeindre la bête;
D'un fidéle pinceau vous tracer mon portrait,
Depuis les piez juſqu'à la tête.

Je ne ſuis pas des plus hauts géants, que les valées du mont Liban aient jamais fourni à la Sirie, la fable en a inventé de plus puiſſans. Je ne ſuis pas non plus aſſez petit, pour être mis au nombre de ces peuples, qui habitent de certaines Montagnes des Indes, & que Pline apelle Pigmées ou Spitamiens: ma taille eſt de celles, qui paſſent pour médiocres; tellement que ſi un Arpenteur prenoit la peine de me meſurer, ſuivant les régles exactes de ſon art, il trouveroit que les deux parties de mon corps les plus éloignées, ſont diſtantes l'une de l'autre de cinq piez, dix pouces & trois lignes géométriques, Rheynlandſe maat.

J'ai la tête paſſablement ronde, couverte d'une chévelure, longue, épaiſſe, & d'un blond tirant un peu ſur le brun. J'ai eu les cheveux plus blonds autrefois, mais j'ai, graces à Jupiter, ſi peu de ſouci, & j'évite avec tant de précaution, le chemin, qui pourroit me faire tendre vers la vielleſſe, qu'au lieu de blanchir, comme j'ai remarqué qu'ils ſont ſur les mélancoliques & les viellards, il ſemble qu'ils aient

plus

plus de penchant à ſe noircir. Je vous avoüe pourtant que c'eſt malgré moi, qu'ils changent; ils ne ſont pas aſſurément de mon naturel, qui aime ſi peu le changement, que s'il ne tenoit qu'à lui, il demeureroit éternellement le même. Tout ce, que je puis faire, pour empêcher que le monde ne s'en aperçoive, c'eſt de les poudrer ſouvent. La mode, qui étend ſon empire tiranique ſur le poil, auſſi bien que ſur les habits, ne m'eſt pas à cette heure fort favorable de ce côté là, elle a ruiné le proverbe, qui ne trouvoit point de plus belle aſſociation que celle d'un homme blond avec une femme brune, on ne demande plus que des perruques de jaiet, j'eſpére qu'elle ſe raviſera avec le tems. Cependant cette même mode m'a été extrémement favorable à l'égard de la barbe, puis qu'elle nous défend d'en porter aſſez pour nous faire diſtinguer d'avec les enfans: car enfin, on a beau me dire que des cheveux cendrez, & une Mouſtache dorée, préſagent quelque choſe de grand & d'heureux, je hai trop Judas, qui étoit rouſſeau, pour ſoufrir cette ſorte de poil autour de mes lévres.

A quoi ſerviroient les bricoles,
Puis qu'il ne s'agit pas de joüer Margoton?
J'aime fort le jaune aux piſtoles,
Mais je ne m'en ſaurois ſoufrir ſur le menton.

Si

Si l'oreille étoit un membre pour lequel j'eusse naturellement moins d'aversion, je vous dirois que je l'ai vermeille, que le rouleau en est très égal, le bout propre à porter un anneau, & en un mot, que toutes ses parties sont parfaitement bien ordonnées.

Juste Ciel! qu'est ceci? mon instinct me réveille,
En éfet, ce faux trait rend mon portrait hideux:
Souvenez vous en donc, quand je parle d'oreille,
Vous devez, s'il vous plaît, en imaginer deux.

J'ai le front comme Praxitéles l'avoit taillé à son incomparable Vénus, c'est à dire qu'il fait la troisiéme partie de mon visage, justement. Le nez, qui est de sa longueur, un tant soit peu vouté, & gros à l'avenant, est situé au dessous de lui, & par conséquent au milieu de la tête. Pour les yeux, je les ai bleux, & passablement grands: ils sont moins vifs que languissans, & representent assez bien les dispositions de mon ame.

Je n'ai rien, qui ne soit d'une juste grandeur,
Et ne mérite vôtre estime;
Ma bourse toute seule a trop de profondeur;
Mon argent n'y sauroit monter jusqu'à la cime.

Ajoutez à cela une bouche assez bien fenduë, des

des lévres vermeilles : des jouës médiocrement charnuës, un menton convenable au reste, joint à un teint uni, qui ne marque que de la santé, & vous aurez un visage, qui a l'honneur de ne pas déplaire aux plus dificiles de nôtre tems.

Mais pourquoi leur déplairoit-il ?
Puis qu'il est en ovale, agréable, gentil,
Toûjours riant & gai, sans rien, qui le difame;
Si les tristes souvent excitent la pitié,
Que ne devons nous pas sentir, au fond de l'ame,
Pour un visage d'amitié ?

Je ne vous ai rien dit des dents, à cause que je ne les ai pas des plus égales, & des mieux rangées, & qu'outre qu'elles ressemblent un peu aux tentes de Kédar, je les montre rarement en parlant. Il ne m'en manque pas une, j'en ai vrai-semblablement autant que vous : & c'est en quoi, Mademoiselle, il y a aparence que la nature s'est trompée.

Si Dame Nature aime l'ordre,
Elle doit faire agir ses soins & ses regards,
Prévoir, sentir de loin, avoir plusieurs égards,
Et ne donner des dents qu'à ceux, qui doivent
Pour moi, j'en ai divers témoins, (mordre.
Quand elle m'en eut donné moins,
Qu'au lieu de trente deux, je n'en aurois que seize,

On

On m'en verroit pourvû raisonnablement bien,
Pour pouvoir manger à mon aise,
Les revenus de tout mon bien.

A l'égard du cou, je n'ai pas lieu d'apréhender la scinancie.

Il me permet commodément,
D'avaler à longs traits, le doux jus de septembre:
Et donne, à mes repas, le tems à chaque membre,
De s'en fournir sufisamment.

Ne vous imaginez pourtant pas que je l'aie extrémement long, j'en serois sans doute bien marri, puis que je n'ai aucune inclination pour les cous de gruë.

Comme j'ai le visage trois fois plus grand que le front, j'ai aussi la quarrure de la troisiéme partie de mon corps, à conter depuis les piez jusqu'aux épaules.

Les bras & les mains sont si convenables à toutes les dimensions d'un animal bien proportionné, que je n'ai rien à vous en dire de particulier.

La bien séance ne me permet pas de vous entretenir fort au long de l'Estomach & de la Poitrine, ce sont des parties, qui ne paroissent pas, & qui font peu à nôtre sujet.

Croiez

Croïez moi, ce n'est pas, Madame, une chanson,
A valentin ailleurs, je suis assez semblable;
Là, l'on me prendroit pour Ourson:
Un endroit si bourru n'est pas fort agréable.

Tout ce que j'en puis dire, c'est que l'un & l'autre fait parfaitement bien ses fonctions, & que je suis encore à y sentir la moindre incommodité.

De là, je viens à la Bedaine,
Qui ne paroît jamais fort pleine;
Nature, vous avez raison,
De ne m'avoir pas fait un ventre de Frison.
Car que m'eut servî cette charge?
Tripes au long, tripes au large?
Tant de boiaux de divers noms?
D'Iléums, de Colums, Rectums, Duodénums?
Des Viscéres, des Mésentéres,
Quinze Roignons, trente Uretéres,
Et mille autres etcéteras,
Qui pourroient me causer de facheux embaras?
Au lieu que cela seul peut être
La cause de quelque Archimaître,
Qui doit souvent faire du bien
A cent ventres bourgeois, aussi plats que le mien.

Je ne vous parlerai point des autres parties circonvoisines, parce qu'elles sont tellement

pro-

proportionnées au corps, que pour peu que vous entendiez les régles de l'Anatomie, il vous sera aisé de vous les representer comme elles sont.

Je décens donc tout d'un coup jusqu'aux jambes, que je me garderai bien de vous dépeindre trop grosses, de peur que la copie ne ressemble point à l'original : il y a des hidropiques, qui les ont assurément telles, que s'ils mettoient une des leurs à la balance, elle emporteroit les deux miennes sans dificulté.

Au discours, que je tiens, *ik wed, om seve duyten*,
Dat ik UEdel schynt un plaisant animal,
Et qui ne feroit pas tant mal
De dire, *Moeder-lief, maekt my koussen met kuyten.*

Mais ne vous abusez pas, Mademoiselle, je voi plus d'hommes, qui les ont plus menuës, que plus grosses que moi : elles sont comme il les faut pour porter le corps d'un Anglois, c'est à dire alaigre, & médiocrement déchargé. Les colonnes doivent toûjours répondre à l'édifice, qu'elles soutiennent.

Enfin, je suis, Madame, homme de bonne mine,
J'ai sans mentir, de l'agrément,
Ou du moins, je me l'imagine,
Et l'on me choqueroit en disant autrement.

Ce,

Ce, que j'ai dit jusqu'à present, peut servir à me faire en quelque façon, distinguer des autres vivans, mais non pas absolument à me connoître: on ne connoit guére un homme, dont on ignore les inclinations. Si vous aviez la * clef des cœurs, & que j'eusse eu l'honneur de vous aprocher, je douterois. Si vous auriez fouillé dans le mien, mais j'ai lieu, pour des raisons d'état, d'ignorer l'un, & de ne pas croire l'autre. Je vous ai representé une montre, belle & bien faite, il faut voir si les roüages & les mouvemens ont du raport à ses enrichissemens extérieurs : vous en pourrez juger aisément par ce, que je vai vous en dire. J'aime assez tous les exercices en général, je m'y suis diverti autrefois, quoi qu'il n'y en ait guére ausquels je me sois perfectionné.

La Course, la Danse & les Armes,
Ont eu pour moi, beaucoup de charmes;
On ne peut assurément pas
Trouver en elles d'apas.
Mais sachez que j'entens une Course agréable,
Depuis mon lit jusqu'à la table;
Une Danse autour de six plats,
Chargez de mêts divers, rares & délicats:
Et des Armes enfin, dont les troupes guerriéres
De

* C'est le nom d'un petit livre.

De Baccus, taillent des croupiéres.
Aux Echés, au grand Triquetrac,
On m'entend ſouvent dire, ſtrak.
La Paume me plaît fort, & j'y cours peu de riſque,
Quand on me donne quinſe & biſque.
Au Mail, je paſſe pour adroit,
Parce que j'ai bon bras, & que je viſe droit,
Mais j'y perds, en ſuant, de maniére inégale,
Toute mon humeur radicale.
Enfin, je jouë à l'Ombre, aux Quilles, au Billard,
A la Prime, au Colin-maillart.
A la Mourre, aux Honneurs, au Piquet, à la Chance,
Au Cent, à l'Anſquenet, au Flux, à la ſéquence:
Au Palet, an Glic, au Volant,
Très bien au Pet-en-gueille, & mieux au Montalant
Aux Chiquenaudes, aux Naſardes,
Je me tiens fort bien ſur mes gardes;
Mon talent eſt particulier
Pour bien jouër au ſavetier.
J'entens le jeu de la Foſſette,
Du Malheureux, de la Vergette,
Et j'en ai mille fois bravé
Au Boute-hors, an ſaint Trouvé.
J'ai paſſé des heures encore
Au Pilenade, Joque-force,
Au Bourribouriſon, au Poche-lui-les-yeux,

Au Feſſart, au Crapaut, à cinquante autres jeux,
Qui ne méritent point de blames;
Mais ſur tout, ſans mentir, j'excelle au jeu de
Dames.

Si j'ai été amateur des jeux & des exercices corporels, je le ſuis encore plus des ſiences; j'aime fort la lecture de la Philoſophie. J'ai donné autrefois des années entiéres au Parnasſe, de maniére que je ne ſerois pas en peine s'il me faloit produire trente mille vers de ma façon. Aujourd'hui il n'y a guére que les Mathématiques, auſquelles je conſacre toutes mes heures de loiſir; on me flate même d'en entendre un peu toutes les parties. J'ai voulu auſſi aprendre les Langues, mais je n'y ai pas bien réuſſi: je ne puis me vanter que d'en ſavoir une paſſablement bien, quoi qu'il y ait de mes amis, qui voudroient me perſuader le contraire. Je me plais fort parmi mes livres, parce que je ſoufre horriblement en la compagnie des gens avec qui il n'y a rien à profiter: cela eſt cauſe, que je me trouve rarement avec des ignorans, à moins que je n'y ſois forcé, pour traiter de quelque afaire domeſtique. Mais auſſi lors que je me rencontre avec des perſonnes familiéres, dont je connois l'humeur & les talens, & ſur tout parmi celles du beau ſexe, que j'eſtime asſurément.

Je chante, je ris, je cajole,
Un perroquet dans ſa géole,
N'a pas tant de caquet que moi;
Et pourvû qu'une bonne tête
Veuille me ſeconder, je vous jure ma foi,
Que nous faiſons nous deux long-tems durer la fête.

Mais, comme je l'ai déja dit, il faut que ce ſoient des gens avec qui j'aie une entiére liberté; car pour peu que je me ſente géné, on ne me voit point ſortir d'un profond ſérieux: il ne m'échape pas une ſeule parole de raillerie, & je pourrois même reſter en cet état, une journée toute entiére, ſi on le vouloit.

Comme je ne me croi pas diforme, j'ai beaucoup d'averſion pour tous ceux, qui ſont mal faits, & principalement j'ai de l'horreur pour les femmes laides, ſi la vivacité de leur eſprit ne ſuplée aux défauts de leur corps. Au contraire, je ne ſai dequoi je ne ſerois pas capable, pour l'amour d'une Beauté, qui a du feu, de l'eſprit & de l'enjoûment.

J'ai de la paſſion pour les belles perſonnes,
Qui portent Pallas dans les yeux,
Qui raiſonnent, à qui mieux, mieux,
Des Houlettes & des couronnes:

Dont

Dont les sens excellents ont du dicernement,
Dont l'esprit, sur le champ, forme un bon jugement,
Et qui, sans hésiter, trouvent leur repartie;
L'air libre ne les quite pas,
Leur humeur & la mienne ont de la simpatie,
Je ne puis m'empêcher d'admirer leurs apas.
Je les suivrois au bout du monde,
Je franchirois la terre & l'onde,
Pour leur sacrifier mes jours:
Et si je leur pouvois rendre quelque service,
Elles m'obligeroient toûjours
De me donner de l'exercice.

La raillerie me plaît extrémement, sur tout quand elle n'est pas trop plate, car encore que je ne sois pas grand amateur de sel dans les viandes, je le trouve excellent dans le discours. On peut railler avec moi, sans craindre que je m'en fache, & non seulement railler, on peut me faire & me dire tout ce, qui vient dans l'esprit, je ne m'en formalise pas; il n'y a rien, qui soit capable de me blesser que le mépris. D'abord que je remarque qu'on n'a pas autant de déférence pour moi que pour les autres, j'ai beaucoup de peine à me contenir; je croi que c'est mon plus grand défaut. J'ai naturellement une certaine ambition, qui me fait toûjours mettre au rang de ceux, avec lesquels je me rencontre. Il est peu d'hommes que je voie l'emporter sur moi d'un côté, que je ne m'imagine surpasser de l'autre; ce n'est pas que par honnêteté, je ne le céde au moindre de tous.

Je suis humble & soumis autant qu'on le peut être,
S'il s'agit de s'asseoir, je cherche le bas bout,
Au lever, on me voit l'un des premiers debout,
Aux portes pour entrer, le dernier à paroître.

Mais je ne veux pas que ceux à qui je rends de l'honneur, j'en excepte les têtes couronnées, & d'autres personnes semblables, mes souverains, & principalement les Dames, s'imaginent que c'est leur rendre simplement ce, que je leur dois; dans ces sortes de rencontres je deviens brutal comme un grand cheval de Carosse; je prétens que l'on me rende, en belle & bonne monnoie, le change de toutes mes piéces, & que si l'on ne m'estime pas, on en fasse au moins le semblant.

Au reste je ne sai ce que c'est que colére, que haine irréconciliable, que promtitude, que feinte, qu'hipocrisie; que l'on croie que cela vient de la foiblesse ou de la fermeté de mon esprit, si l'on veut, je ne m'en mets nulement en peine, car quoi qu'il en soit, il est seur qu'il y a peu de choses, qui soient capables de me donner de l'altération.

La mer de mon esprit n'est jamais agitée,
Des fleuves de bonheur ne la font point enfler,
Les vents de l'infortune ont aussi beau soufler,
Elle sait suporter leur humeur emportée.
Les étez les plus chauds, les hivers les plus longs,
La foudre, les éclairs, les rudes Aquilons,
Ne peuvent rien, qui l'inquiéte
J'ignore l'incident, qui jamais me surprit,
Et graces au Ciel, mon esprit
Sort rarement de son assiette.

Je suis aussi fort constant dans mes entreprises, parce que je n'en fais point, qui soient au préjudice de qui que ce soit. Mes amis peuvent faire fond sur ma probité, je tiens ma promesse au péril de ma vie, & quand il s'agit de faire plaisir, principalement à ceux avec lesquels j'ai contracté une sincére amitié, je n'épargne assurement rien de tout ce, qui est en ma puissance. Je ne suis pas moins reconnoissant que libéral: quand quelqu'un m'a rendu un bon ofice, je ne l'oublie jamais, & je ne saurois même me résoudre à haïr ceux, qui m'ont porté une fois de l'afection, encore qu'ils soient devenus mes adversaires.

Je hai ſur tout, le changement,
Je n'ai l'eſprit leger, ni la tête volage;
Comme j'ai le cœur franc, rien ne me fait ombrage
Et je ne puis aimer, ſans aimer conſtamment.

Ceux qui continuent de m'aimer, me font plaiſir, s'il s'en trouve, qui s'en laſſent, je prens patience, ſans m'en émouvoir, & ſans m'en plaindre. Cela me fait croire que ſi j'avois été du tems de Pirron, je n'aurois guére héſité à me rendre parmi les Sceptiques. J'avoüe pourtant que j'ai moins d'indiférence pour bien des choſes, qu'ils n'avoient, mais je ſuis en récompenſe autant inſenſible à toutes les révolutions du tems que toute la ſociété des Pirroniens enſemble l'ait jamais été. Je ſuis extrémement ſanguin, cependant il n'y a rien, que je perde avec plus de regret que le ſang, j'ai même de la peine à le voir couler du corps de l'animal du monde le moins digne de la vie.

Si vous me demandez avec la moindre inſtance,
Quelle eſt, en bonne conſience,
La raiſon, que j'ai pour cela,
Je vous répondrai. La voila.
Quand on aime bien une choſe,
On en doit eſtimer la cauſe:
J'aime fort la vie, & je ſens

Que

Que je la perds avec le ſang.
Et comme ſuivant la maxime,
Où je trouve raiſon & rime,
Tout homme, ſans exception,
Eſt infailliblement dans l'obligation,
Non ſeulement d'aimer la perſonne, qui l'aime,
Mais de faire à chacun ce, qu'il fait à ſoi même,
Puis que j'évite tous les pas,
Qui nous conduiſent au trépas,
Je dois être marri quand je voi qu'on charrie
Tant de veaux à la boucherie, (glants,
Et qu'un cruel boucher, de ſes couteaux ſan-
Ouvre le tendre ſein de nos mangeurs de glands.
Ce carnage enragé, plus qu'aucune autre choſe,
Me fait ſouvent penſer à la métemſicoſe:
Et ſi je n'avois peur d'entrer dans un tailleur,
Quévédo le fait craindre, il n'étoit point railleur,
Tout ce, que renfermoit la boite de Pandore,
Ne m'empêcheroit pas de croire en Pitagore,
Qui défend fortement, ni pour bien, ni pour mal,
De tuer aucun animal.

Voila, Mademoiſelle, comme j'aurois envie de vous envoier mon Portrait, ſi je croiois que vous fuſſiez amatrice des nuditez, mais de peur que des mouvemens de la pudeur, qui eſt ordinaire à la plûpart des perſonnes de vôtre ſexe, ne vous faſſent tourner la vûë d'un autre côté, à ſon abord, je lui couvrirai premiérement la tête d'un beau castor. Il faut aussi le chausser d'une paire de bas de soie, lui donner une cravate & des manchettes de point de Venise, & l'habiller d'un habit complet de drap fin, ou le couvrir d'une grande robe, afin qu'il me ressemble au naturel. S'il vous agrée ainsi, Mademoiselle, vous pouvez être persuadée que j'en ressentirai bien de la joie, & que j'aurai beaucoup d'obligation à Mademoiselle N. N. de m'avoir procuré ce bonheur. Mais jamais homme n'aura été plus glorieux que je le serai, si je puis aprendre un jour que vous estimez digne de vôtre souvenir, la main, qui en a formé les traits, & que vous vouliez bien me permettre de publier que je suis avec beaucoup de respect.

MADEMOISELLE,

Vôtre très-humble & très-obéissant serviteur.

ACROS-

ACROSTICHE,

Servant d'âpareil au concert des neuf Muses, formé pour Mr. Adam de Lochorst, Sr. de Lier, de Schoonauwen, Termeer &c. autrefois Commandant d'un Régiment de Cavalerie, & maintenant Membre des Etats de la Province d'Utrecht.

Et pour Madame Marie de Grenu, son Epouse, le premier jour de l'an.

Apollon aux Muses, sur le Parnasse.

ASsurément, mes Sœurs, je loüe vôtre zéle,
Dussiez vous sucomber, l'entreprise est très belle,
Allez, puis qu'en éfet, ces deux Divins mortels
Méritent qu'on encense à leurs sacrez autels.
Débutez, en entrant, par chanter leurs Loüanges;
Et dans ce deux concert, ne cédez rien aux Anges,
L'un fut long-tems un mars, par qui nos ennemis
Ont été mille fois à nos Lions soumis:
Contre les plus rusez, il usoit de prudence,

Hasardant sa personne, on voioit sa vaillance,
On redoutoit son bras; mais aujourd'hui sa voix
Retentit au sénat, où se donnent les Loix.
Si cet objet en lui, tant de vertus rassemble,
Trouvez l'autre admirable, étrennez les ensem-
Minerve à son égard n'est que stupidité, (ble.
A l'aspect de ses yeux, Vénus est sans beauté;
Rien n'est plus acompli, son ame noble & pure,
Incapable de moins, surpasse la nature,
Et si le ciel s'ouvroit, nos yeux n'y verroient pas
De plus grandes vertus, jointes à tant d'apas.
En quoi pourriez vous mieux faire, avec moins de peines,
Goûter tant de douceurs, dont vos bouches sont pleines,
Renouveller le bruit, qu'ils font dans l'univers,
Est immortaliser le moindre de vos vers.
Ne consultez donc plus, où l'honneur vous apelle,
Une entreprise enfin, ne peut être plus belle.

CONCERT DES MUSES.

Où Calliopé parle la premiére à Mr. de Lochorst, pendant que les autres touchent leurs Instrumens.

ARbitre de la Paix, Colonne de l'Etat,
Oracle du Sénat, puissant foudre à la guerre:
Lochorst, dont le courage est toûjours en état
De suivre en ses exploits, le Maître du tonnerre.
Nous sommes venuës vers vous,
A dessein, comme autant d'Orphées,
De chanter vos trophées,
D'un air charmant & doux.

POLITIMNIE *la* II.

Vos ordres merveilleux causent tout le bonheur
D'une très florissante & très belle Province;
Où si l'on fait en rien, consister de l'honneur,
C'est sur tout à tenir les vestiges du Prince.
Nous sommes venuës à vous &c.

T A L I E *la* III.

Quel Magiſtrat jamais a pris plus de plaiſir
A tenir la balance, & rendre la juſtice?
Et gouverner un Peuple, avec moins de deſir
D'acumuler des biens, par aucun artifice?
Nous ſommes venuës &c.

M E L P O M E N E' *la* IV.

Mais c'eſt avoir par trop couru les champs de Mars,
Les travaux ſont trop longs, que vôtre emploi vous donne,
Et Pallas vous auroit en vain montré les Arts,
Si Thémis, aux Lauriers, n'ajoute une Couronne.
Nous ſommes venuës &c.

E R A T O N *la* V. *à Madame.*

Digne Choix d'un Epoux, ſi plein de Majeſté,
Véritable Portrait de vos Noble Ancétres,
Qui par vôtre ſageſſe & charmante beauté,
Nous découvrez le foible, & la laideur des êtres.
Nous avons delaiſſé les Dieux,
Et Caſtalide, & le Parnaſſe,
Pour obtenir la grace
D'adorer vos beaux yeux.

TERPSICORE' *la* VI.

Dessous le front serain d'une honnête pudeur,
Le zéle & la ferveur cachent vos vives flammes,
Et par les mouvemens de cette sainte ardeur,
Vous donnez des leçons aux plus dévotes ames.
Nous avons delaissé les Dieux &c.

EUTERPE' *là* VII.

Aux hautes qualitez, dont le Ciel vous fit part,
Vous avez ajouté le bel art de bien vivre,
Et celui, qui prétend à ce glorieux art,
Doit vous prendre pour guide, & tacher de vous
Nous avons delaissé &c. (suivre.

CLION *là* VIII.

Rien n'est plus acompli, vos belles actions
Sont d'autant de vertus, une marque héroique,
L'envie n'y peut nuire, & ces perfections
Sont mêmes à l'abri d'une noire critique.
Nous avons delaissé &c.

URANIE *la* IX. *à tous deux.*

Puissez vous, chers Epoux, emblémes des vertus,
A qui rien d'altéré sous les Cieux ne ressemble,
Etre jusqu'au tombeau, de grandeurs revétus,

Et vivre encore au moins, un demi siécle ensem-
Nous avons quité le séjour, (ble
Qui nous rend voisins des Anges,
Pour chanter vos loüanges
Aujourd'hui, tour à tour.

LE CHOEUR DES MUSES

pour conclusion.

Permettez après tout, mortelles Déitez,
Qu'on donne à vôtre sort une autre destinée;
Un fils, possédant seul ces rares qualitez,
Sera de vôtre Himen, le doux fruit d'une année.
Nous ne sommes dans ce beau lieu,
Que pour vous faire ce message;
Après ce juste hommage,
Nous vous disons adieu.

SON-

SONNET,

Ecrit à l'ocasion des étrennes précédentes, au même Mr. de Lochorst.

JE suis quite, contons, pour un vers, un Ofice;
Quatorze & six sont vingt, Lochorst, le conte
(est net:
On s'en moqueroit en justice,
Mais c'est très bien païer, argent de cabinet.
J'ai d'abondant encor deux cents coups de bonnet,
Qui sont sans contredit, fort à vôtre service,
Et j'acheverai ce Sonnet,
Pour peu, qu'Apollon m'aide, & que ma Muse
agisse.

Tout beau, ne sortons pas des régles du devoir;
Je vous dois plus, Monsieur, je veux bien le savoir;
Je reste vôtre redevable.

Comme vous voulez obliger,
Je veux bien tous les jours, de nouveau m'en-
gager,
Mais soufrez donc aussi que je reste insolvable.

SON-

SONNET.

A Monsieur N. N.

COmme un ſincére ami, j'aurois tort de me taire,
On vous menace fort, *'t is myn ziel, geen abuys*;
Vous connoiſſez, Monſieur, un certain *Lagerhuys*;
Il eſt entreprenant, c'eſt un rude compere.

D. ne lui céde en rien, quand il eſt en colére;
Ce ſont gens, l'un & l'autre, à d'horribles *geſpuys*;
Je frémis, quand j'y penſe, *haeſt u, ras, maekt een kruys*
Le plus ſimple reméde eſt ſouvent ſalutaire.

Patience; mon Cher ne vous alarmez pas;
J'aprens qu'il ne s'agit que d'un petit repas;
Vôtre cuiſine ſeule aura le plus à craindre.

Au moins, du meilleur vin, tachez bien d'en trouver;
Une loi parmi nous, que l'on doit obſerver,
Eſt de ſi bien traiter, qu'on ne s'en puiſſe plaindre.

ETREN-

ETRENNES.

A Madame de Leeuwenberg, Doüairiére d'Iterſum &c.

VOici, Madame d'Iterſum,
Meſſieurs le Baron de Tamſon,
Le généreux Enktil, & Philipe le grave,
Avec vôtre très humble Eſclave,
Chargez comme éléfants des climats de Ceilan,
Des vœux les plus ardents, pour vôtre nouvel-an.
Un preſent de cette nature,
Mérite bien, je vous aſſure,
Que la fille, aux charmans apas,
Ma Commére d'O . . . : non, je ne la nomme pas,
De cette belle main d'albâtre,
Que, pour bien des raiſons, Hachemberg idolâtre,
Nous prépare un pot de café.
Car il faut l'avoüer, pour peu qu'on ſoit coifé
De l'art & des douceurs d'un diſcours poëtique,
Le preſent eſt très magnifique.
Dix bouteilles de vin, trente colations,
Bon viſage, bon cœur, bonnes intentions,
Ces choſes ont leur prix, d'acord, je le confeſſe;
Mais un beau vers vaut plus, il charme, il intéreſſe,
Un

Un vers, qui prolonge vos ans,
Qui chante vos vertus hautement aux presens,
Et les porte aux absens, jusques aux bouts du mon-
Mais plutôt, ou que l'on me tonde, (de:
Un vers, qui n'a nules beautez,
Par raport à vos qualitez,
Et que chacun de nous vous ofre pour étrennes,
Sans oser qu'en tremblant, vous demander les siennes.

BILLET *rimé.*

Au Chevalier Crémer.

LOin de vous imposer des loix,
Crémer, je vous donne le choix;
Venez vite nous joindre, au son de ma trompette:
Ou soufrez qu'à l'instant, le Capitaine & moi,
Allions chez vous fumer pipette,
Et remuer les doigts, vous savez bien à quoi.

ETREN-

ETRENNES.

A Madame d'I.

Stance I.

L'Hiver eſt déplaiſant, point de vivant n'en
doute,
Son air obſcur & froid, rend chacun pareſſeux,
Et ſa ſtérilité fait que pas un de ceux,
Qui l'ont vû courroucé, ne le craigne & redoute.
Dans cette incommode ſaiſon,
Eole ne reſpire, haut & bas, que vengeance,
Apollon fuit nôtre preſence,
Et tout ce, qu'on croit vivre eſt comme en pa-
moiſon.

II.

La Campagne autrefois, & ſi gaie, & ſi verte,
Ne ſemble qu'un deſert, un lieu non habité:
Et l'onde, qui poſſéde un peuple ſi hanté,
Ne ſe voit que de neige & de glace couverte.
Nos eſprits ſont envelopez
D'une humidité âpre, incommode, perçante,
La main devient gourde, peſante,
Et nos corps de ſes traits, ſont par tout atrapez.

III.

III.

Cependant, malgré lui, ma plume environnée
Du feu vif de l'amour, que je couve pour vous,
A trouvé les frimas, la gréle, le froid doux,
Pour vous féliciter cette nouvelle année.
Les Parques, Caron le Nocher,
Le fleuve d'Achéron, Proſerpine, Mégére,
Les Ombres, la Mort, ni Cerbére,
Ne pourront, ſans éfort, jamais m'en empêcher.

IV.

Peut être que le ſtile, & coulant, & nouveau,
D'un Genie plus noble, & doüé d'éloquence,
Pourroit ſur vôtre eſprit, avoir plus de puiſſance,
Que ce diſcours conçû dans un foible cerveau,
Mais mon Amour, toûjours féconde,
M'oblige à ſoutenir avec ſincerité,
Que ma grande fidélité
N'a, ni n'aura jamais, rien de pareil au monde.

V.

Pouſſé par ce motif, je vous viens étrener
Des ſouhaits, que pour vous, je fais avec tendreſſe,
Car au fond, dans la vie, il n'eſt rien, qui me preſſe
Que de voir vos vertus, de tous biens, couronner.
La Terre vous ſoit favorable,

Pro-

Propice l'air, le feu, l'eau, les quatre Elémens,
Le Ciel, & les Aſtres charmans,
Vous regardent d'un œil, doux, benin, favorable.

VI.

Que les maux, qui ſans fin, menacent le mortels,
S'écartant de chez vous, fuïent vôtre preſence;
Veuille le Tout-puiſſant, par ſa grande clémence,
Vous combler de moiens & d'honneurs, qui ſoient
Que ceux, que vôtre cœur deſire; (tels
Et lors qu'il lui plaira de vous donner la mort,
Les Anges, d'un commun acord, (pire.
Vous portent ſur leurs mains, dans ſon céleſte Em-

BILLET *rimé.*

A Monſieur Sluyskos.

PUis que l'on doit, Monſieur, rendre à chacun
Je vous renvoie Lucien, (le ſien,
Avec mille actions de graces:
Si vous poſſédez Juvenal,
Faites le moi tenir par le même canal,
Je n'en ſens preſque plus de traces,
Et je voudrois dans mon cerveau,
En former le plan de nouveau.

Je ſuis, Monſieur, &c.

BIL-

BILLET *rimé.*

Au Maître de la monnoie de Deventer.

ENcore une petite grace,
Sluyskes, ne m'éconduisez pas,
Avant que le porteur revienne sur ses pas,
Faites moi la faveur de le charger d'Horace.

BILLET *rimé.*

Au Chevalier Crémer.

NOn, Crémer, je ne sai, ma foi. que devenir,
N. P. D. C. C. amis inséparables,
Me paroissent inconsolables,
Si le Ciel, un moment, difére à les unir.
Je les voudrois chez moi, ils dédaignent ma biére,
Mon vin n'est pas fort à leur goût,
Mon tabac, selon eux, est un chétif ragoût,
Ils veulent du café, fait à vôtre maniére.
Certe, je m'en raporte à vous,
Vous savez l'aprêter, contentez leur envie,
Pourvû qu'après diner, je sois de la partie,
Vôtre Valet Tyssot n'en sera point jaloux.

CAR-

CARTEL.

Du Capitaine du Mainon, à l'Auteur, qui lui avoit fait un défi quelques jours auparavant.

ENfin, je ſuis au rendez-vous ;
Je vous veux bourrer de cent coups,
Fuſſent ils de pinte, ou de verre,
Des armes, vous aurez le choix,
Et nous verrons à cette fois,
Qui de vous, ou de moi, ſera plutôt par terre.

Rendez y vous inceſſamment,
Ne balancez pas un moment :
Il faut vaincre, ou mourir, c'eſt vôtre deſtinée ;
Et nous aurons tous deux la ſatisfaction
D'aſſouvir nôtre paſſion
Dès le premier jour de l'année.

Maar ik en ben niet in 't Wyn-huys
A moins que de ne prendre un *Luys*,
A rimer j'aurois beau m'ébatre ;
C'eſt à la Grape de raiſin,
Qui croit ſur les coteaux du Rhin,
Où je veux avec vous, faire le Diable à quatre.

ACROS-

ACROSTICHE.

A Monsieur du Mainon, après le combat, où l'Auteur remporta une victoire complette.

DAme, l'épée au point, vous frapez à merveille,
Un Scite vous prendroit pour le vrai fils de Mars,
Mais vous ne valez pas deux liards
A soutenir l'honneur du Héros de la treille.
Imitez le Flaman, plutôt que le Gascon,
Ne défiez que ceux, que vous pouvez abatre,
Ou pour faire le diable à quatre,
Ne vous servez plus du flacon.

IMPROMPTU.

A Monsieur N. qui demandoit des nouvelles à l'Auteur, en arrivant chez lui, à la Campagne.

MOnsieur, je n'ai point de nouvelle,
Si ce n'est, que Jean de Nivelle

S'est

S'eſt noié depuis quatre jours;
En voulant gondoler ſa Belle,
Une onde l'a forcé tout d'un coup avec elle,
A boire une fois pour toûjours.

NB. Ce Jean de Nivelle paſſoit l'Yſſel avec ſa femme, le bachot enfonça, & ils périrent.

BILLET *d'Invitation*

A Monſieur Crémer.

MOnſieur, il me manque un troiſiéme,
La Gadeliére eſt promt, quoi qu'on diſe qu'il m'aiſme,
Je trouve qu'il eſt haſardeux,
Au moindre diférent, de ne ſe voir que deux.
Examinez vôtre Machine,
Du ſommet juſqu'au fondement,
Si vous découvrez, à ſa mine,
Qu'elle ait quelque penchant au divertiſſement;
Amenez nous la promtement:
Et ſi vôtre fiévreux peut faire une ſortie,
Il me fera plaiſir d'être de la partie;
Pourvû qu'il ſoit content d'un maigre traitement.

BILLET rimé

Au Capitaine Sticletter.

JE veux à cent vingt ans, mourir de la Rougeole,
Si je ne ſuis au deſeſpoir
De n'avoir pas pû hier au ſoir,
Monſieur, vous tenir ma parole;
Sur ma foi, ma maiſon étoit pleine de gens,
J'avois hommes, garçons, pluſieurs femmes & filles,
Celles-ci, croiez m'en, agréables, gentilles,
Ceux-la, gaillards, diſpos, à boire diligens.
Sticletter nous manquoit, ſa fatale ſortie
Rendoit nôtre vin aigre, amer nôtre petun;
Par bonheur, aujourd'hui le tems eſt importun,
Malgré vous, il faudra relier la partie.
Laiſſez là maintenant vos remüans Dragons,
Ils me rompent la tête avec leurs mouſquetades;
Il vaut mieux chez Crémer, aller boire à raſades;
La guerre eſt agréable au milieu des flacons.

SONNET.

Sur le jour de Noël.

OUvre les yeux, Chrétien, ton Seigneur vient de naître
Celui, qui des hauts cieux, est l'unique moteur,
Vient de prendre ta forme, & comme un serviteur,
Renoncer aux honneurs, que l'on doit à son Etre.

Le monde, à son abord, ne le veut point connoître,
La plûpart, à son zéle, opose sa lenteur,
Mais comme un tendre Pére, un benin Rédempteur,
Il soufre leurs froideurs, sans le faire paroître.

Renonce, à son exemple, aux plaisirs de la chair:
Abandonne un parti, qui t'a paru si cher,
Et t'aplique avec soin, son mérite supréme.

Le délai d'un instant est ici dangereux:
Puis qu'il t'apelle à soi, qu'il tend les bras lui même
Profite des momens, qui te rendront heureux.

SONNET.

Pour l'épitaphe de Mr. Jean de Fraiquin, beau Frére de l'Auteur, Capitaine Major, au service des Etats, & tüé à Ipre en 1678. *à l'âge de* 28. *ans.*

CI gît, ô bel exemple à la race future,
Celui, qui n'a point vû les champs de Mars sans fleur,
Et, qui ne redoutant, ni danger, ni malheur,
Trouvoit partout moien de se faire ouverture.

Batave, arrête toi, voici sa sepulture,
C'est ici que la mort captive la valeur,
Et que Jean de Fraiquin, sans changer de couleur,
A païé le tribut, qu'exige la Nature.

Arrose de tes pleurs, son corps cicatrisé,
Et quoi que sa vertu l'ait immortalisé,
Imprime dans ton cœur, pour jamais sa mémoire.

Après avoir pour toi, tant voulu soutenir,
Cent fois son noble sang prodigué pour ta gloire,
Ne lui refuses pas au moins, un souvenir.

BILLET.

En vers burlesques, à Mr. Wynbergen Sr. de Horsen, du Pol &c. qui étoit alors alité.

JE veux, Monsieur, que l'on m'échine,
Si l'importune Médecine,
Que je pris hier au soir chez vous,
Ne m'a fait süer tout mon soul.
J'ai pensé d'onze jusqu'à douze,
A la Valée de Peirouse,
Et de minuit jusqu'au grand jour,
Trente Marquisats, tour à tour,
M'ont presque donné la colique:
Vous étes un piquant critique,
Quand de dessein, ou par hasard,
Vous tombez sur le Camisart.
Cad de biu, cela me rebute;
Qu'ai-je à faire d'une dispute,
Dont il ne me vient pas ûn sou?
Pour moi, Franchement, j'en suis sou,
Et la place dans ma boutique,
Au rang de la sote musique
De nos gaillards d'Etudians;
Item, ces objets ennuians,

Insulteurs de la fantaisie,
Comme entre autres la pleurésse
De Mademoiselle Gantois;
Ce rat, qui parcouroit vos toits,
Pour aller hâter la vendange;
Le combat, & la perte étrange,
De cent cinquante batimens,
Chargez de grains, pour nos Flamands,
Que Jean Bart, avec son cortége,
A surpris, venant de Norvége:
Et d'autres vilains accidents,
Qui nous vont mettre sur les dents,
Et qui, quoi que j'en pusse dire,
Vous ont fait éclater de rire,
Comme si par là, vôtre poux
En devoit redoubler ses coups.
Tout cela m'a rompu la tête,
J'en ai soufert comme une bête,
Et je vous dirai, s'il vous plaît,
Que j'en soufre, à l'heure qu'il est.
C'est le foible de ma nature,
De soufrir à la moindre injure,
Si ma femme même mouroit,
Mon tendre cœur en soufriroit.
Enfin, il faut que je l'avoüe,
Je soufre, comme sur la roüe,
Quand je songe au Sieur Gérardi,
Qui parce qu'en un vendredi,

Un

Un Roi reçût un coup de lance,
Croit devoir faire pénitence.
Ce Médecin faisoit pitié;
Pendant que j'avois la moitié
D'un gros poulet sur mon assiette,
Que Lins s'arrosoit la garguette
D'un vin exemt de mixion,
Et faisoit la dissection
D'un lévraut de douze semaines;
Que le Dominus Froon, sans peines,
Expedia trois pigeonneaux,
Que perdrix, ortolans, vaneaux,
Ragoûts, Jambon, Boudin, Saucisse,
Donnoient partout de l'exercice,
Nôtre homme pompoit à longs traits,
Et pour souper à peu de frais,
Se rassasioit de fumée.
Dussé-je mourir une année
Plus jeune que le Pére Adam,
Je ne perds pas un coup de dent,
Et l'ase quille qui l'imite;
Cependant j'entends la marmite,
Sans doute le dîner est cuit,
Adieu, Monsieur, jusqu'à la nuit.
Tant que vous resterez en ville,
Dussions nous exciter la bile
De nos ennemis les plus noirs,
Je vous irai voir tous les soirs.

EPITHALAME.

Pour Monsieur & Madame de Lynden.

Stance I.

VOus avez beau, Monsieur du Parc,
Manier dextrement un arc,
Si cet aimable enfant, Cupidon, d'une fléche,
N'eut lui même, fait une bréche,
Et pénétré, de part en part,
Le haut & superbe rampart
De Lynde, place d'importance,
Vous couriez risque un jour, de perdre patience.

II.

Non, les combats, ni les assauts,
Ni les Gendarmes, par monceaux,
Dont on vous a cent fois, d'un trenchant cimeter-
Vû joncher trente arpens de terre, (re,
La ruse, l'esprit, le bon sens,
Le service au moins de dix ans,
Rien n'auroit eu d'heureuses suites,
Vous auriez sucombé, malgré tant de mérites.

Enfin

III.

Enfin, Amour s'en eſt mêlé;
Je ſuis ravi qu'il ait parlé,
Et que nôtre Déeſſe en ait été touchée;
Je doute qu'elle en ſoit fachée;
Car quoi qu'elle ait de la beauté,
Grand port, beaucoup de Majeſté,
Et tout ce, qui peut rendre aimable,
On ſait aſſez dequoi nôtre ſexe eſt capable.

IV.

Un amant toûjours rebuté,
Se trouve à la fin dégoûté;
Il va chercher ailleurs, & Dieu ſait ſi la Dame
Voudroit alors, du fond de l'ame,
N'avoir jamais trahi ſon cœur,
Qui demandoit un doux vainqueur:
Car enfin, au ſiécle, où nous ſommes,
Il eſt, graces au Ciel, plus de femmes que d'hommes.

V.

Quoi qu'il en ſoit, le coup eſt fait;
Vos ſoins, Lynde, ont fait leur éfet.
Vous avez ſeu, Madame, auſſi donner & prendre;
C'eſt véritablement l'entendre.

Tout un peuple s'en réjouït,
Et de vingt Lustres on n'ouït
Aplaudir, de meilleur courage,
Au succès bien heureux, d'un si beau Mariage.

VI.

En éfet, les rares vertus,
Dont les plus grands sont revétus,
Les Charmes de Vénus, la Pudeur de Lucresse,
Douceur, Bien, Piété, Noblesse,
Le beau Génie de Bion,
Et la Valeur de Scipion;
En vous, tout cela se rassemble,
Du moment que le Ciel vous a Liez ensemble.

VII.

Pour seconder nos justes vœux,
Redoublez maintenant vos feux,
C'est un sacré devoir, auquel l'Himen engage;
Alors on verra, d'âge en âge,
Fourmiller nos vastes Cantons
De vos illustres Rejettons,
Et vous, ateindre, avec liesse,
Jusqu'aux extrémitez d'une blanche viellesse.

ACROSTICHE.

A Mademoiselle Marie de Lintelo, sur son anniversaire.

MAdame, c'est en vain que l'amour & le zéle,
Animent mes esprit, & chatouillent mes sens,
Rien ne peut, vous rendez les hommes impuissans,
Imiter ce, qu'en vous a renfermé Cibéle.

En vous, di-je, tout plaît, tout brille, tout excelle;
Du corps & de l'esprit, mille beaux faits récens,
Engagent les mortels à trouver en tous sens,
L'ombre de vos vertus d'une gloire éternelle.

Incomparable Objet, Reine de l'Univers,
N'hésitez pourtant pas à recevoir ces vers,
Tolerez de mes vœux l'ofre respectueuse.

En un jour, que je voi renouveller vos ans,
Le silence & l'oisif vous seroient déplaisans,
On n'estime jamais une ame paresseuse.

SONNET.

Sur la Mort.

LA mort eſt ſi commune en ce vaſte Univers,
Qu'il faut être inſenſé, pour ne la point connoître
Au milieu des étez, dans le cœur des hivers,
On voit ſur chaque objet, ſon image paroître.

En vain, depuis l'inſtant auquel on nous vit naître,
Nous voulons éviter ſes funeſtes revers,
La force, la vertu, ni l'amour de nôtre être,
Ne nous diſpenſent point d'être rongez des vers.

Mais ſi cette inhumaine, en privant de la vie
Nôtre fragile corps, ſatisfait ſon envie,
Elle cauſe à nôtre ame, un bien très précieux.

Le coup, qu'elle nous donne, & qui nous met en poudre,
Eſt un coup bien heureux, qui comme un coup de foudre,
Nous porte, & nous conduit juſqu'au plus haut des Cieux.

GENETLIAQUE.

Fait au nom de Mademoiselle N. N. pour Mr. Witsius, Professeur & Ministre, sur sa 48. année.

Rien n'existe ici bas, qui n'ait ses destinées,
Le tems, qu'on voit sujet à divers change-
N'enferme, dans ses roulemens, (mens,
Que des graces momentanées.

Des Etres le plus grands, les heures sont bornées,
Tout passe, tout périt, de momens en momens;
Les rochers, & les diamans
Cédent au nombre des années.

Non, Phæbus a couru cinquante moins deux ans,
Depuis que Wits naquit, à l'épreuve du tems
Avec les vertus des Charites.

Que ce Divin Héraut commença de donner
Des marques de ce Zéle & de ces hauts mérites,
Dont Piléne doit s'étonner.

Non ſeulement un Auditoire
Eſt célébre, pour ſes leçons,
Et publie par de doux ſons,
Mille loüanges à ſa gloire;
Mais ſes mœurs & ſa piété,
Dans nos maiſons & dans nos temples,
Sont des miroirs & des exemples,
Dignes de la Poſterité.

Soufrez donc, illuſtre Génie,
Qu'au bruit, que fait dans l'univers,
Vôtre ſapience inouïe,
Je joigne ici ces foibles vers,
Afin que mon nom faſſe nombre,
Entre ceux, qui ſuivent vos pas,
Et s'exemte ainſi du trépas,
Sous les Auſpices de vôtre ombre.

NB. Cette Demoiſelle, qui étoit intime amie de l'auteur, écrivit ces vers, le Sonnet dans un Soleil, autour duquel elle avoit mis le nom & les titres de la perſonne félicitée, les autres ſur huit raions, qui environnoient cet Aſtre, & lequel, lors qu'il étoit formé, formoit un cœur.

ELEGIE.

Composée par les Manes du Capitaine de Blois, Gouverneur chez Mr. de R. qu'une fricassée de Champignons avoit envoié aux champs Elisées avant son tems.

Infidleux amour, source de mon malheur,
Que tu m'as sans sujet, fait répandre de larmes,
Que le fil trenchant de tes armes,
M'a souvent fait changer de mine & de couleur:
A cause d'un objet aimable,
J'ai quité, malgré moi, mon païs Bourguignon,
Pour venir, par un Champignon,
Finir dans l'Ovrissel, ma vie misérables.

II.

R.... étoit le séjour, que le tems & le sort,
Avoient daigné choisir, pour mon lieu de retraite,
La paix générale étoit faite;
Etranger, inconnu, sans ami, sans confort,
De Blois tout seul avoit la guerre,
Je vivois solitaire, en pauvre compagnon,
Lors qu'un dangereux Champignon
M'est venu terrasser comme un bruiant tonnerre.

III.

Il nait dans une nuit, dans un jour il m'a mis,
D'un pernicieux coup, dans l'Empire des Parques;
Son venin m'a servi de barques,
Pour passer l'Achéron, à Cerbére commis.
Je croiois ma peine finie,
Cependant si les Juifs pleurérent des ognons,
Je déteste les Champignons,
Pour avoir sur mon corps exercé leur manie.

IV.

Tant que j'étois la haut, j'espérois de gagner,
Après un long exil, le cœur de ma Maîtresse;
Ici, ce souvenir me blesse,
Il me perce le cœur, il me le fait saigner.
Quelle fin, pour un Capitaine,
Ciel! quel emportement contre vôtre mignon,
Et qu'un malheureux Champignon
Est une récompence inégale à ma peine.

V.

Insensibles rochers, soupirez de mes maux,
Vous Ecos, recitez le sujet de mes peines,
Pleurez ruisseaux, pleurez fontaines,
Mirtes, laissez de deuil, flétrir vos verds rameaux;
Alarmons toute la nature, (gnons
Afin qu'instruite à fond, dequoi nous nous plai-
Elle prive les Champignons
De racine, de suc, de nom & de structure.

EPI-

EPITAPHE.

De Monsieur de Blois.

SONNET.

CI gît de Blois, ce petit homme,
Qu'un Champignon a fait crever,
Et qui n'avoit pas pû trouver
De semblable d'ici à Rome.

Adam est mort par une pomme,
Chacun doit son acte improuver;
Mais celui-ci se doit graver
Sur cette tombe, où l'on le nomme.

Sa grande générosité,
Surprend tout le monde habité,
Il a fort bien fait de la taire,

L'importance de l'action,
Fait voir qu'il étoit nécessaire
Qu'Il mourut sans confession.

STANCES.

A Mademoiselle N. N. pour Mr. Witsius, Professeur & Ministre, sur l'acomplissement de 49. année.

I.

SAvant Prédicateur, Orateur patétique,
Colonne de l'Eglise, image des vertus;
Wits, qui nous voiez revêtus
Des habits nuptiaux de nôtre Epoux Mistique;
Nous avoüons ingénument
Que nous vous en devons la gloire,
Et que vôtre mémoire
Mérite nôtre encensement.

II.

Que de douceurs, Monsieur, sortent de vôtre bouche,
Que vous savez bien l'art de pénétrer les cœurs.
Qu'un mot, de semblables vainqueurs,
Fait d'exécution dans les ames qu'il touche.

Le

Le moien de ne ſubir pas,
Quand par un diſcours énergique,
Vous mettez en pratique,
Et la ſience, & les apas?

III.

A vos moindres Leçons, le plus dur ſe ſent rendre,
L'impie ouvre l'oreille, & le païen les yeux,
Sachant que, pour monter aux Cieux
Il faut vous imiter, vous ſuivre & vous entendre.
En éfet, nules paſſions
N'ont ſur vôtre ame aucun empire,
Et Dieu ne vous inſpire
Que de pieuſes actions.

IV.

Au jourd'hui, qu'après neuf, & dix fois quatre années,
Le Ciel heureuſement renouvelle vos ans,
Et que, pour les rendre plaiſans,
Il multiplie en vous, mille graces données:
On jugeroit, ſans vous flater,
A vous voir ſi docte & ſi ſage,
Que vous étes de l'âge
De l'ancien tonnant Jupiter.

V. Que

V.

Que ne mérite pas une foi si constante,
Et le juste mépris de la chair & du sang?
Ce, qui nous chatouille les sens,
Opére en vain sur vous, il n'est rien, qui vous
Tout le monde n'est qu'un rebut, (tente:
Indigne d'une ame si belle,
Et la vie éternelle
Est enfin, vôtre unique but.

VI.

Ce n'est pas fait pourtant, la carriére est plus
ample,
La gloire se mésure à l'aune des combats,
Plus vous agirez ici bas,
Plus vous éclaterez un jour, dans le saint temple.
Vivez donc constant avec nous,
Vivez heureux, malgré l'envie;
Il est doux dans la vie,
De vivre, Herman Wits, comme vous.

BILLET *rimé.*

A Mr. Keppel Sr. de Dinx-hof, sur la naissance de son premier enfant.

GRaces au Ciel, Monsieur, vous avez une fille,
Belle; à ce que l'on dit, agréable, gentille,
Aimable comme sa Maman:
Et si l'on en croit sa nourisse,
On ne sauroit jamais, sans faire une injustice,
Entreprendre un sujet plus digne d'un roman.

Quoi qu'il en soit Keppel, je vous en félicite,
L'acte est de mon devoir, c'est une œuvre licite,
Vous n'en sauriez disconvenir:
Mais demeurez en là, de grace;
Acordez nous un fils, avant qu'un an se passe,
Ou convenez enfin, de ne vous plus unir.

CON-

SONNET.

A Mademoiselle N. N. pour Mr. Witsius, sur l'acomplissement de sa 50. année, & lors qu'ils étoit alité.

D'Un air mélodieux on entend les rivages
Du bas Rhin retentir, au son de mille voix;
De son cristal roulant, les Nimphes des bocages
Interrompent le cours, tous les ans une fois.

A ce bruit, les oiseaux même quitent les bois,
Pour joindre à ce Concert leur plus tendre ramage;
Bref, tout rit de te voir, sous de si douces loix,
Enfiler à pas lents, le chemin d'un grand âge.

Permets, Wits, qu'aujourdui, pour remplir mes desirs,
J'ajoute un vœu sincére à leurs communs plaisirs,
Qui te rende le Ciel, dans tes maux, favorable.

J'endure, tu le sais, quand je te voi soufrir;
Si tu m'aimes, prens cœur, puis que ton mal t'acable,
N'épargne pas mes soins, je viens te les ofrir.

BIL.

BILLET *rimé.*

Au Professeur Gurtler, après l'élection des Magistrats, que l'on va féliciter.

Vous me faites pitié dans vôtre solitude;
Savez vous bien, Monsieur, qu'une trop grande étude
Va vous faire blanchir le poil sur le menton,
Et que vous deviendrez roide comme un bâton?
Le trop est toûjours trop, & c'est une folie
De donner trop de prise à la Mélancolie.
Je parle Franchement, je ne saurois mentir,
Mon cher Collégue, il faut souvent se divertir,
Si vous m'en voulez croire, allons tantôt chez Leckiés,
Peut être y viendra-t-il avec nous d'autres geckies,
Qui voudront folâtrer, sans faire aucun misbaar,
Ou bien voions en ait, ou courons chez en aar.
Mais je trouve à propos de prendre nos Déesses;
Ces aimables Tendrons nous font mille caresses,
Et veulent que par tout nous soions de moitié,
Gurtler, il faut répondre à leur tendre amitié.
Cependant, sans en rien démordre,
Je veux me ranger à vôtre ordre,
Puis que je suis, de tout mon cœur,
Vôtre très humble serviteur.

BIL-

BILLET *rimé.*

A Monsieur Z.

OUi, vous aurez des vers, en ot, en us, en es,
Car, pour parler Latin, parturiunt montes;
Ma Muse, avant le tems, s'avisa hier de pondre,
Si c'est d'un avorton, Crémer en doit répondre.

Il est vrai, me dit il, nous revenons d'Holthuys,
Le jour m'a paru court, le chemin agréable;
Mais ou courir demain faire un nouveau gespuys?
Il faut aller chez N. il est assez traitable.

A ces mots, aussi tôt, j'étale mon scheurbot,
Les rubis de mon front, ma sombre & triste mine,
Vingt ordres confirmez de prendre Médécine,
D'agir, sauter, virer, tourner comme un sabot.

Vous vous trompez, mon Cher, se prit il à me dire,
Ou vous déférez trop à cette faculté;
Si vous voulez dans peu recouvrer la santé,
Il faut boire, fumer, joüer, chanter & rire.

Soit, lui di-je à l'instant, je vous imiterai,
Soiez prêt pour demain, avec vôtre cortége;
J'aurai soin, pour ce coup, d'assembler le Collége
Et si Z. en veut plus, je les lui ménerai.

Monsieur, par une loi, qu'il ne faut point enfrein-
C'est maintenant vôtre devoir (dre,
De penser à nous recevoir,
Et si bien régaler qu'on ne s'en puisse plaindre.

POEME BACHIQUE.

Fait à la table de Mr. du Pol, ou il me traita, avec un grand nombre de ses amis, en gibier & excellens vins, le jour de la St. Hubert, Patron des Chasseurs.

MEs amis, réjouissons nous,
Mais que desormais parmi vous,
Il ne soit plus parlé de Déesse d'Athéne;
C'est par ma foi, l'erreur, des erreurs la plus vaine;
Et pour Messire saint Hubert,
C'est un fou fiéfé, qui le sert.
Ce sont des Patrons à l'antique,
Trop indignes de ma critique,
Patrons, qui ne méritent pas
Qu'en célébrant leur fête, on mette chapeau bas.

On ſait que pour tirer un liévre,
Ils ont pris trente fois la fiévre;
Que la pourſuite d'un lapreau
Les faiſoit diſtiler en eau;
Cependant, de leur tems, ils paſſoient pour habiles;
Aujourd'hui, par nos loix civiles,
On condanne un Chaſſeur, qui ſe rend apellant,
S'il n'a tiré d'un coup, trois perdrix en volant.
Et d'autant que Wynberge excelle,
Qu'il n'eſt nageoire, ni bout d'aile,
Ni chamois, ni biches, ni dains,
Qui puiſſent éviter de tomber en ſes mains;
Nous voulons deſormais qu'il ſoit Maître de Chaſſe,
Et l'illuſtre Patron des Chaſſeurs, en leur place.
Tel eſt nôtre devoir, & nôtre bon plaiſir:
Que ſi quelqu'un s'opoſe à ce juſte deſir,
Qu'il ſoit, ſans nul apel, bani de l'aſſemblée,
De peur qu'à l'avenir, elle n'en ſoit troublée.
Les autres léveront la main,
Tenant de l'autre un verre plein,
Et jurant par Baccus, le pére des ivrognes,
Le dût-on connoître à leurs trognes,
Que tous les ans, au même jour,
Le Pol ſera le beau ſéjour,
Où, dans une douce harmonie,
On renouvellera cette cérémonie.

QUA-

QUATRAIN.

Pour Guillaume troisiéme, Roi d'Angleterre, & nôtre illustre Stadt-houder.

QUe tes vertus, Guillaume, éclatent dans le monde;
A la Guerre, au Sénat, tu surpasses les Dieux;
Mars céde à ta bravoure, & Pallas n'a point d'yeux,
Que pour considérer ta sagesse profonde.

EPITHALAME.

Pour Mr. Wolter Joseph de Wynbergen, Sr. de Horsen, du Pol &c. & Mademoiselle de Rensen, conjoints par le lien du Mariage, en Décembre 1696.

Stance I.

WYnbergen, j'y consens, & vous avez raison,
C'en est maintenant la saison,

Lors que l'on couche à deux, on s'aproche, on
s'excite ;
Mille amoureux diſcours diſſipent nos ennuis,
Et le moindre moment de nos plus longues nuits,
A cent plaiſirs nouveaux, doucement nous invite.

II.

Mais comme après l'éfort d'un Æole en cour-
Le calme nous paroît plus doux, (roux
Et de nôtre mémoire éface la tourmente :
Les agréables fruits, dont vous allez joüir,
Vous donneront, Monſieur, d'autant plus de
plaiſir,
Qu'une Autonne tardive, en reculoit l'atente.

III.

Deux grands Luſtres Romains, comme par un
Ne vous ont qu'à peine ſufi, (défi,
Pour tirer un Amen du ſain de vôtre Belle ;
La patience enfin, en eſt venuë à bout :
Un Amant, à coup ſeur, peut s'aſſurer de tout,
Pourvû qu'il ſoit toûjours, & conſtant, & fidéle.

IV.

Quelle gloire, de voir couronner vos travaux,
En dépit de tant de rivaux,

Du prix digne des vœux de nos plus grandes ames;
Et de posseder seul, le chef-d'œuvre des Dieux,
L'Objet le plus parfait, qui soit dessous les cieux,
La Merveille du sexe, & l'Exemple des Dames.

V.

Mais quel plaisir aussi, pour ne vous point flater,
Madame devez vous goûter,
D'avoir eu pour vainqueur celui, qui vous révére?
Du moins, jamais Epoux ne l'a mieux merité;
L'on vous acuseroit d'insensibilité,
Si vous n'en conveniez par un aveu sincére.

VI.

Il est jeune, bien fait, adroit & vigoureux,
Civil, honnête généreux,
Sage comme Priscus, plus disert que Pompée;
Les siences, les arts, il les entend à fond;
A son Esprit subtil, rien ne paroit profond,
Ni rien impénétrable à sa vaillante épée.

VII.

Enfin, jamais l'Himen n'assembla dans un jour,
Tant de vertus & tant d'amour:
La Gueldre en retentit de cris d'éjouissance:
Et comme si l'Oracle avoit prédit leur sort,
Des cendres de l'Aieul, dont l'esprit prend l'essor,
Je vois naître des fils d'une haute espérance.

VIII.

Le Ciel Nobles Amans, ſerre les ſacrez neuds,
Qui viennent d'unir vos beaux feux,
Et dans tous vos deſſeins, ſa grace vous ſeconde;
N'aiez qu'un cœur, qu'une ame, & qu'une volon-
Ne vivez ici bas que pour l'éternité, (té,
Et ne montez aux Cieux, que pour revivre au
monde.

SONNET.

Aux Tetons de Madame Tyſſot, lors que l'Auteur lui faiſoit l'amour.

IDole de mes ſens, Rocher énigmatique,
Où, d'un œil convoiteux, maint regard s'eſt
briſé;
Source Caſtalienne, où j'ai cent fois puiſé
Le doux ſuc, qui nourrit ma Veine poëtique.

Je vous voi, comme un Ciel, dans la Mathé-
matique,
Un beau Globe d'albâtre, en deux pars diviſé,
Où, du plus fin coral, la Nature a poſé
Deux poles diférens, l'Artique, & l'Antartique.

Mais

Mais ce, qui me confond, dans ma comparaison,
Vos Poles sont cachez dessous nôtre Horison,
Et la pensée seule y peut faire des courses.

Cependant un desir, que je ne puis chasser,
Se joint à ma pensée, & comme les deux Ourses,
Tourne autour de ces points, sans jamais se lasser.

EPIGRAMME.

Où l'on montre qu'il ne faut juger de personne par les aparences.

L'Habit ne change point le cœur,
Il est des célérats dans Genéve & dans Rome:
Et pour être Pretre ou Prêteur,
On n'en est, souvent pas, ni moins sot, ni moins homme.

BILLET *rimé.*

A Monsieur Keppel Sieur de Dinx-hof.

SI vous étiez devin, vous dévriez savoir
Que je voudrois vous aller voir
A la fin de cette semaine,
Mais comme vous ne l'étes pas,
Je m'exprime, en prenant la régle & le compas,
En langage de la Fontaine.

Si vous avez, Monsieur, un trou, pour me loger,
Faites le moi savoir par nôtre messager;
Alors j'irai chargé des vœux de ma famille,
Joindre ma joie à vos plaisirs,
De ce qu'à vos ardents desirs,
Le Ciel vient d'acorder une seconde fille.

ACROSTICHE.

Pour les étrennes de Mr. Jean Jordens, Bourguemaître, Député aux Etats &c. & de Mademoiselle Gertruida Steenbergen, son Epouse.

IL n'est rien que le tems n'altére & ne déchire,
En vain l'acier trempé s'opose à son empire,
Agariste enfin, change, & le plus dur rocher
N'est pas impénétrable aux traits de cet archer.
Je n'aperçois que vous exemt de sa puissance,
On a vû vos Aieux, depuis vôtre naissance,
Revivre en vous, Monsieur, & vous sur leur grand nom
Dresser les fondemens d'un éternel renom.
En guerre, comme en paix, vôtre ame infatigable,
Ne borne ses desirs qu'à paroître équitable,
Soutenir cet Etat, veiller pour vos amis,
Gouverner en douceur ceux, qui vous sont soumis.
Et vous, son digne Choix, qui pour savoir mieux vivre

Réſiſtez au torrent, que le ſexe aime à ſuivre.
Nutrice des vertus, Miroir d'humilité,
Rare exemple d'honneur, de foi, de piété.
Un ſiécle, qui raſſemble en vous deux, tant de gloire
Inſpire le deſir d'en garder la mémoire,
Duſſé-je reſter court, je le dois, je le veux,
A tant de qualitez, joindre mes foibles vœux.
Soufrez donc aujourd'hui, que je vous en étrenne,
Trouvez bon que j'adhére au zéle, qui m'entraine,
Et que Mnéme, imitant Phæbus le Bédromin,
Etale à vos genoux, ſon travail & le mien.
Nocturnes incidens, Parques trop inhumaines,
Bourreaux du genre-humain, vos infernales chaines,
Et vos lacs tenébreux, ſont vains pour ces grands cœurs:
Rien ne leur ſauroit nuire, ils ſont toûjours vainqueurs.
Garantis de vos traits, le Ciel, dans l'abondance,
Honore un ſiécle entier, leurs fils de leur preſence,
Et que celui, qui rend juſtice à l'équité,
Ne les voie finir qu'avec l'éternité.

IMPROMPTU.

Sur la Ville d'Elburg, jusqu'où l'Auteur étoit allé chasser, avec quelques autres Gentils-hommes de ses amis.

Elburg est, je l'avoüe, agréable & jolie,
Tous ses travaux sont réguliers,
Ses habitans courtois, afables familiers,
Et mortels ennemis de la mélancolie;
Mais ce, qui m'y fait enrager,
C'est qu'on y fait mauvaise chére,
Que le vin n'y vaut rien, & qu'un pauvre étranger
Gagne la chaude-pisse, en beuvant de sa biére.

SONNET.

Aux yeux de Madame Tyssot lors que l'Auteur lui faisoit l'amour.

AStres étincellans, Miroirs de la nature,
Dignes Flambeaux de mon amour,
Qu'Apollon, quelquefois, pour mieux faire sa cour,
N'ose voir qu'au travers d'une nüée obscure.

Les étoiles souvent, font vilaine figure,
Et ne reluisent qu'à leur tour;
Vous brillez, au contraire, & la nuit, & le jour,
Et vôtre vif éclat, est un éclat, qui dure.

Oui, l'éclat de vos yeux N. n'à point d'égal;
Mais que ce grand éclat me fait soufrir de mal;
Je brûle, il me consume, & je n'ose me plaindre.

Défaites vous enfin de ces regards perçans,
Faites leur succéder des regards languissans,
Par ce benin secours, mon feu pourra s'éteindre.

RONDEAU.

Sur le Noce d'Argent de l'Auteur, & de sa première Epouse, après vingt cinq ans de Mariage, en 1700.

CInq fois cinq ans, hélas! se peut il? j'en frissonne,
Qu'Apollon, en tenant la route, qu'on lui donne,
Ait fait ce nombre entier de révolutions,
Depuis que sert de régle, à nos afections,
Ce, que l'auguste loi de l'Himen nous ordonne?
Oui, ce tems a passé; la fête qu'en personne,
Nous célebrons, ateste aujourd'hui, ma Mignonne,
Que vous avez été mes inclinations
Cinq fois cinq ans.

Je prens toûjours en gré ce, que le Ciel me donne,
Mais s'il daigne répondre à l'himne que j'entonne,
Après la Noce d'or, nos fils, par légions,
Nous verront, raionnant de benédictions,
Vous, être encor ma joie, & moi, vôtre couronne,
Cinq fois cinq ans.

SONNET.

A Mademoiselle N. N. pour Monsieur Witsius, sur l'acomplissement de sa 44. année.

VOus viellissez Mr. n'usons point d'artifice :
Cinq moins sept fois sept ans, que vous avez passez,
Sont des témoins müets, qui témoignent assez
Jusqu'où Wits est enfin, parvenu dans la Lice.
Mais ce, qui me surprend c'est qu'au lieu que le vice
Se joint à la foiblesse, aprochant du décés,
Vous donnez aux Vertus toûjours nouvel accés,
Et ne croissez pas moins en vigueur qu'en justice.
Joigne le ciel sa force à ces bas élémens,
Pour redoubler en vous, des bienfaits si charmans,
D'un Zéle très ardent, mon ame l'en conjure.
S'il a fait des éforts, pour vous tant élever,
Il doit pour nous, un siécle au moins, vous conserver,
Un prodige vaut bien qu'il change la nature.

SON-

SONNET.

Au Docteur Nilant, pour servir de réponse à un billet d'invitation.

Monsieur, vous m'imposez souvent de rudes loix,
Vous exercez ma patience,
Et m'ordonnez, pour penitence,
De pomper à crever, & de rompre du bois.
Encor si ce n'étoit que pour une ou deux fois,
Pendant le cours de la Vacance,
Mais vous me faites violence
Un grand quartier de Lune, ou quinse jour, le mois.
Tout beau, vous croiriez bien que ce m'est une (croix
De fumer chez vous & de boire,
Et de casser, Nilant, un boisseau de vos noix.
Mais dussé-je aujourd'hui, gâter ma belle voix,
Et me disloquer la machoire,
Vous me verrez tantôt travailler comme trois.

BIL-

BILLET *rimé*.

Avec un present de Raie, à Mr. Wynbergen Sr. du Pol &c. qui aimoit ce poisson à la folie.

M'En eut il dû couter mon ſaie,
Monſieur, vous aurez de la Raie,
Entre onze & douze heures au Pol.
Je ne croi pas que Leopold
En gobât jamais de meilleure:
Du moins, le batelier aſſeure.
Qu'elle eſt des plus fins matériaux,
Dont Amphitrite, ſous les eaux,
Fabrique cette Marchandiſe.
Outre qu'il jure l'avoir priſe
Dans ſon habit, bien goudronné,
Qui venoit d'être retourné,
Et qu'il ne met que les Dimanches.
Puis mettant les poings ſur les hanches,
Et prétendant, avec raiſon,
Pouvoir aléguer la ſaiſon,
A cette heure, fort favorable,
Il ſe donnoit lui même au diable,
Et conſentoit d'être pendu,

Si jamais il avoit vendu
Poiſſon, qui valût mieux la ſauce.
Et ne penſez pas que j'en gauſſe,
Malheur à qui l'eut contredit:
Je veux, Monſieur, être maudit,
Comme l'homme à la barbe rouſſe,
Si des quatre doigts & du pouce,
Il ne l'eut écorché tout vif.
Sans doute, à ce diſcours craintif,
Vous allez éclater de rire,
Mais, ma foi, vous avez beau dire,
Il n'en ſera, ni plus, ni moins.
Soiez l'un des hardis témoins
De l'action la plus tragique;
Morguez Cæſar, faites la nique
Aux Héros de l'antiquité,
Et courant d'un air éfronté,
Où Mars fait le plus grand carnage;
Donnez quatre ſiécles d'ouvrage
Au plus habile hiſtorien,
Pour ne faire abſolument rien,
Que compoſer à tire d'aile,
Et tracer le récit fidéle
De tant de belles actions,
Des loups, des tigres, des lions,
Et mille autres bêtes hardies,
Que vous avez abaſourdies;
Pour moi, qui cherche le repos,

Et

Et crains franchement, qu'Atropos
Ne me donne quelque Apostrofe,
Je croi l'ame d'un Philosophe
De trop illustre extraction,
Pour assouvir sa passion,
Sur l'échine d'un pauvre diable;
Et, comme un simple misérable,
S'exposer à mille dangers;
Et pour des sujets fort legers,
Se commettre avec quelque bufle,
Qui vous donnera sur le mufle,
Et vous aiant roüé de coups,
S'ira moquer encor de vous.
Je m'en suis tiré braies nettes,
Prenant son poisson sans arêtes,
Pour légitime décendant
De ce gros animal mordant,
Qui mit jadis Weert en alarmes,
Et fit au moins prendre les armes
A sept ou huit cents habitans,
Qui le chargérent fort long-tems,
Avant que de s'en rendre maîtres,
Encor falut il que vingt prêtres,
Chargez chacun d'un benitier,
Qui, suivant nôtre gazettier;
Tenoit un sétier d'eau benite,
S'y transportassent au plus vite:
Sans ce secours inopiné,

Ils auroient tout abandonné,
Et la Raie eut eu l'avantage
Sur tant de badauts de vilage.
Comme vous ſimpatiſez fort,
On auroit, ce me ſemble, tort
De craindre dans cette ocurence,
Qu'un poiſſon de cette importance,
Ne fut de l'aprobation
D'un homme de condition,
Sur tout, quand il vient de la chaſſe:
Mangez le donc, bien vous en faſſe:
Mais au moins, aiez l'équité
De le baigner à ma ſanté.

B I L L E T *rimé.*

A Mr. Nilant, le lendemain de la St. Pierre, qu'il ſe fait un repas magnifique à l'Hôtel de Vile.

IL faut qu'aſſurément les forces vous défaillent,
Ou, ma foi, vous vous abuſez;
Pourquoi tenir les bras croiſez
Tandis que nos maîtres travaillent?
A peine en eſt il un, qui n'ait le verre en main;
Célébrons avec eux, cette fête bachique,

Ils

Ils nous pourroient faire la nique,
Si nous atendions à demain.
Mais nonobstant le jour, observons la coutume,
Rien qu'une tasse de café:
L'on m'avoit hier si bien coifé,
Qu'aujourd'hui la barbe m'en fume;
Je serois faché d'en mourir
On fait, quand on est mort, une laide figure,
Et j'ai toûjours cru, je vous jure,
Que le tabac peut tout guérir.
Si le tems vous permet de m'en donner pipette,
Vous n'avez qu'à soufler de bonne heure au tison,
Avant que le soleil touche à nôtre horison
Vous verrez à grands pas, arriver sans trompette.

Monsr. &c.

GENETLIAQUE.

A Mademoiselle N. N. menacée de la phtisie, pour Mr. Witsius, Prof. & Ministre à Utrecht.

Stance I.

DU sepulcre mouvent, où mon ame captive,
Fait sans fin des éforts nouveaux,
Pour s'afranchir de ses travaux;
Et donner à ses jours une clarté plus vive,

Je

Je proméne mes yeux sur tout ce, que Dieu fait,
J'examine à loisir, la moindre créature,
Et trouve que dans la nature,
Il n'est rien, qui ne soit dans un ordre parfait.

II.

A l'usage souvent la grandeur se raporte,
Le soleil, qui ranime tout,
Les cieux, de l'un à l'autre bout,
Suivent d'un cours égal, le flux, qui les emporte,
Tout est constant en eux, tout plein de Majesté;
La Terre a moins d'éclat; étant moins nécessaire,
Tout y change, & n'y persévére
Dans un état qu'autant qu'il a d'utilité.

III.

Je voi d'un œil terni, mon corps foible & débile,
Suivre les autres en ce point,
Et n'avoir non plus d'embonpoint,
Qu'il a de qualitez, qui le rendent utile.
A quoi bon à ses maux, vouloir participer?
Faut-il des soins si grands, pour un vaisseau fragile?
Sachez, Wits, qu'il est inutile,
Et qu'il mérite peu de vous tant ocuper.

IV.

Vous savez qu'à mon Dieu, je fais des vœux (sans cesse,
Pour vôtre conservation,
Et que toute une Nation
Perdroit un Guide en vous, digne de sa tendresse:

Se-

Secondez nos desirs, par des soins diligens ;
En voulant me sauver, vous pourriez vous mal
L'indiférence est nécessaire, (faire,
Lors que l'on a pour but, le bien de tant de gens.

V.

Je sai que le Seigneur vous veut encore au monde,
Il y renouvelle vos ans,
Rend vos jours heureux & plaisans,
Vos Leçons d'un grand poids, vôtre vertu féconde.
Laissez moi déloger, paissez vôtre Troupeau,
Ne lui refusez pas dix Lustres de pature ;
Un jour, exemts de pourriture, (beau.
Nous nous verrons au Ciel, triomphans du tom-

VI.

Avant que de partir pour cette cité sainte,
Et quiter ce corps gemissant,
Soufrez qu'un cœur reconnoissant,
Vous assure en ces vers, d'une amitié non feinte.
Je n'oublierai point vos ofices pieux,
De les dire aux mortels, j'ai mille fois fait gloire,
Si je conserve la mémoire,
J'en ferai le récit aux habitans des cieux.

VERS

VERS HEROIQUES.

Pour Guillaume de Naſſau, Roi d'Angleterre &c. défenſeur de la foi &c. ſur l'exécution de ſon incomparable deſſein ſur les iles Britaniques, en 1688.

MA Muſe, j'y conſens, tout le monde l'avoüe,
Ses ſublimes vertus méritent qu'on le loüe,
Je veux bien qu'à ce prix, tu m'impoſes des loix,
Mais à qui s'adreſſer, pour chanter ſes exploits?
Le Ciel en eſt témoin, la Terre les admire;
Après ce, qu'ils ont vû, que leur en peut on dire?
Et ſi nous en dreſſons d'illuſtres monumens,
Heureux, s'ils ont un jour le ſort de nos Romans.
Peu de gens ont le don de croire des miracles,
Pour admettre un prodige, il ne faut point d'obſtacles;
On aime à voir ſoi même: un grand événement
Ne s'aperçoit de loin, que fort confuſément.
Que di-je, ignores-tu ſon dernier coup de Maître?
Ne te ſouvient il plus du deſſein, que vit naître
Un inſtant bien heureux, qui ſurprit les plus fins,

Et

Et que ce même instant vit porter à ses fins?
Pour moi, je sai très bien, & tu dois, ce me semble,
Te souvenir du jour, que nous disions ensemble,
Il part, ce grand Héros, Guillaume le Grand part,
S'il pouvoit, mais hélas! un terrible rampart,
Dont le sommet afreux pénétre dans les nües,
De ce vaste Païs défend les avenües,
Et ses larges fossez, d'un fond démesuré,
Menassent l'assaillant, d'un naufrage assuré.
Point d'autres passions, la crainte & l'espérance;
Agitoient tour à tour, la Holande & la France,
Mais d'un œil diférent, chacun voit ce projet,
Et conduit nôtre Mars jusque sur le trajet.
Le Ciel, qui veut par tout une constance extréme,
Interrompt ce dessein, le traverse lui même,
Il se couvre, les vents commencent à sifler,
On voit tout l'Océan dans un moment s'enfler,
Et Neptune en courroux, au milieu de l'orage,
Triompher hautement d'un superbe Equipage.
L'un coule à fond ici, l'autre se brise là,
Tout crie, tout lamente, & nonobstant cela,
Nonobstant le débris, la perte irréparable
D'un nombre d'Armateurs, aussi considérable,
Le vaincu, sous les flots, reste par tout vainqueur,
Guillaume toûjours grand, ne perd jamais le cœur.
La cause, qui l'anime, est trop juste pour craindre,
Il voit avec douleur, tout un Peuple se plaindre,

Tout

Tout un Peuple gemir, implorer du ſecours,
Et n'avoir qu'à lui ſeul, après Dieu, ſon recours.
Le deſir d'y courir, merite des loüanges;
Auſſi le Souverain des hommes & des Anges,
Voiant, malgré les coups, qu'il venoit d'eſſuier,
Son Zéle pour la foi, vient lui même apuïer
Son généreux deſſein, redouble ſon courage,
Et ſe joint à ce Prince, en un ſecond voiage.
Alors vous euſſiez vû les plus fiers élémens
Revenir tout à coup, de leurs emportemens,
Les Aquilons fuïr, le calme & la bonace,
Succéder à l'orage, & le chaud à la glace.
Quel plaiſir pour des gens, qui ſortoient du danger,
De voir mille Tritons badiner, & plonger
Sous leurs vaiſſeaux ailez, des troupes des ſirénes
Chanter d'un ton ſi doux, que les liquides plaines
Retentiſſoient par tout, des airs mélodieux,
Que l'on chante à la cour de ces humides Dieux.
Bref, phifres & tambours, trompettes & timbales,
Les divers inſtrumens des armées navales,
Semblent par leurs acords, prédire à ces Guerriers,
Que Thémis, pour leur gloire, aprête des lauriers.
Guillaume en eſt ravi, de belles aparences
Flatent plus que jamais, ſes hautes eſpérances:
Le tems, la mer, le vent, les moindres de ſes gens,
Répondent, de concert, à ſes ſoins diligens.

Tout réussit, enfin, son dessein lui succéde,
Il aborde, il débarque, on l'atend, tout lui céde;
Les esprits les plus forts, ne peuvent concevoir
La foule d'habitans, qui les vient recevoir.
Jaques seul en fremit, loin de courir lui même,
Vers son fils, comme fait un pére, quand il aime,
On a beau l'assurer, lui dire avec serment,
Que Guillaume le Grand ne vient uniquement
Que pour le protéger, prévenir une guerre,
Rétablir les Autels, & rendre à l'Angleterre
Ses droits, sa liberté, qu'en divers cas pressans,
Ce peuple a rachetez du plus pur de son sang:
La crainte le saisit, ses injustes pratiques
Lui font abandonner les iles Britaniques,
Etant persuadé que toûjours les Anglois
Osent tout atenter pour conserver leurs loix.
Ce trône illustre vaque, un Parlement s'assemble,
Les Grands, sans balancer, y concluent ensemble,
Sachant dans le besoin, éviter la lenteur,
D'élire pour leur Roi, leur seul libérateur.
Tout le Peuple y consent, on choisit des personnes,
Pour ofrir à ce Prince, à la fois, trois couronnes;
Il hésite, il refuse, il jure hautement
Qu'il ne s'atendoit point à cet événément,
Que Marie Stuart lui fut toûjours trop chére,
Pour accepter l'Empire, en dépit de son pére,
Et qu'il ne prétendoit d'un Peuple si puissant,

Pour

Pour ses soins paternels, qu'un cœur reconnoissant.
On presse de nouveau, chacun avec instance,
Remontre à ce Héros qu'il est de conséquence
Qu'un Guerrier courageux, sage, doux & clément,
Prenne en main le timon de leur Gouvernement,
Et que, dans leurs malheurs, ils restent sans ressource,
S'il s'arrête d'un pas au milieu de sa course.
Enfin, on le fléchit, & pour le faire court,
L'endroit est assigné, toute la terre court,
Et sous des apareils pompeux & magnifiques,
On le couronne Roi des iles Britaniques:
Oui, Guillaume le Grand, ce défenseur des Loix,
Vient d'être reconnu pour le plus grand des Rois.
Je sai Calliopé, que jamais un Monarque
Ne donna de son zéle, une plus noble marque,
Qu'Alexandre, Pompée, & ces braves Césars,
Qui souvent s'exposoient eux mêmes aux hasards,
N'ont rien fait de semblable à ce coup magnanime,
Et que cette action ne se peut dire en rime:
Mais tu n'ignores pas que tout ce, qu'on en dit,
Frape d'abord les sens, nous surprend, interdit
Le plus grand Politique, & que les témoins mêmes
De ce coup surprenant, sans des éforts extrémes,

N'ont pû jusqu'à present, gagner sur leur esprit,
De croire qu'ils ont vû ce, qu'ils en ont écrit.
Quel gré te sauroient donc nos Neveux, d'une Histoire,
Dont l'art, dans leur esprit, feroit toute la gloire?
Et qui n'a dans son fil, aucun événément,
Qui n'aporte du trouble, & de l'étonnement?
Non, ma Muse, il n'est rien, qui sente plus la fable,
Choisis quelque sujet, qui soit plus vrai-semblable,
Et laisse à Dieu le soin de conserver toûjours,
Dans l'esprit des Humains, la mémoire des jours,
Que vécut l'invincible apui de son Eglise;
Un Prince sans égal, dont la moindre entreprise
Témoigne evidemment que jamais cet Etat
Ne fut plus glorieux, que sous ce Potentat.

BILLET *rimé*.

A Monsieur Nilant.

J'Ai, Nilant, un ardent desir
De joüir aujourd'hui, de l'innocent plaisir
D'une petite promenade;
Si, par bonheur pour moi, vous n'étes point mala-(de,
Vous m'obligeriez grandement

De

De prendre vôtre part du divertissement.
Il m'est indiférent où nous allions ensemble;
Tous lieux me sont égaux, cependant il me semble
Qu'il fait bon à Terwolde, ainsi, Docteur, si vis,
Nous irons à Leutekevis.
Ce séjour est assez aimable,
On y trouve en tout tems, du tabac admirable,
Des pipes, de la biére, & suivant la saison,
D'agréables fruits, à foison.
Ne faites point le chatemite,
Déterminez vous, au plus vite,
Et rendez, s'il vous plaît, par le present porteur,
Réponse à vôtre serviteur.

SONNET.

A Mademoiselle N. N. pour Monsieur Witsius, sur son aniversaire.

AVec vos ans, Monsieur, ma force renouvelle,
Par vos soins paternels, je quite ma langueur,
Je reprens doucement ma premiére vigueur,
Qui passoit comme une chandelle.

Je ſens à vos leçons, ſi chéres au fidéle,
Mon ame, de ce monde autrefois ſon vainqueur
Triompher hautement, & du fond de mon cœur,
Joindre des élens à mon zéle.

Conſerve donc, bon Dieu, cet objet de mes vœux,
Prens ſoin de lui, benis, je ſai que tu le veux,
Un Héraut, qui ſans fin, travaille pour te plaire,

Triple les jours, qu'il doit vivre ici ſous ta Loi,
Uſe de tes faveurs envers lui, ſur la terre,
Mais le Ciel ſoit enfin, le loier de ſa foi.

BILLET *rimé.*

Au Maître de la Monnoie.

JE vous donne, Monſieur, le bon jour de ma plume,
Et vous rends Lucien, par les mains du porteur,
Chargez le du ſecond volume
De ce licencieux Auteur,
Et vous obigerez, ſuivant vôtre coutume,
Celui, qui nonobſtant les éforts de ſon rume,
Eſt toûjours vôtre ſerviteur.

ACROS-

ACROSTICHE.

A Mademoiselle N. N. pour les étrennes de Madame la Comtesse de Solms.

A Quel danger, Madame, un peintre mal habile,
Ne s'expose-t-il pas, quand d'une main débile,
Neuf & présomptueux, il ose tout tenter,
Et par des traits grossiers, qu'on ne doit imiter,
Etaler à nos yeux, le portrait de Méléne?
Le dessein est hardi, mais celui, qui m'entraine,
Irrite, & du mépris va me rendre l'objet,
Si l'éfet ne remplit la grandeur du sujet.
Apollon en rougit, les Muses en pâlissent,
Bien loin de me donner du secours, ils agissent
Ensemble pour me prendre. Enfin tant de vertus,
Tant d'éclat, dont les Solms ont été revêtus;
Honneurs, me disent ils, Titres, Grandeurs, Noblesse;
Ce sont des qualitez, que sans art & justesse,
On ne peut renfermer dans l'enceinte d'un vers.
Mais, si de vos bontez, dont nous sommes couverts,

 Trois

Trois Fréres, élevez aux charges d'importance,
En font foi, je devois avec quelque éloquence,
Suivre le cours rapide, ha ! le plus grand savoir
Seroient-il sufisant pour remplir ce devoir?
Etant donc sans secours, me voiant incapable
De traiter un sujet aussi considérable;
Enonçant ma foiblesse, & mon zéle impuissant,
Soufrez, Madame, au moins, qu'un cœur reconnoissant,
Outre tant de Grandeurs, vous souhaite un grand âge,
L'an, que Phæbus commence, un siécle, & davantage,
Mille graces en terre, & le salut aux Cieux,
Soient de mes vœux ardents, les éfets précieux.

SONNET.

Sur le décés précipité de Monsieur le Moine, Professeur & Ministre de Leiden.

PLeurez, chers habitans de la nouvelle Rome,
Qui voit fleurir les Arts au pié de ses autels,
Pleurez ce grand Héraut, il n'en est plus de tels,
Du nombre limité, sa perte fait la somme.

Quel revers, ha! faut-il qu'une fatale pomme
Change tant de vivans, en un tas de mortels,
Et qu'il soit défendu de donner des cartels
Au plus grand ennemi que pourroit avoir l'homme.

Non, bornez vos soupirs, changez, en un clin d'œil.
Vôtre douleur en joie, & dépouillant le deuil,
Défaites vous enfin, de vôtre humeur rigide.

Ce Moine infatigable, honnête, oficieux,
Etant acoutumé de vous servir de guide,
Vous est allé fraier un chemin jusqu'aux cieux.

BILLET *rimé.*

A Mr. Wynbergen Sr. de Horssen, du Pol &c. au sujet d'une piéce d'argenterie, qu'il avoit envoiée à l'Auteur, en reconnoissance des vers qu'il avoit composez sur son Mariage.

J'Hésiste, je ne sai que faire,
Dois-je parler, faut il me taire?
Non, dussiez vous vous en facher,
Monsieur, je ne le puis cacher;
Le present est trop magnifique,
Et la régle Mathématique
Des plus justes proportions,

N'est qu'un amas de fixions,
S'il faut, pour suivre son caprice,
Ou sous prétexte de justice,
De grands Vases, à gros couverts,
Pour paier de si méchans vers.
A ce prix là, point de Poëte,
Qui ne se démonte la tête
A rimailler son chien de soul.
Pour moi, je le dis entre nous,
Je voudrois qu'il nous prit envie
D'établir la Poligamie,
Et que chaque homme pût de droit,
Prendre les femmes, qu'il voudroit.
Etant galant, comme vous étes,
Une douzaine des mieux faites,
Par mois, ne vous manqueroit pas:
Ainsi, sans régle, & sans compas,
Ma Muse, folâtre & badine,
Feroit bien fumer ma cuisine:
Mais, n'etant point Mahométans,
Il faut s'acommoder au tems,
Et suivre la régle importune,
Qui joint chacun à sa chacune.
Je ne laisserai pourtant pas
De vous avoir, jusqu'au trépas,
Une Obligation entiére.
Cependant, passez la riviére,
Venez vous en, au premier jour,

Faire chez nous quelque séjour,
Car, en vain vous branlez la tête,
Vôtre Vaisseau, bien faconné,
Ne sera jamais étrenné,
Que vous ne soiez de la fête.

EPIGRAMME.

Sur les avantages qu'ont la qualité & la sience, au dessus des biens de la fortune.

ASsurément l'argent a bien de l'impudence;
Il se moque de la naissance,
Et morgue Apollon & ses Sœurs;
Il a beau cependant étaler les douceurs,
Et le charmant éclat, dont il se glorifie;
Il n'habite chez nous que comme un étranger;
Au lieu que la Noblesse & la Philosophie,
Sont toûjours Citoiens où l'on les voit loger.
Un batard, quoi que l'on l'estime,
Souvent abandonne au besoin;
Au contraire, un fils légitime
Reste au foier du Pére, il en banit le soin.

SONNET.

A Mademoiselle de Tenac, qui doutant de la facilité avec laquelle l'Auteur se vantoit de faire des vers, l'avoit défié de lui en donner une preuve certaine le même soir.

Dieux ! qu'est ce, que j'entens? vous voulez, de Tenac,
Qu'encor ce soir, à la chandelle,
Je me démonte la cervelle,
A vous montrer mon art, par un sonnet en ac.

J'aimerois mieux, ma foi, construire un Almanac,
En Janvier, à la belle étoile,
Ou, pour vuider nôtre querelle,
Hasarder avec vous, deux combats de Jarnac.

En prose, la raison est ce, que l'on estime;
Mais, outre la raison, il faut ici la rime,
Cette dificulté me jette en pamoison.

Patience, je voi disparoître l'obstacle,
Le Ciel, en ma faveur, vient de faire un miracle;
Vous aurez un sonnet avec rime & raison.

BIL-

BILLET *rimé.*

Au Pasteur Cordes, en lui renvoiant les Oeuvres de Mr. C. Marot, qu'il avoit prêtées à l'Auteur, le soir auparavant.

J'en demande pardon au Sieur Clément Marot,
Mais dix vers de sa Poësie,
M'ont ce matin, fait faire un rot,
Qui, sans le verre d'eau de vie,
Que chez vous, par bonheur; j'ai hier au soir trinqué,
M'auroit, sur ma foi, sufoqué

Quoi que ce savant homme ait eu bien du mérite,
Ses ouvrages sont surannez;
Je vous les renvoie au plus vite,
De peur qu'en y fourrant le nez,
Ma Muse, avant le tems, ne devienne incommode,
Et travaille à la vielle mode.

Cependant je vous ai de l'obligation
De vôtre bonne intention,
Cordes, je vous en remercie;
Et vous déclare de bon cœur,
Que malgré les chagrins, qui traversent la vie,
Je mourrai vôtre serviteur.

BILLET *rimé.*

Au Maître de la Monnoie, que l'Auteur vouloit aller voir avec un de ses amis.

QU'avez vous fait? on vous menace:
Hier au soir, assez tard, mon voisin Wassenberg,
Vit monter, du côté du Berg,
Un Astre, qui faisoit une laide grimace,
Et qui ne quita l'horison
Que pour s'aller percher dessus vôtre maison.
A ce spectacle afreux, j'ouvre ma gibeciére,
J'examine diligemment
Les régles de la Judiciaire,
Et trouve avec étonnement,
Que le Ciel aujourd'hui, vous défendoit la porte,
Sous peine d'un grand chatiment,
Ou d'une censure très forte,
Si vous contreveniez à ce commandement.
Obéissez, Monsieur, à Jupiter Hammon;
S'en moquer, est une folie;
Et si vous avez peur de la mélancolie,
Nous aimons mieux perdre un sermon,
Et courir sur le soir vous tenir Compagnie,
Le Pasteur à la pance unie,
Dût il pour s'en venger, s'alterer le poumon.

BIL-

BILLET *rimé.*

A Mr. Wynbergen Sr. du Pol &c. qui étoit venu, en grande Compagnie, pour voir l'Auteur, qu'il ne trouva point.

Monſieur, je ſuis au deſeſpoir,
Que hier mon voiage de Twelle
M'ait privé du bien de vous voir
Avec toute vôtre ſéquelle.
Mais enfin, qui l'eut deviné?
Depuis que vôtre fils ainé,
Aiant, ſur ſes lévres vermeilles,
Senti de nos fertiles treilles,
Tomber une goute du bon,
A dit ſerviteur au teton,
Et préféré d'un tiers, le flacon de ſon pére,
A la bouteille de ſa mére,
Je doute fort, Monſieur du Pol,
Que mon toit vous ait plus ſervi de paraſol.
Vous ſavez que je vous reſpecte,
Mais à vous parler franchement,
Vôtre viſite m'eſt ſuſpecte,
Si je devine juſtement,

Elle

Elle s'est faite, en aparence,
Pour m'acuser de négligence.
Vous vous étes tiré le nerf,
Après vous être bien arondi de mon cerf,
Et mieux enluminé la trogne
De mon meilleur vin de Bourgogne,
Que l'on vous tiroit à grands pots,
M'auriez vous dit, fort à propos:
Mais d'abord qu'il s'agit de Raie,
Quelque grande envie, que jaie
D'en manger, Monsieur, tout mon soul,
Je n'entens plus parler de vous.
Il est vrai, Seigneur, je l'avoüe,
Mais à quelque saint qu'on se voüe,
Pour obtenir du Ciel, l'exemption du trépas,
Sans miracle, on ne l'obtient pas.
Puis-je forcer Neptune à benir nôtre péche?
Le tems, depuis deux mois, inconstant & revê-
A-t-il soufert que l'ameçon (che,
Ait pris un malheureux poisson?
Demandez ce, qui m'est possible,
Si j'y manque, ma faute alors sera visible,
Et je veux passer pour méchant,
Si je n'obéis sur le champ.
Faites en, s'il vous plaît, Monsieur, l'expérience,
Vous verrez, par ma diligence,
Et ma promte exécution,
Que j'ai toûjours bon cœur, & bonne intention.

BIL-

BILLET *rimé.*

A Monsieur de Wynbergen Sr. de Horssen du Pol &c. qui étant alité en ville, invitoit presque tous les jours l'Auteur à souper chez lui.

OUi, je me donne à Dieu, Monsieur, vous me
Et je n'ai pas assez bon nez, (bernez,
Pour sentir de loin, vos finesses:
Vous me faites sans fin, de nouvelles caresses.
Un Coureur, tout en eau, vient chez nous m'in-
Et quand je viens me presenter, (viter,
On me perche sur une selle,
Pour six heures, en sentinelle,
Entre la table & le foier,
Où l'on a soin de m'envoier
Dequoi donner de l'exercice
Au plus infatigable suisse.
Hier, si je m'en souviens, l'opéra commença
Par un maudit endroit, sans mentir, qui pensa,
Mille fois, me couter la vie;
Car, sous prétexte d'une envie,
Qu'on avoit de manger des viandes sans os,
On nous aporte un Water-soo,
Qui vous devoit couter une assez grosse somme;
Mais quel fichu mêt, pour un homme,

Qui

Qui trente fois le mois, jeune toute la nuit?
Il me falut pourtant ſans bruit,
Contenter de cette pilule.
Le Seigneur Lins faiſoit ſcrupule
D'y toucher, auſſi bien que moi;
Néceſſité n'a point de loi,
Lui di-je, tout bas à l'oreille;
Mais en tout cas, à la pareille.
Un demi Pater dit, nous nous mimes après;
Lui, ſans regarder de ſi près,
Avaloit goulument, le poiſſon & l'arête:
Pendant que, comme une Maſette,
J'examinois chaque Morceau,
Dans la crainte où j'étois, qu'un malheureux faiſſeau
De ces épines afilées,
N'envoiât aux Champs Eliſées,
Le fils de ma bonne Maman.
Enfin, nous avions juſtement,
Branlé deux heures les machoires,
Lors qu'un Drille, à mouſtaches noires,
Vint, au lieu de nôtre plat d'eau,
Ranger fort proprement devant nôtre muſeau,
Par eſquadres & Compagnies,
De grandes machines garnies,
Et de quadrupiez, & d'oiſeaux.
La peſte ſoit du Water-ſoo,
Di-je alors, j'en tenons, la choſe eſt aſſeurée,
Je me ſuis arondi d'une triple beurée;

A preſent il faudra bailler,
Et m'entendre même railler,
De ma tréve ſignée avec la Boudiniére,
Pendant que ſe donne carriére
Tout le reſte des Aſſiſtans,
Qui vont bien profiter du tems.
Vous m'avez atrapé, je l'avoüe moi même,
De grace, atrapez moi, Monſieur, toûjours de mê-
On ne peut m'atraper de meilleure façon, (me,
Que quand on me traite en poiſſon:
Et ſur tout, lors qu'on l'acompagne,
Comme ici, de vin de Champagne,
De rouge, de blanc, de clairet,
Meilleur que lon ne vent dans aucun cabaret.
Mais je plains nôtre apoticaire,
Le pauvre diable avoit beau faire,
Je puis dire avec Lins, deux fidéles témoins,
Qu'on le laiſſa filer trois horloges au moins,
Sans qu'il pût mouiller d'une goute,
J'apréhende, ou l' * * * ....
Qu'a la fin, ce bégue cornu,
Ne s'en venge ſur vôtre cu,
Et vous faſſe dancer quatre jours la courante.
Monſieur, il ſe fait tard, je ſuis vôtre ſervante,
Voila ma foi minuit, qui ſonne au grand clocher;
Il eſt tems de s'aller coucher;
Peut être que demain, un autre badinage
Nous donnera ſujet de rimer davantage.

BIL-

BILLET *rimé.*

A Mademoiselle N. N. chez qu'il y avoit eu grande Compagnie.

Chacun ſon tour, Mademoiſelle,
Hier, vous vous rompiez la cervelle,
A compoſer une oraiſon,
Sur un atelage friſon,
Que vous demande une Comteſſe,
Avec, ni plus, ni moins, de preſſe,
Que s'il s'agiſſoit du ſalut
De Proſerpine, ou Belzébut.
Un cocher, qui n'eſt qu'une bête,
Vous paſſe cent fois par la tête,
Enfin, mille objets diférens
Acablent vos eſprits mourans:
Pendant qu'ailleurs je voi Morphée,
De ſes exploits, faire trophée.
Mais ce, qui redouble l'ennui,
C'eſt qu'à l'iſſuë de la nuit,
Après avoir trouvé cent choſes,
Dignes de nos plus belles proſes;
Etre ſeure d'un ancrier,

Avoir

Avoir récouvré du papier,
Par malheur, il manque une plume.
Oui, dussiez vous en prendre un rume,
En courant toute la maison,
Il n'est Batave, ni Frison,
Qui, pour tout ce, qu'on lui peut dire,
Donne sa plume, pour écrire.
Unia ronfle, d'un côté,
Vôtre Frére, comme enchanté,
Ne remuë, ni pié, ni pate;
Le Juif se plaint du mal de rate,
D'autres dansent, & font les foux,
Les Dames se moquent de vous,
Et se plaignent qu'on les éveille
Et moi, je fais la sourde oreille.
N.... ainsi chacun à son tour,
Car enfin, un heureux retour
Vous a fourni, pour vos afaires,
Toutes les choses nécessaires:
Au lieu qu'Apollon, d'un revers,
Aujourd'hui foudroie mes vers,
Et soufre à peine, que ma Muse
Vous chante d'une voix confuse,
A l'honneur de vôtre ami Vaas,
Un bout de vers, qui rime en aas.
Vous avez beau, Dame nature,
L'avoir fait de basse structure,
Graces au Ciel, s'il est pançû,

Il n'est, ni tortu, ni bossu.
Il a la jambe fort bien faite,
Un vrai nez, à porter lunette,
L'œil vif, & même un peu paillard,
Il est gai, plaisant, & gaillard;
En un mot, jamais dedans Rome
Je ne vis un plus galant homme.
Cependant, réjouïssez vous,
Vous avez du piquant, du doux,
Café, Chocolate, cervoises,
Beaux garçons, & belles grivoises,
Et quand vous serez sous chez vous,
Venez vous en rire chez nous.

CHANT NUPTIAL.

Sur l'heureux Mariage de Mr. Rudolf Jordens, Bourguemaître &c. à Déventer, & de Mademoiselle N. Roelings.

IL est vrai, la Province est dans un deuil profond,
En un torrent de pleurs, l'Over-Yssel se fond,
Tout un peuple se desespére,
Le funeste coup, qui l'abat,

Lui

Lui fait voir, en la mort de vôtre illustre Pére,
La chute d'un pilier, qui soutenoit l'Etat.

Mais enfin, nous sommes mortels,
La mort, qui souille nos autels,
Est un tribut fatal, qu'on doit à la nature:
Nos Aieux ont passé, nous passerons comme eux;
Puis que ce n'est qu'en nous que leur mémoire
dure,
Tachons, à nôtre tour, de vivre en nos Neveux.

Unissons nous, la Loi le veut,
Jupiter le fait, quand il peut,
Et les Planétes vont tant qu'elles se rencontrent;
Enfin, si nous voions des plantes se chercher,
Que ne ferez vous pas, ces plantes vous le mon-
Chers Amans, pour vos aprocher. (trent

Heureux, qui se sent de l'amour,
Jordens le fait, voici son tour,
Roelings, c'est aujourd'hui le vôtre,
Le neud, qui vous unit en demande toûjours,
Ne soufrez jamais, l'un, & l'autre,
Que rien, de cette amour, interrompe le cours.

Que de sublimes qualitez,
Emploix, Beauté, Vertus, Richesses, Dignitez,
L'Himen rassemble en vous, cette heureuse jour-
Après tout, je prévoi pourtant, (née,
Qu'un

Qu'un fils, que produira, dans peu, vôtre Himenée
En possédera seul autant.

Souverain Maître des Humains,
Qui tiens nos vies en tes mains,
Fais qu'en ces deux Epoux, sans fin, ta grace a-
Assiste les ici de ton soin paternel, (bonde;
Et lors que tu voudras les retirer du monde,
Ne leur refuses pas un bonheur Eternel.

BILLET *rimé.*

A Monsieur Gurtler.

NOn, ma foi, ce n'est pas, Mr. une chanson,
Il n'est rien de plus vrai, Madame d'Itersom
Est depuis dix jours à Nimégue,
Mais elle doit, mon cher Collégue,
En être de retour demain.
En tout cas, je suis prêt à signer de ma main,
Que nous verrons au moins la Dame à la pancarte,
Car jamais elle ne s'écarte
De plus de la longueur de quatre fois son nez,
Du moment que le Chef a les talons tournez.
Il est seur que l'inquiétude,

Que

Que peut causer la solitude,
Lui fait à chaque instant, mille fois souhaiter,
Que des gens comme nous, aillent la visiter.
Si vous étes inexorable
Aux vœux de cet objet aimable,
Faites le moi du moins savoir,
Et par un acte de devoir,
Je diférerai mon voiage,
Jusques à ce, Monsieur, que j'aie l'avantage
De le faire avec vous, lors que vous le pourrez,
Ou que vous me l'ordonnerez,
Puis que j'ai résolu d'être toute ma vie,
Vôtre valet, quoi qu'on en die.

EPITALAME.

Pour le Comte d'A. & Mademoiselle de S.

MA Muse avoit traité de pure fixion
Ce, que des ans en nombre, ont publié sans cesse,
De Mars, & de Vénus, cette aimable Déesse,
Et vouloit que ce fut une prédiction.
Ce jour voit des éfets de sa conviction;
L'Himen joint aujourd'hui ces Déitez ensemble,
Et le Ciel, en eux deux, rassemble
Tout ce, qui peut donner de l'admiration.

Oui, chers Epoux, tout céde à vos félicitez,
Les Graces, après vous, ont dépouille leurs charmes,
Vous triomphez des Dieux, ils vous rendent les armes,
Et se font un plaisir de se voir surmontez.
A ce sort bien heureux, cependant permettez
Qu'à present je prédise une autre destinée,
Un beau fils de vôtre Himénée,
Possedera dans peu, toutes ces qualitez.

RONDEAU.

Sur la bataille d'Hogstette en 1704.

En moins d'un jour, le Monstre avec sa mine fiére,
Qui de cent mille bras, soutenoit la Baviére,
Et de l'Aigle Roial, faisoit craindre le sort,
Au seul son de la Harpe, & par le moindre éfort
Du Lion, pour toûjours, a fermé la paupiére.

Son formidable Corps gît couvert de poussiére,
Le Chef est dans les fers, avec une aile entiére,
L'autre, au fond du Danube, a beu jusqu'à la mort,
En moins d'un jour.

Depuis que le Caos enfanta la Lumiére,
Jamais il ne s'est vû victoire plus entiére;
Toute l'Europe aussi s'en réjouït bien fort;
Un seul Prince en fremit, & ce n'est pas à tort,
Par ce coup, il se voit bani de la frontiére,
En moins d'un jour.

BILLET *rimé.*

A Monſieur Cordes, avec l'abrége de la Géographie de l'Auteur, qu'il lui avoit demandé.

VOila le Manuſcrit, en très petit volume,
Que vous avez, Paſteur, exigé de ma plume,
Ce n'eſt rien, cependant un Talent, en contant,
Ou deux légats plus gros, faits par main de No-
Pour tout autre que vous, Compére, (taire,
Ne ſauroient . . . . , m'en faire écrire autant.

Pour Monſieur de Schimmelpenning, autrefois Oficier d'Infanterie, & maintenant Receveur des Domaines de Zutphen; & pour Mademoiſelle Backer.

QUe de bruit, hé quoi donc, vous ne ſauriez vous taire,
Muſe inſolente & téméraire;
Eſt-il toûjours tems de parler?
Dequoi voulez vous vous mêler?

Une

Une babillarde inconnuë,
N'est ordinairement, nulepart bien venuë :
Vous ne serez point du banquet,
Si vous avez tant de caquet.
Sachez de plus, que les parties,
De leurs brouillaminis à la fin sont sorties,
Qu'elles ont mis les armes bas,
Et qu'après mille durs combats,
Les fruits d'un acord fait, sous de benins auspices,
Vont faire toutes leurs délices.
Cela, dit elle, est vrai, je ne puis l'ignorer,
Mais cependant je voi bien des gens murmurer,
Mars fulmine, Minerve prône,
On entend soupirer Bellone ;
L'un & l'autre est au desespoir,
Et ne sauroit bien concevoir
Pourquoi Schimmelpenning renonce à leur Em-
Moi, qui n'ose leur contredire, (pire.
Je confesse, de bonne foi,
Que j'admire aussi ce pourquoi.
A moins que d'être une Pécore,
Personne sous les cieux, n'ignore
Que depuis le grand Jupiter,
Jusqu'où l'on pourroit remonter,
Ses Aieux, d'heureuse mémoire,
Ont, comme des Césars, fait consister leur gloire
A prodiguer leur noble sang,
Se charger de Lauriers, mériter de l'Encens ;

Le digne Rejeton de cette illustre Race,
Cherche, des le berceau, de les suivre à la trace;
Ses moindres inclinations
Ont toûjours eu pour but, les belles actions;
Intrépide dans les batailles,
Un Lion redoutable à grimper des murailles,
Craignant par tout qu'on l'egalât,
Et courant à grands pas, vers le Généralat.
Nonobstant ces rares mérites,
Au lieu d'en atendre les suites,
Il jette sa pique au foier,
Et renonce à jamais, au plus noble métier.
Cela fait tort à ma boutique,
Je pers par là, sans doute, une bonne pratique;
Un Soldat, qui prend les devans,
Peut exercer souvent la plume des savans.
Je l'ai bien cru, Muse enfantine,
Vous n'étes qu'une libertine,
Vos discours sont peu de saison,
Et vos Divinitez n'ont pas plus de raison.
Aprenez aujourd'hui, je vous le dis en face,
Que Backer cette illustre place,
Passe, parmi les curieux,
Pour un Bijou fort précieux.
Elle est riche, agréable, belle,
Et l'on peut dire qu'elle excelle,
Tant en ordre & construction,
Qu'en sa Fortification.

Schim-

Schimmelpenning, plein de lui même,
Sans uſer d'aucun ſtratagéme,
Haſarde d'y donner l'aſſaut,
Et croit l'emporter de plein ſaut.
Il a beau cependant témoigner du courage;
L'ataqué, Vigoureux & ſage,
Le repouſſe gaillardement.
Quoi que frapé d'étonnement,
De trouver tant de réſiſtance,
Loin de chercher de l'aſſiſtance,
Ou former quelque autre deſſein,
Lui même prend la paile en main;
Il ouvre la Trenchée, il ſe couvre, il avance,
Avec la même confiance:
Il n'eſt ruſe dans les beaux arts,
Que la ſage Minerve, & l'intrépide Mars,
Inſpirent aux Mortels, qu'il ne mette en pratique,
Mais Backer n'y répond qu'en lui faiſant la nique,
Et proteſtant enfin, de ne l'entendre pas,
Qu'il n'ait jetté les armes bas.
Ma foi, l'action eſt gentille:
Quelle gloire, pour une fille!
Sur tout dans ce ſiécle malin,
Où l'ange deſtructeur du genre maſculin,
Force mainte pauvre femelle
A chercher un Epoux avec une chandelle.
Quoi qu'il en ſoit, Monſieur, vous triomphez
Et que ce ſoit en combatant, (pourtant,

Ou par ſurpriſe, ou par priéres,
Cela certe, n'importe guéres.
Cette Capitulation,
Qui vous met en poſſeſſion
De l'Objet de vos vœux, & de vos eſpérances,
Vous fait, au lieu du Fer, manier les Finances:
L'un vaut bien l'autre, pour le moins.
Le Tout-puiſſant, qui vous a joins,
Et qui de faire bien, malaiſément ſe laſſe,
Vous faſſe reſſentir par tout la même grace.
Soiez heureux, vivez contens,
Ne mourez que courbez du fardeau de vos ans,
Et ſi c'eſt vôtre deſtinée
De voir des fruits de l'Himénée,
Qu'ils ſoient dignes de ces vertus,
Dont véritablement, vous étes revêtus.

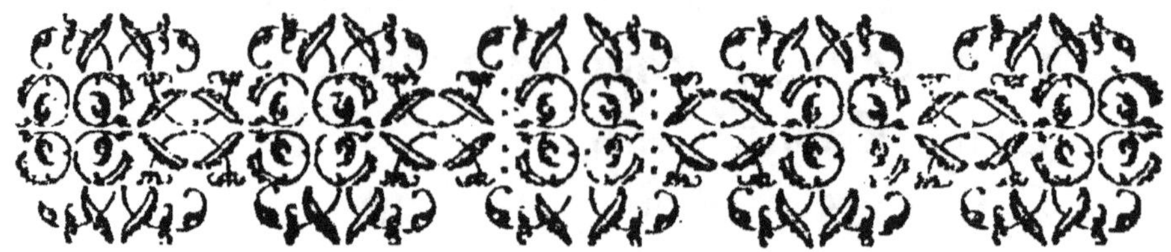

SONNET.

A Mademoiselle d'Ozanne, au premier jour de l'an, & dans le tems qu'un vieux Colonel Aleman la prétendoit en Mariage.

JE ne suis point ici, mon aimable Commére,
Pour éxciter vôtre pitié;
Ou vous parler d'amour, un pauvre vieux routié
Est peu propre à cela, ce n'est plus mon afaire.

Vos charmes, il est vrai, donnent dans la visiére;
Quoi qu'ils m'enchantent à moitié,
Je n'en veux qu'à vôtre amitié,
Moïennant qu'elle soit pure, constante, entiére.

Pour paier sur le champ, un si beau Nouvel-an,
Je vous viens étrenner d'un illustre Aleman,
Qui doit briller un jour dans l'Histoire profane.

Puis que le ciel persiste à vouloir vous unir,
Et joindre pour jamais, Achemberg à d'Ozanne,
Le crime seroit grand de ne pas obéir.

SONNET.

A Monsieur Wynberge, Sr. de Horsen, du Pol, &c. à l'ocasion d'un sac de ses Navets, qu'il avoit envoié à l'Auteur, dans le tems des révolutions de Gueldre, après la mort de nôtre stadthouder.

WYnbergen, vos navets ne valent, ma foi, (rien,
Ils causent certains vents de bise,
Dont mes chausses & ma chemise
Ont soufert, je ne sai combien.
Assurément, Monsieur, cela n'est pas crétien,
De faire des presens de telle marchandise;
Chacun peut bien vivre à sa guise,
Mais je vous aurois cru me vouloir plus de bien.
Non, la cause de ces roulades,
Sont les bruiantes Canonnades (heyn.
De ces vaillants Héros, vainqueurs de Wagen-
Pour moi, j'en serai quite en lavant mes culotes,
Mais eux, si Meester Hans le tient de ses menotes,
Ils pourroient bien, dans peu, perdre le goût du pain.

SON-

SONNET.

A Monsieur Rouse, sur son second Mariage avec Mademoiselle Lennip.

ROuse, sans contredit, la perte étoit extréme,
Lors que le sort, jaloux de voir vôtre union,
Arracha de vos flancs, la moitié de vous même,
Et répandit chez vous, la consternation.

Le Ciel, par un éfet de sa direction,
Pour le bien, qu'on vous prit, vous en rend un de même,
Il vous donne l'objet de vôtre afection,
Une autre Epouse, enfin, qui vous vaut & vous aime.

Dieu veuille que ces nouveaux feux,
Pour répondre à nos justes vœux,
Brûlent, sans intervale, au moins cinquante années.

Et que sortant de ces bas lieux,
Vous soiez portez dans les Cieux,
Où vos félicitez ne seront plus bornées.

CHANT NUPTIAL.

Pour l'heureux Mariage de Monsieur Sternel, Secrétaire du Roi de Suéde &c. avec Mademoiselle Marguerite Bex, parente de l'Auteur, l'un & l'autre aiant des enfans.

LE tems n'épargne rien, il détruit toute chose
L'épine, aussi bien que la rose,
Voit son anéantissement;
Les monumens, les plus solides,
Mausolées & Piramides,
Tout est sujet au changement.

L'estime, l'amitié, la foi, la plus constante,
N'en est deméme pas exemte;
Il n'est Charmes, il n'est Apas,
Vertu, Grandeur, Sang, Aliance,
Que la mort n'ait sous sa puissance,
Et ne soit sujet au trépas.

Je ne le prouve point par un discours plus ample,
Monsieur, on sait le triste exemple,
Qui mit vôtre maison en deuil,
Lors que, par un revers extréme,
On vit la moitié de vous méme
Tomber dans le triste cercueil.

C'est

C'est une vérité, que personne ne nie,
Jamais de plus grande harmonie,
Entre une femme & son epoux:
Vous vous aimiez avec tendresse,
Et fut ce plaisir, ou tristesse,
Tout se partageoit entre vous.

Nonobstant les beautez de ce feu reciproque,
Celui, qui j'amais ne révoque
Les arrêts, qu'on rend à sa cour,
A d'une rigueur inhumaine,
Rompu cette agréable chaine,
Qui vous atachoit à l'amour.

Mais, suivant les bontez d'une Essence infinie,
Celui, qui vous ote la vie,
Est le même, qui vous la rend:
Pour un bien, il en donne un autre,
Celui d'autrui devient le vôtre,
Cela doit être indiférent.

Pour moi, je le déclare, en bonne consience,
Quand je les mets à la balance,
Je les trouve de poids égal:
Les vertus, qu'avoit la premiére,
Sont les cordons, dont la derniére
Serre le lien Conjugal.

Madame, je pourrois, pour remplir une page,
Tenir un ſemblable langage,
Afin de peindre vôtre ſort.
Vous eutes un homme d'élite,
Qui joignant le ſang au mérite,
Doit vivre un monde après ſa mort.

Vous en recouvrez un, qui ſurpaſſe en ſience,
Le modéle de l'Eloquence;
Et ſi l'on vouloit remonter,
Il ſe trouveroit, je vous jure,
D'une extraction auſſi pure,
Que celle du grand Jupiter.

Vous devez, à l'aſpect de telles influences,
Borner toutes vos eſpérances,
Et vivre joieux & contens;
Oublier les choſes paſſées,
Et n'avoir point d'autres penſées
Qu'à finir enſemble vos ans.

Je ne ſouhaite point qu'à la fin d'une année,
L'on voie de vôtre Himénée,
Des fruits agréables & beaux;
Ceux, que vous amenez enſemble,
Doivent prendre ſoin, ce me ſemble,
De nous en donner de nouveaux.

Vôtre

Vôtre flamme pourtant, n'en soit pas moins ardente,
Aimez vous d'une amour constante,
Et la paix chez vous régnera;
Enfin, le Dieu de la concorde,
Pour comble de miséricorde,
Un jour vous éternisera.

EPIGRAMME.

Où l'on préfére la terre à l'eau.

LOrs que le tems est doux, il fait très bon sur (l'eau,
Il n'est tel plaisir, que je sache;
Mais vive le plancher d'Jo,
Qui, dans nôtre patois, signifie une vache.

SONNET *irrégulier.*

A Monsieur Rouse, sur son avénément au Consulat, & à la députation aux Etats Généraux, dans un même tems.

JE ne me crus jamais Prophéte,
Si je le suis, Monsieur, je n'en sai rien au moins;
Mais je prens les cieux à témoins,
Qu'avant que de saint Pierre, on achevât la fête,
Après avoir été quatre momens réveur,
Et repassé les gens, qui sont le plus en vogue,
Je conclus en vôtre faveur,
Pour la dignité de Hoogmogue.
Ce n'est point une fixion,
Nous voions le succès de ma prédiction;
Rouse, je vous en félicite;
Et si mes voeux sont exaucez,
Mille biens desormais, dessus vous entassez,
Egaleront vôtre mérite.

Im-

IMPROMPTU.

Pour servir de réponse à un Milord, qui étoit chez Mr. de Wynbergen Sr. de Horssen, du Pol &c. avec plusieurs autres Anglois, & qui voiant l'Auteur fort enjoué, en conclut qu'il ne devoit avoir, ni femme, ni enfans, & lui demanda s'il étoit encore garçon: sur quoi il lui dit, sans hésiter, au grand étonnement de la compagnie.

JE suis, une R. plus, mari depuis long-tems,
Ma femme a minus O. près de six fois cent ans,
Mais, sans plus, ni minus, en eut elle nonante,
Lors qu'il s'agit de Jeux, de Caresses de Ris,
Nonobstant ce, qu'ailleurs, on doit aux cheveux (gris,
Souvent, je lui préfére une jeune servante.
Quand je voi le sein rondelet,
De ces Tendrons à poil folet,
Tout remüe dans moi, tout bout jusqu'à la moile,
Au lieu qu'un seul regard de la bonne Maman,
Me fait d'abord caler la voile,
Et me métamorphose en glaçon, pour un an.

NB. Cela passa pour un prodige, il falut leur donner un Copie de ces Vers, qui à leur dire, meritoient d'être vûs de toute l'Angleterre.

RON-

RONDEAU.

A Mademoiselle Tyssot, pendant que l'Auteur lui faisoit l'amour, sous le nom de Margot.

TOut en riant, j'étois pic, repic & capot,
Et ne m'atendois plus qu'à pleurer comme un sot,
Pendant vingt ans au moins, mon amoureux martire,
Lors qu'enfin, tu m'as dit: Je t'aime, ou que j'expire,
Plus qu'un Viellard avare, au besoin, son mugot.

Sur ce charmant aveu, mieux que sur un pivot,
Je veux autour de toi, tourner comme un sabot,
Et subir de nouveau, les loix de ton Empire,
Tout en riant.

Quelle grace, bons Dieux! quoi! tu m'aimes Margot,
C'est assez, cependant, si tu voulois tantôt,
M'acorder une chose, à quoi mon ame aspire,
Que tu n'ignores pas, & que je n'ose dire,
De crainte d'y manquer, je te prendrois au mot,
Tout en riant.

EPI-

EPITAHPE.

CI gît Jean Gurtler junior,
Qui devoit hériter des vertus de ſon Pére;
Il n'eſt pas mort, il vit encor,
Le Ciel, pour ſon bonheur, d'un ſiécle de miſére,
L'a fait paſſer au ſiécle d'or.

RONDEAU.

A la loüange de Mr. Gysbert Cuper Bourguemaître &c. à Deventer, lors qu'il fut reçû membre de l'Academie Roiale des ſiences à Paris.

A la vertu, Jupin tend ſa main favorable,
Sachant que ſous l'Olimpe il n'eſt rien de ſemblable,
Il ſe fait un plaiſir, aſſez viſiblement,
De la recompenſer conſidérablement,
Aux yeux des habitans de la Terre habitable.

Cuper, dans les beaux Arts Docteur incomparable,
Vû que cet Axiome eſt comme indubitable,
Prétend de devoir tout, juſques au monument,
A la vertu.

En

En efet, ſes Emploix, un bien conſiderable,
Son entrée ſuperbe, éclatante, honorable,
Dans cette Académie, où Pallas ſurement,
Repoſe ſur les Lis: Tout, géneralement,
Ce Glorieux Mortel en eſt ſeul redevable
A la vertu.

SONNET.

Aux mains de Madame Tyſſot, dans le tems que l'Auteur lui faiſoit l'amour.

MAin qu'un Lis engendra d'une roſe nouvelle,
Qui ſeconde l'Aurore, & déſille ſes yeux,
Lors qu'au ſortir de l'Onde, elle dore les Cieux,
Et tire de ſon lit Apollon après elle.

Main, de l'aveugle Enfant, Conductrice fidéle,
Qui bande l'arc ſubtil, dont il bleſſe les Dieux,
Et guide les Courſiers de ſon Char glorieux,
Quand il entre en vainqueur dans l'ile maternelle.

C'eſt pour vous, belle main, objet de mon amour,
C'eſt pour vous que j'endure, & la nuit, & le jour,
Et que d'ardeur mon ſang dans mes veines bouillonne.

Mais

Mais auſſi, belle main, c'eſt de vous que j'atens
De Lauriers éternels, une illuſtre courronne,
Le loier de mes ſoins, le rachat de mon tems.

L'axiome infaillible, & le moins conteſté,
C'eſt qu'à des ſujets vains, le plus ſage s'ocupe;
Ce, qu'il donne ſouvent, pour une vérité,
N'eſt au fond, qu'une erreur, dont lui même eſt la dupe.

EPIGRAMME.

Au Paſteur Cordes, auquel l'Auteur envoioit la moitié d'un bon melon.

LOrs qu'il fut queſtion de bâtir une femme;
Cet objet de nos vœux, qui nous aime tant, Dame
Il ne falut rien moins qu'une côte d'Adam:
D'un Melon, une côte aujourd'hui, peut ſufire,
Vû Cordes, mon ami, puis qu'il faut vous le dire,
Qu'il ne s'agit ici que d'un ſeul coup de dent.

BILLET *rimé.*

Au Professeur Roël.

IL vente, il pleut, le tems est laid,
Cependant il me prend envie,
Sans en vouloir pourtant, Monsieur à vôtre vie,
D'aller ce soir vous faire une passe au colet.
Je ne prétens pas vous distraire,
Si vous avez la moindre afaire,
Ou formé quelqu'autre dessein,
Vous pouvez hardiment me remettre à demain.

SONNET.

Sur l'acomplissement de la 44. année de Madame Sara Louïse Bex, seconde Epouse de l'Auteur, née à Stocholm, le 26. de Novembre 1670.

DE tout tems, il est vrai, la nature est féconde;
Chaque saison raporte, ou des fruits, ou des fleurs;
Les hivers les plus froids, donnent même les leurs;
Mais l'autonne a produit la merveille du monde.

En

En autonne autrefois, parut ma belle Blonde,
L'abrégé des vertus, la fource des douceurs,
Plus parfaite, en un mot, que Thalie & fes Sœurs,
Et ce qu'on vit jamais fur la machine ronde.

Oui, le Soleil a fait quarante quatre tours
Depuis que l'on conta le premier de vos jours,
Sara, Louïfe Bex, mon Epoufe adorable.
Mais fi, pour mon repos, le Ciel, qui nous a joins,
Aux vœux, que je lui rends, n'eft pas inexorable,
Nous pafferons enfemble un demi fiécle au moins.

Voici ce que les enfans de l'Auteur dirent à cette Dame, à fon lever.

Renouvelle aujourd'hui, Madame, vos années,
Nous venons humblement vous en féliciter;
Et jurer d'une amour fincére,
Que nous ferons ravis fi nous pouvons conter
De vous avoir encor cinq fois dix ans pour Mére.

E T R E N N E S.

A Madame la Doüairiére Valkenier, Dame d'Oersbeek, & parente de l'Auteur.

LEs vœux font toûjours de faifon,
Mais par coutume, ou par raifon,

A

A tous les nouvel-ans, chacun les renouvelle;
Madame, ſur ce pié, je redouble les miens,
Et prie le Dieu des Crétiens
Que leur éfet réponde à l'ardeur de mon zéle.
Sa favorable main, qui vous garda toûjours,
Du monde & de la chair, vous donne la victoire,
Et ne vous tranſporte en ſa gloire,
Que très raſſaſiée, & de biens, & de jours.

ETRENNES.

A Monſieur & à Madame. N. N.

PUis que la coutume, Madame,
Porte à nous faire des preſens,
A l'entrée de tous les ans,
Je viens, du meilleur de mon ame,
Vous étrenner d'un beau garçon:
Pourvû que, ſuivant la juſtice,
Vous payez ſeul, Monſieur, les frais de la façon.
J'ajoute à ce preſent, mes ofres de ſervice,
Et reſte avec beaucoup d'ardeur
Vôtre très humble ſerviteur.

SONNET.

A Mr. L. de G. au ſujet de quelques reproches, qu'ils s'étoient faits, au préjudice de leurs Epouſes.

ASſurément, Monſieur, je vous trouve admirable,
De nous oſer traiter de fiers & de fendans,
Et loin de reſpecter le nombre de nos ans,
Faire d'une foibleſſe, un crime épouvantable.

Oui, je le dis, chez nous, vous paſſez pour coupable,
De n'avoir rien produit depuis quelques printems,
Mais il ne s'enſuit pas, aiant eu nôtre tems,
Qu'on doive nous noircir d'un reproche ſemblable.

Aprenez cependant qu'en moins de quinze mois,
Ma petite Brouette, aiant verſé deux fois,
Tient ferme maintenant, depuis trente ſemaines;

Et que tous épuiſez que nous vous paroiſſons,
Les plaiſirs, les plus doux, vous deviendroient des peines,
S'il vous faloit toûjours repaſſer nos leçons.

EPITAPHE.

De Mr. Jean Tyssot de Patot, Frére de l'Auteur, Colonel Commandant du Régiment de M. le Géneral Keppel, resté à la sanglante Bataille de Malplaquet, l'onziéme de 7bre. 1709. âgé de 49. ans.

CI gît, sous les Ciprès du Champ de Malplaquet,
Criblé des coups fatals d'un infernal mousquet,
Jean Tyssot de Patot, qui, de toutes maniéres,
Par son bras belliqueux, ses actions guerriéres,
Sa conduite, ses soins, son feu, dans les hasards,
Mérite d'être mis au nombre des Césars.
Pour en honorer la mémoire,
Le Bataillon, qu'il commandoit,
Joint aux honneurs, qu'il lui rendoit,
Tous les jours, une fois, des himnes, à sa gloire.
Imite ces Guerriers, Passant, à l'avenir,
Ou veuille au moins, à ma priére,
Tant que l'Astre du jour fournira sa carriére,
Honorer ce Héros d'un simple souvenir.

BIL-

B I L L E T *rimé.*

A Mr. Wynbergen Sr. du Pol de Horssen &c. avec un tome des ouvrages de Mr. Simon Goulart.

Monsieur, voici Simon Goulart,
Qui, comme Huguenot, mangeoit des pois au
Les vendredis & le Carême; (lard,
Si vous pouviez vivre de même,
Je jure par le tems, plus ancien que les Dieux,
Que vous vous en porteriez mieux.
Je souhaite que la lecture
De ce livre, où mainte avanture
Frape l'esprit d'étonnement,
Vous donne quelque peu de divertissement.
Cependant ma modeste & nombreuse famille,
Jusques à ma petite fille,
Fait la révérence au Lecteur,
Et je suis vôtre Serviteur.

SONNET.

A Madame de Patot, sur l'acomplissement de sa 45. année, & sur l'enfant dont elle venoit d'acoucher, après 18. mois de mariage en 1715.

CElui, dont la bonté pour l'homme s'intéresse,
Nonobstant la laideur de ses nombreux péchez,
Qui ne lui sauroient être un seul moment cachez,
Veut cependant toûjours en conserver l'espéce.

C'est un visible éfet de sa ferme promesse,
A quoi nos droits pourtant se trouvent atachez,
Et dont, sans me sentir de membres relâchez,
Je jouïs pleinement encor dans ma viellesse.

Oui, Louïson, mon cœur, le Maître des humains,
Te fait serrer nos neuds à neuf Lustres Romains,
Par la naissance heureuse, & le gain d'une fille.

Je lui donne aujourd'hui ma benediction,
Dieu veuille qu'elle soit ta consolation,
Ma joie, & l'ornement de ma Noble famille.

FA-

FABLE.

Pour le beau-fils de l'Auteur, à l'une de ses Cousines, à laquelle il écrivoit tous les ans, mais qui ne lui répondoit jamais qu'indirectement, & ne lui envoioit rien.

JAdis un gros Oiseau, d'assez mauvaise augure,
Avec de certains airs mordans,
Ne faisoit que montrer les dents
A quelques oisillons d'une moindre stature,
Si pour contenter ses desirs,
Ils ne contribuoient sans cesse, à ses plaisirs,
Par un continuel ramage,
Qui retentit dans le bocage.
L'un de ces petits animaux,
Lui dit un jour, en quatre mots,
Quand je parle aux Rochers, les Ecos me répondent;
Lors que vous voudrez bien, Seigneur les imiter,
Nous nous exciterons nous mêmes à chanter;
Autrement, point de chant, ou les Dieux me confondent.

APLICATION.

CEla s'adresse à vous, censeurs, ingrats, critiques,
Qui voulez imposer, par des loix tiraniques,
La pressante nécessité
De vous faire civilité,
Sans jamais rendre la pareille,
Et qui vous trouvez sans oreille,
Lors que, par un je suis vôtre petit valet,
On fait à vôtre bourse, une passe au colet.
Si tous les Nouvel-ans, lors que pour vos étrennes,
Je vous ai fait d'excellents vers,
Vous m'aviez envoié les miennes,
Ma Muse eut entonné souvent de nouveaux airs;
Vous avez refusé de paier sa Musique,
Maintenant, à son tour, elle vous fait la nique.

BILLET *rimé.*

Au Professeur Roël.

SI je puis faire fond sur ma foible mémoire,
Je viens d'entendre à l'Auditoire,
Qu'après avoir fait un grand tour,
Vous étes enfin de retour:
Monsieur, je vous en félicite,
Mais comme le devoir m'excite
A vous faire verbalement,
Sur ce vaste sujet, un petit compliment,
Et profiter de l'avantage
Qu'aporte le récit d'un aussi long voiage,
Obligez moi, Roël, de me faire savoir
Si vous pourrez chez vous tantôt, me recevoir;
Aussi bien je languis de voir vôtre Excellence,
Pour lui faire la révérence,
Et de nouveau vous dire en termes de Réteur,
Que je suis vôtre serviteur.

SONNET.

Sur le prétendu avancement de Mr. Simon Tyssot, que l'Auteur croioit lui avoir procuré à force de deniers, mais qui n'eut pas le succés qu'il en atendoit.

GRaces au Ciel, le Charme est à la fin levé,
Ou je veux que . . . . ;
J'ignorois le secret d'avancer ma famille,
Mais maintenant je l'ai trouvé.

Quand je me serois énervé,
Cassé le nez, privé de la derniére esquille,
Si l'on n'eut certain trou bouché d'une * cheville,
De nos jours, à mon but, je ne fusse arrivé.

Quoi qu'il en soit pourtant, mon fils est Capitaine,
Il a pensé de joie, en prendre la migraine,
Et salir dans le lit, ses draps d'étonnement.

Au lieu qu'auparavant, il ne crioit que guerre,
Je prie maintenant le Maître du tonnerre,
Que la paix parmi nous dure éternellement.

* Une somme d'argent pour remplir la bourse d'un Homme que l'on croioit corruptible, voiez en l'explication dans les Lettres Choisies.

RON-

RONDEAU.

Sur le même Sujet.

QUe le bâton, d'un tour, sans torture, ni gêne,
Et d'une autorité Roiale, & Souveraine,
Corrige un scélérat, le change incontinent,
Cela ne me paroit nulement surprenant;
Peu de chose intimide un forçat à la chaine.

Mais je prens, de surprise, une horrible migraine,
Quand un Juge, entêté d'une grandeur mondaine,
Foule le droit aux piez, n'écoute en opinant,
Que le bas-ton.

Quoi qu'en faveur des miens, j'aie pris de la peine,
Ma plus belle éloquence a toûjours été vaine;
N'aiant fait que l'eau claire, avoüons maintenant,
Qu'à jamais mon Enfant fut resté Lieutenant,
Et que rien dans le fond, ne l'a fait Capitaine,
Que le bas-ton.

GENETLIAQUE.

A Madame Tyssot, agée de 46. ans, en 1716.

QUe deviennent nos jours, qu'est-ce au fond, qu'une année?
Depuis que, pour répondre à vôtre destinée,
Stocholm produit en vous, un ouvrage parfait,
La quarante sixiéme est hélas! terminée,
Et j'en voi trois, de conte fait,
Succéder à nôtre Himénée.

Je le di, Louïson, je le dirai toûjours,
Ces trois ans m'ont paru moins longs que quatre jours,
Mais cela n'est pas incroiable;
Quand la joie est extréme, & le plaisir parfait,
Que l'on posséde en propre, un bien inestimable,
Rien n'ennuie de ce, qu'on fait.

Oui, t'avoir pour Epouse est un grand avantage;
Aussi voit on le feu me monter au visage,
Lors que j'y fais réflexion:
Je crain qu'en t'éclipsant, bel Astre, tu m'échape,
Ou que, pour me priver de ta possession,
La Parque trop tôt, ne m'atrape.

Toi,

Toi, Monarque des Cieux, qui vois nôtre union,
Veuille, par un éfet de ton afection,
Conserver le neud, qui la serre;
Ce jeune & cher Enfant, le fruit de mes vieux ans:
Garde la Mére, O Dieu, comme un fragile verre,
Fai que j'en jouïsse long tems.

ETRENNES.

Pour Mr. Constantin van Oosbroek, beau Fils de l'Auteur, à Monsieur & Mad. N. N.

POur me mettre à couvert de vos justes reproches,
Je tire les mains de mes poches,
Où de crainte du froid, je les tiens les hivers,
Afin de vous donner en vers,
Un nouvel-an de vœux, de souhaits, de priéres,
Faites exprès au Dieu de benédiction,
Pour vôtre conservation.
Ce Monarque des Cieux, ce Pére des lumiéres,
Veuille, sans interruption,
Vous acorder sa grace, & son afection.
Son bon esprit vous acompagne,
A la ville, au faubourg, en mer, à la campagne;
Et vous couvre à jamais, d'un Divin Ecusson,

Homme, femme, fille ou garçon.
Pour vous, Monſieur mon très cher Frére,
Je vous apelle ainſi, par ordre de ma Mére;
Vous avez demandé ma Sœur,
Vous l'aurez à quinſe ans, il n'eſt rien de plus ſeur;
Vous pourriez, peu s'en faut, en être le grand Pére,
Mais cela n'eſt pas une afaire;
Il ſe voit des Himens, ſouvent plus inégaux,
Entre gens rien moins que nigauts.
La charmante Béate Henriette, Marie,
Etant en bonne main, ſera très bien nourrie,
Elle ſaura, ſans doute, au mouvement d'un doigt,
Vous rendre ce, qu'elle vous doit.
Vôtre âge, vôtre eſprit, vôtre ſage conduite,
Feront ſur elle un grand éfet;
Enfin, tout ira bien, je vous en félicite,
Le Ciel fait bien tout ce qu'il fait.
Croiez moi, vous aurez d'heureux jours avec elle.
Si vous voulez, Mademoiſelle,
Vous donner tout de même, à vôtre Serviteur,
Ce lui ſera bien de l'honneur.
Je parle franchement, mon ardeur eſt extréme,
Oui, je vous aimerai cent fois plus que moi même,
J'idolatrerai vos beaux yeux,
Vos lévres de coral, vôtre Gorge d'ivoire;
Ma plume prendra ſoin d'en enrichir l'hiſtoire,
Et les relévera juſqu'au deſſus des Cieux.

Si

Si vous ne voulez pas, je ne fais plus d'instance,
Il est, sans contredit, d'autres partis meilleurs,
Contentez vos desirs, prétez l'oreille ailleurs:
Mais après tout, en récompense,
Refusant d'être ma moitié,
Acordez moi, Madame, au moins vôtre amitié;
Il n'est rien de plus légitime,
Qu'au défaut de l'Amour, j'obtienne vôtre estime,
J'accepterai ce bien, comme un rare present,
Très digne du jour d'apresent,
Qui, pour répondre aux destinées,
Renouvelle, en passant le cours de nos années.
Cependant je me vois au bout de mon rolet,
Je suis vôtre petit valet.

EPIGRAMME.

QUand la mort vient, il faut partir,
Et se disposer à la suivre,
L'orgueil, ni la fierté, ni le desir de vivre,
Ne nous en peuvent garantir.

ACROSTICHE.

A son Excellence, Madame la Comtesse de Coninesmarc, Doüairiére de la Gardie, & aliée à l'Auteur, sur l'acomplissement de sa 80. année, en 1716.

BOrné par des talens, où Rhé a paru chiche,
Et me sentant porté, par un instinct fatal,
A produire, à l'instant, en forme, une Acrostiche,
Transi de peur, je crains de m'en aquiter mal.
Ah ! non, j'ai tort, Madame, équitable, indulgente,
En vain, ce grand dessein me donne l'épouvante,
Le Ciel, qui de vos ans, favorise le cours,
Illustre Conincsmarc, vénérable Comtesse,
Supléra, comme vous, sans doute, à ma foiblesse;
Aujourd'hui que Stocholm, par son puissant secours,
Venit l'heureux moment, qui vous donna naissance,
Et qu'à l'envi, chacun pour s'en mieux aquiter,
Tache à se signaler, il doit, sans hésiter,
Hautement aprouver ma juste diligence.

Depuis

Depuis que la nature enfanta l'Univers,
Elle n'a fait que vous, d'humaine créature,
Comtesse, inimitable, & sans que je le jure,
Où ma Muse, en sueur, se trouble au moindre
vers.
N'en rougissez pas, non, ce n'est point flaterie,
Il n'est aucun vivant qui vous puisse égaler,
Nénie, à peine sût l'art d'aussi bien parler,
C'est un fait avéré, personne n'y varie.
Salomon, si fameux, avoit moins de savoir,
Minos, en jugement, vous céde l'avantage,
Apollon & ses Sœurs, par la loi du devoir,
Rendent à vos vertus un éternel hommage.
Concluons qu'aiant lieu d'être aussi satisfait
Des qualitez du corps, que de l'éclat de l'ame,
On ne peut dire trop qu'à tous égards, Madame,
Uranie & Vénus n'avoient rien de mieux fait.
A ce rare Portrait, ajoutons la naissance,
Infiniment du Zéle, & beaucoup de candeur,
Rien ne ressemblera mieux à vôtre grandeur,
Il en aura les traits, & la magnificence.
Enfin, après ces biens, dont furent de tout tems,
Revêtus vos Aieux, issus d'un sang auguste,
Emanuel ajoute, au nombre de vos ans,
Deux Lustres redoublez, pour faire un siécle au
juste;
Et lors qu'il lui plaira de vous donner la mort,
Lui même vous prépare à suivre vôtre sort,

A fin

Afin qu'après avoir, sur la terre habitable,
Goûté de ses faveurs, la douceur inéfable;
Après l'avoir servi, fréquenté ses autels,
Rendu son nom célébre au milieu des mortels,
Dit & fait, en un mot, ce, que son fils desire,
Il vous enléve au Ciel, son glorieux Empire,
Et vous fasse briller entre les immortels.

GENETLIAQUE.

De l'Auteur à son Epouse, sur l'acomplissement de sa 47. année, expirée le 26 de Novemb. 1717.

APelles, que son art avoit rendu fameux,
Aiant bû quelque jour, plus qu'à son ordinaire,
D'un vin petillant & fumeux,
Contre un de ses amis, se mit fort en colére,
Amintas, curieux, vouloit savoir de lui,
Le tems, qu'il avoit mis à peindre l'impudence;
Tu me vois, lui dit-il, trop matin aujourd'hui,
Pour m'aprendre ton ignorance.
On peut s'informer librement
Du nom de l'Auteur d'un ouvrage,
Mais l'estimer selon qu'il le fit promtement,
C'est lui faire un sanglant outrage.

Ce

Ce Peintre avoit raiſon, quand le froment eſt
Soit en Eté, ſoit en Autonne, (meur,
C'eſt toûjours Cérés, qui le donne,
Et qui doit en avoir la loüange & l'honneur.
Nonobſtant les éforts de l'artiſte nature,
Elle fut, à conter de ſon inveſtiture,
Cinq mille ſix cents dixneuf ans,
Avant que d'expoſer ſon Chef d'œuvre à nos ſens.
Alors elle donna naiſſance
Au plus parfait enfant, qui fut dans l'univers;
Stocholm en retentit de cris d'éjouïſſance,
Et Phæbus honora ce beau jour de ſes vers.
Au récit de cette avanture,
Chacun y court de toutes parts,
Et ne peut ſe laſſer de fixer ſes regards
Sur cette aimable créature.
Cibéle, Mére des Humains,
En eſt elle même enchantée,
Et, comme aveugle & tranſportée,
Elle admire en ſecret, l'ouvrage de ſes mains.
Elle ne comprend pas, Madame,
Comment elle a pû faire un Corps,
Et pour ce Corps parfait, une Ame,
Entre leſquels on voit de ſi juſtes raports.
En beauté, vôtre Taille excelle,
Vôtre Bouche, vos Yeux, vôtre Poil blond preſſé,
Ce Front ſerain, ce Nez, tant ſoit peu retrouſſé,
Doivent à l'avenir, lui ſervir de modéle.

Cent

Cent fois elle examine, & revoit à son tour,
Chaque endroit avec soin; la douceur & la grace,
Cette Gorge, ces Mains, ces Bras, polis au Tour,
Tout lui rit, tout lui plaît, le moindre la surpasse.
Au lieu d'une Masse de chair,
Elle ne voit en vous, que Coral & qu'Ivoire;
Un Teint frais, blanc, vermeil, acompagné d'un
Qui donne de nouveau, de l'éclat à sa gloire. (air,
Tôt après, elle s'aperçoit
Que vôtre bel Esprit conçoit,
Juge, raisonne avec justesse,
Et l'égale, à peu près, en sience, en sagesse.
Les Langues, en éfet, l'Aleman, le Latin,
Et trois autres pour vous, n'ont rien que de facile,
Vous rendez, en beaux vers, Meter, Balsac, Godin;
Et du grand Ciceron, vous imitez le stile.
Vôtre Voix, qui n'a rien d'humain,
Enchante l'ame, par l'oreille,
Vous étes le Fénix, en ouvrages de main,
Dans le ménage, une Merveille.
Il n'est mêts, que vous n'aprêtiez,
Gateaux, tartes, patez, ragoûts de petits piez;
Vos métodes par tout, nouvelles & faciles,
Surprennent les Traiteurs, qui passent pour habiles.
L'Amour ici, de près, suit l'admiration,
Il ébranle les cœurs, le plus ferme vacile;

A peine vous étes nubile,
Que tout ce, qui respire, est en combustion.
Comtes, Marquis, Seigneur, de tout rang, de tout
A l'envi, vous rendent hommage, (âge,
Et suplient, à vos genoux,
Que, par des neuds sacrez, ils soient unis à vous.
Ils entassent en vain, instance sur instance,
Pas un d'entre eux n'est écouté,
La douceur de la Liberté
Vous les fait regarder avec indiférence.
Vous avez beau, Sara, pourtant les maltraiter,
Rien ne sauroit les rebuter:
Loin que ce froid glaçant leur ote l'esperance,
Il les porte plus fort à la persévérance.
Il me semble vous voir au Chateau de Gougard,
En habit de Bergére, avec une houlette,
Enchainer ces Captifs, au son d'une musette,
Sans les honorer d'un regard:
Vous leur paroissez admirable,
La moindre de vos actions
Agite leur esprit de mille passions,
Cependant vous restez toûjours inexorable.
Enfin, un Holandois, simple particulier,
Un secrétaire d'Ambassade,
Semble avoir quelque chose en lui, de singulier,
Il a l'œil à l'escarbillade;
On le trouve agréable, il dance, il parle bien;
Il n'en faloit pas davantage;

Sans

Sans penser au crédit, à la naissance, au bien,
Bex se met dans l'esprit que c'est la son partage.
Elle prône par tout les dons de ce Docteur;
Lui, s'en raporte au raporteur;
Instruit à fond du bien, que lui veut la Déesse,
Il tente les moïens d'en faire sa Maitresse;
Il l'entretient aux long, des charmes de l'Himen;
L'acueil, qu'elle lui fait, flate son espérance;
Malgré parens, rivaux, envieux, médisance,
Ils concluent par un amen.
O puissant Directeur de la Machine ronde,
Qu'en tes Divins décrets, ta sagesse est profonde:
Tu conduis, sans nécessité,
Un homme, qui tout haut, cent fois a protesté
De fuïr avec soin, l'union conjugale,
Jusque sur les confins de la mer glaciale,
Où j'aperçois évidemment,
Qu'il ne débarque heureusement,
Que pour y faire une Conquête,
Qu'il devoit bien tôt me céder,
Et que l'Astre du jour me verra posséder,
Lors qu'il m'aura passé vingt Lustres sur la tête.
Oui, Louïson, mon Cœur, je ne sai si j'ai tort,
Je le tiens de vous, ce me semble,
Vous vécutes au plus, cinq Autonnes ensemble,
Il mourut; feu ma femme eut un semblable sort.
Etant destinez l'un pour l'autre,
Le Ciel, par sa direction,

Nous fit dans ce païs, bien éloigné du nôtre,
De nous voir, seul à seul, trouver l'ocasion.
Je vous aborde, je vous somme,
Nous convenons de nous unir,
Le Mariage se consomme,
Celui, qui l'a conclu, s'ofre de le benir.
Il seconde nos vœux; il nous donne une fille,
Les Délices de ma famille;
Un Enfant selon mes desirs,
Qui contribuë à mes plaisirs.
Il est donc évident que le Souverain Maître,
Par un dessein prémédité,
Qui n'avoit d'autre but que ma félicité,
Vous donna pour moi seul, le mouvement & l'être.
Ce précieux Bijou me sera toûjours chaïr;
Je ne suis point ingrat, bien loin de le cacher;
Pour marquer ma reconnoissance,
Je benis le moment, qui vous donna naissance.
Que tous les peuples desormais,
Encensent à cette journée,
Et se souviennent à jamais,
De mon heureuse destinée.
Vous avez quarante sept ans,
J'en célébre aujourd'hui la fête,
Et dès maintenant, je m'aprête
A la célébrer bien du tems.
Veuille le Tout-puissant, toûjours bon, & propice,

Se

Se montrer favorable à ce juste dessein,
Et nous conduire par la main,
Dans les sentiers de sa Justice.

SONNET.

A Monsieur de Wynberge Sr. de Horssen, du Pol, &c. au sujet d'un Melon, qui n'étoit pas encore fait, qu'il avoit envoié à l'Auteur, avec priére d'en aller manger chez lui, & ignorant que son fils le Capitaine fut arrivé.

WYnbergen, vous savez, comme un Mars redoutable,
Ce que vaut dans l'ataque, un solide Merlon;
Et moi, fameux brifeur, je juge d'un Melon,
Suivant que, plus ou moins, on en veut à son rable.

Celui, dont hier au soir, vous ornates ma table,
N'auroit pas fort piqué le palais d'un frélon,
Quelques bénins regards de l'ardent Apollon,
L'auroient sans contredit, rendu plus agréable.

Il n'est, ma foi, rien tel que d'aller à la source;
J'aurois, pour y courir, tourné le dos à l'Ourse,
Si je n'étois lié par mon Fils le Hopman.

Pour

Pour tirer de chez moi, cet homme inébranlable,
Je ne connois que vous, vous en étes capable,
Il est de fer trempé, mais vous étes d'Aiman.

RONDEAU.

Sur l'acomplissement de la 49. année de Madame Tyssot, en 1719.

UN Jubilé, ma foi, depuis qu'une pécore,
Par le plus criminel de tout les apétits,
Força, l'épée aux reins, le Pére de l'Aurore,
A changer promtement, nos grands jours en petits,
Tel expire au moment qu'il ne fait que d'éclore.

Malgré ce traitement fait au Blanc comme au More,
Vôtre teint, dont l'éclat confond la belle Flore,
Prouve qu'Ops à vos ans, veut ajouter, gratis,
Un Jubilé.

Puissiez vous en éfet, Louïson, que j'adore,
Toûjours environnée, & des Jeux, & des Ris,
Hors des traits dangereux, que décoche Pandore,
Et sous les douces loix du meilleur des maris,
Rajeunir comme l'aigle, & vivre au moins encore,
Un Jubilé.

DESCRIPTION.

En abrégé, de la chambre des curiositez de Mr. Antoine Grill, d'Amsterdam, à Mr. Tyssot, Chanoine & Vicaire Général à St. Omer.

LEs Curiositez de Monsieur Grill l'ainé,
Méritent, Monsieur d'être vûës,
Si elles vous étoient connuës,
Vous en seriez tout étonné.
Ce ne sont point des bagatelles,
Qui, par un faut brillant, éblouïssent les yeux;
Ses Sphéres, où sont peinds, l'Eau, la Terre, les Cieux,
Sont grandes propres, riches, belles;
Il a de tous les minéraux,
Mille diférentes figures,
Un nombre de rares peintures,
Et de l'ambre gris par monceaux.
Des Médailles de prix, de même, en abondance;
Un rare Cabinet de beau noier de France,
Qui s'étend jusques au plancher,
Où l'on aperçoit se toucher,

D'or

D'or & d'argent massif, les pièces les mieux faites,
Qu'au dire de Strabon, parmi les Massagétes,
Où ces riches métaux étoient en quantité,
Le subtil Artisan ait jamais inventé.
Enfin, le précieux, l'utile, l'agréable,
Se trouve chez ce Curieux;
Si l'on y mange bien, on y boit encor mieux,
Et l'acueil, qu'on y fait, est égal à sa table.

RONDEAU.

A Madame de **Patot**, *sur l'acomplissement de sa 50. année, en* 1720.

CInquante fois Phæbus, en superbe équipage,
Des Ondes du Ponent a quité le rivage,
Pour gagner les climats, où se forme le jour,
Depuis que l'Aquilon vit naître de l'Amour,
Louïson, des vertus, la véritable Image.

Stocholm, de son bonheur, eut ce dépôt pour gage,
Et pour que nos Neveux en rendent témoignage,
On en a célébré la fête dans sa cour,
Cinquante fois.

Oui, Sara, mes plaisirs, l'excellent héritage,
Qui m'échut au printems, l'an quatorze, en partage,
C'est pour vous qu'Apolon commence un nouveau tour,
Mais si mes vœux ont lieu dans le Divin séjour,
Jupin doit ajouter une année à vôtre age,
Cinquante fois.

GENETLIAQUE.

De l'Auteur à son Epouse, sur l'acomplissement de sa 51. année, en 1721.

QU'au siécle, où nous vivons, la critique est extréme,
Que le monde est rempli d'austéres médisans;
Que l'Amour, fils ainé de l'Essence supréme,
A peu de Zelez partisans.
Parce que vous avez un abord froid, Madame,
Souvent acompagné d'une Noble fierté,
Capable d'imprimer du respect dans une ame,
Susceptible de trouble & de timidité,
Il n'est, à mots couverts, brocard, qu'on ne me lance,

Quand

Quand on voit que je vous encenſe,
Et que, bien éloigné de paroître inconſtant,
Mon ardeur va pour vous, toûjours en augmen-
Pluſieurs ont même la baſſeſſe (tant.
De blâmer hautemment mon juſte procédé,
Et de m'acuſer de foibleſſe.
Se peut-il, diſent ils, qu'un docte, à front ridé,
Un Profeſſeur de conſéquence,
Philoſophe Stoicien,
Poëte, beau parleur, Mathématicien,
Et qui poſſéde en propre un treſor de ſience,
Idolâtre le ſexe, & céde de ſes droits
A celle que l'Himen a ſoumiſe à ſes loix?
S'il faut, vains Cenſeurs, que le ſage,
Du moment qu'il blanchit, renonce au Badinage,
Comment changer, hélas! ma conſtitution?
Aujourd'hui qu'à couvert de la diſtraction,
Que cauſe une pénible étude,
Des actes, que vous cenſurez,
En dix Luſtres, dix cents, vingt fois réiterez,
Se ſont changez en habitude?
Je jure par Chronos, ce Dieu grave & chenu,
Que ce Comment, m'eſt inconnu.
A ce ſuplément des années,
Ajoutez que depuis qu'on vit les deſtinées
Exercer ici bas, un empire inhumain,
Iſis ne forma rien de ſon artiſte main,
Qu'on puiſſe, ſans commettre un déteſtable crime,

Comparer à l'objet de ma plus haute estime.
En éfet, sans parler, aimable Louïson,
De la beauté d'un Corps, qui confond ma raison,
Les dons de vôtre Esprit sont autant de merveilles,
Dont j'ose me vanter de charmer les oreilles
Des plus polis de l'Univers,
Si jamais j'entreprens de les chanter en vers.
Mais ce, qui rend sur tout, Délices de ma vie,
Mon ame à la vôtre asservie,
Ce sont vos beaux talens, pour le doux art d'aimer,
Que je ne saurois exprimer.
Vénus même, en cela, vous trouve inimitable;
Nous sommes convenus de cette vérité,
Mais vous en tirez vanité,
Et moi, j'en suis inconsolable,
Craignant que cette source, où naissent les plaisirs,
Ne cesse de répondre à mes ardens desirs.
Car après tout, enfin, la plus vive lumiére
S'éteind, & vous avez, Sara, beau vous flater,
Les rares qualitez, qui vous rendent si fiére,
A la force du tems ne sauroient résister:
Vous allez, malgré vous, devenir roupieuse,
Edentée, chauve, grogneuse,
Insensible, peut être, aux divertissemens,
Morte, à leurs assaisonnemens. (mes,
Que la perte pourtant de tous ces puissans Char-
Ne causent point en vous, de mortelles alarmes,
Aussi bien, il n'est pleurs, soupirs, regrets, éfort,
Qui

Qui puiſſe changer nôtre ſort.
Non, les infirmitez, compagnes d'un grand âge,
Ne nous doivent en rien, abatre le courage;
Croiez moi, moquez vous du nombre de vos ans;
Quoi que vous en aiez ſoixante,
Minus quatre, plus cinq, ils ſont inſufiſans,
Pour rendre, à vôtre égard, mon humeur languiſſante.
Je n'apréhende point en vous, le changement,
Auquel nous rend ſujets une blanche vielleſſe;
Duſſiez vous devenir noire de ſécheresſe,
Je vous adorerai juſques au monument.
Vivez donc, ma Divine Blonde;
Vivons encore enſemble un demi ſiécle au moins,
Et les Cieux me feront témoins
Que je mourrai content, le plus heureux du monde.

CHANT *Lugubre.*

Au Manes de Mr. Wynbergen Sr. de Horsen du Pol, &c. décédé le 7 de Janvier, 1722. & à ses trois enfans.

WYnbergen, c'en est fait, la course est achecée,
La mort, que vous avez bravée,
Sans que son front hideux vous causât de l'horreur,
Malgré nos vœux pressans, nos ardentes priéres,
Vous a, de ses mains meurtriéres,
Jetté dans le sepulcre, où régne la terreur.

Vôtre intrépidité, le port, la bonne mine,
Vos lumiéres, en Médecine,
Ni le bel art de bien penser,
De ce revers fatal, n'ont pû vous dispenser:
Non, vôtre vaste Esprit, ce grand fond de siences,
N'ont qu'inutilement, flatè nos espérances.

Vous étiez, il est vrai, dans un lit de langueur,
Maigre, pâle, défait, sans force, sans vigueur,
Me-

Menant une assez triste vie;
Exposé, sans relâche, à diférens dangers,
Et toûjours sujet à l'envie,
Pour quelques honneurs vains, & des biens passagers.

Au lieu qu'exemt de maux, à l'abri des orages,
Vous jouïssez presentement
D'un bonheur acompli, d'un vrai contentement,
Et sans exagérer, de tous les avantages,
Qui doivent dans les Cieux, durant l'éternité,
Faire vôtre félicité.

Content, & plus heureux qu'un Ange,
Concluons, j'y consens, que vous gagnez au change,
Que n'étant plus sujet au tems,
Aux caprices de l'air, qui vous faisoit la guerre,
Vous seriez bien marri de ramper sur la terre,
Et de n'être pas mort à quarante neuf ans.

Mais soiez de même équitable,
Mon état en est il, en rien, moins déplorable?
Ne pers-je pas en vous, un véritable ami?
La perte d'un ami, bon, fidéle & sincére,
Qui ne faisoit rien à demi,
Est bien la plus sensible, au fond, qu'on puisse faire.

La Parque, ce tiran, inflexible, envieux,
Me prive, en vous sillant les yeux,
Du doux plaisir qu'aporte un si grand avantage;
J'en mourrai, sans doute, de deuil,
Et joindrai mes regrets, jusque dans le cercueil,
Aux lugubres accens de vôtre parentage.

Oui, vos tendres Enfans, de douleur abatus,
L'ainé, dans les Etats, la jeune Demoiselle,
Et l'Oficier, aussi bien qu'elle,
Ont, pour s'en relever, besoin de vos vertus,
Ou que le Ciel, bénin, enclin à la tendresse,
Pour eux fortement s'intéresse.

Courage, dignes Rejettons
D'Ancétres d'heureuse mémoire,
Et dont les noms fameux éclatent dans l'Histoire,
Comme d'autant de Mars, de Césars, de Catons:
Marchez dessus leurs pas, imitez vôtre Pére,
Pratiquez les leçons de vôtre sage mére.

Le coup, qui brusquement vient de vous aterrer,
Ne doit point vous desesperer; (ve;
C'est moins un chatiment qu'une facheuse épreu-
Le juste obtient d'enhaut, du secours au besoin;
Fondez vôtre esperance en celui, qui prend soin
De l'orfelin & de la veuve.

Alors

Alors l'Auteur du genre-humain
Vous soutiendra par tout, de sa puissante main,
Il dirigera vos afaires;
Enfin rassassiez de jours, beaux, longs, heureux,
Vous serez transportez au sejour de vos Péres,
Pour vivre dans la gloire, à jamais avec eux.

BILLET *rimé.*

Au Lieutenant Tyssot, second Fils de l'Auteur.

JE ne sai, Compére Simon,
Si quelque tenébreux Demon
Se plaît, dans vos desseins, à vous être contraire,
Ou si vôtre plus jeune Frére
A plus de mérite que vous,
Mais dussiez vous devenir fou,
Ou renverser la terre & l'onde,
Vous ne sauriez d'un pas, vous avancer au monde:
Au lieu que de Soldat, qu'il entra dans Ceilon,
Je se voit élever jusques à Capitaine,
Et créer Conseiller d'une Cour Souveraine,
En moins de sept tours d'Apollon.
Assurément Dame Fortune,
Aussi Fantasque que la Lune,

Se jouë plaisanment des fragiles mortels.
Ne laissez pourtant pas d'encenser ses autels,
Quoi qu'elle vous fasse la nique,
Et n'exerce sur vous, qu'un pouvoir tiranique:
Souvent, pour moins d'un quart d'écu,
L'inconstance tourne le cu
A celui, qui la vit un demi siécle en face:
Mais il arrive aussi qu'elle change de place,
Et fait de nouveaux favoris,
Qui voient succéder les ris
A leurs soupirs cuisans, & leurs larmes améres.
Vous aurez vôtre tour, ou je serai trompé,
J'entrevois l'un de vos confréres,
Qu'avant qu'il soit long-tems, la mort aura hapé,
Vous remettre sa compagnie;
Que le ciel enfin le benie;
Il ne seroit pas mal s'il cessoit d'être vieux,
Et vous en seriez beaucoup mieux.

GENETLIAQUE.

A Madame Tyssot de Patot, sur l'acomplissement de sa 53 année, en 1723.

DEpuis que des humains, Jupin prend connoissance,

Il s'est souvent piqué d'honorer la naissance
Des Héros, les plus importans,
De quelques signes éclatans.
Que n'a-t-il pas fait dire à diférens oracles,
Au sujet de Cirus, qu'Astiages aquit,
Et quels prodigieux miracles
N'acompagnérent pas Xerxes, quand il nâquit?
Sara Bex eut un sort semblable;
Aussi tôt que Stocholm, ce superbe séjour,
Dans de riches maillots, l'eut exposée au jour,
Comme on n'avoit rien vû, qui lui fut comparable;
La Terre trembla de dépit;
Au lieu que, petit à petit,
Elle opére au Printems, & n'ouvre sa poitrine
Qu'avec une lenteur, qui souvent nous chagrine,
Ici, dans un seul tour de main,
La fougueuse poussa de son fertile sein,
Les plus brillans émaux, dont la Déesse Flore
Enrichit jamais les autels (tels,
Des Nimphes, des Silvains, & des Dieux immor-
Que tout ce, qui respire adore;
Mais enfin ne trouvant nule comparaison,
Entre le lis, entre la rose,
Et le teint vif de Louïson,
Elle resta la bouche close.
Diane avec son nez camus,
Craignant de même un paralléle,
S'alla vitte fourrer sous l'orbe de Phæbus,

Et n'osa de trois jours paroître que nouvelle,
Ou se montrer que de côté,
Pour cacher la diformité,
Que causent des taches obscures,
A son groin boursouflé, passé les quadratures.
Bien des Astres au Firmament,
Etant d'un autre sentiment,
Firent un éfort incroiable,
Pour franchir l'immense trajet,
Qui les tient séparez de la terre habitable,
Et voir si ce charmant Objet,
Dont Mercure venoit, guindé sur une nuë,
De leur anoncer la venuë,
Avoit l'esprit plus vif, & l'œil plus éclatant,
Que les raions de feu, qu'ils jettent en roulant:
Mais l'Air leur disputant le droit de la décente,
Ils furent lourdement trompez dans leur atente.
Apollon, en particulier,
Fit un tour assez singulier:
N'aiant ni moien, ni ressource,
Pour s'aprocher d'un pas de l'Ourse,
Il forma le dessein de poursuivre son cours
Pendant trente, moins quatre jours.
Alors, sans quiter l'Ecliptique,
Il tourna le dos au Tropique,
Coupa l'Equateur brusquement,
Et sans s'arrêter un moment,
Courut jusqu'à l'autre Solstice,

D'où

D'où perché sur une Ecrevice,
Et lorgnant par le trou d'un volet entrouvert,
Il vit l'Enfant à découvert,
Pour laquelle il avoit entrepris le voiage.
Il fut charmé de son visage,
Et pour se satisfaire, aplica sans biaiser,
Sur sa bouche vermeille, un amoureux baiser.
Ce baiser, donné dans l'enfance,
Sembloit ne pas devoir tirer à conséquence,
Cependant il fit son éfet;
L'ardent Blondin plut à la Belle;
Etant insinuant, agréable, bien fait,
Elle prenoit plaisir de le voir auprès d'elle;
Enfin, l'Amour, avec le tems,
Prit tant d'empire sur ses sens,
Qu'elle abandonna sa Patrie,
Pour aller, à son tour, jusqu'au fond de l'Asie,
Surprendre au point du jour, cet Amant adoré,
Etendu sur son lit doré.
Mais en passant par la Holande,
Le Ciel l'y retint, & voulut
Qu'elle fit gaiement à l'Himen une ofrande;
Du plus précieux bien qu'elle eut.
Elle avoit eu beau courir vite,
Il falut tout d'un coup, borner la sa poursuite,
Et par le même arrêt, au même instant rendu,
Le retour lui fut défendu.
Jusqu'alors, tous les ans, son premier Hémisphere

Faiſoit maint Carrouſel à ſon Aniverſaire,
Grands & Petits, également,
Y couroient prendre part au divertiſſement.
Depuis qu'elle a changé de place,
Les choſes tout de même, ont pris une autre face:
La Céne eſt maintenant dans ces heureux Cantons,
C'eſt ici qu'aujourd'hui l'on célébre ſa fête,
Et que chacun ſe romt la tête
A chanter ſes vertus ſur d'harmonieux tons.
Des miliers de Tritons, précédez de Sirénes,
Après avoir franchi pluſieurs liquides plaines,
Et double le Cap du Teſſel,
Font juſqu'au haut des cieux, retentir nôtre Yſſel,
Celles-ci, de leurs voix charmantes,
Ceux-la, du ſon égu de leurs Conques bruiantes,
A la loüange de Sara,
Qui des poles, chez nous, dix fois les atira.
Il n'eſt bête dans nos Campagnes,
Poiſſon dans nos étangs, oiſeau ſur les montagnes,
Qui ne travaille à lui prouver
Qu'au fond, il eſt ravi de lui voir achever
Sa cinquante troiſiéme année,
Et qu'outre la Candeur, dont elle eſt couronnée,
Elle conſerve ſa beauté,
Et jouït d'une longue & parfaite ſanté.
Soufrez qu'aux doux accens de tant de créatures,
Vôtre dévotieux Griſon

Jojgne

Joigne ſes vœux ardens, chére Louïſon,
Et de ſes oraiſons, preſente les plus pures,
Au Dieu de benédiction,
Pour vôtre conſervation.
Cet Etre Souverain, qui de nos deux perſonnes,
Ne fit qu'un Eſprit & qu'un Corps,
Ne permette jamais que les Parques félonnes
Nous content au nombre des morts.
Ou, s'il faut que l'on nous ſépare,
Nonobſtant les éforts, auſquels je me prépare,
Que ce ne ſoit, jeunes, ou vieux,
Que pour nous réunir au plutôt, dans les cieux.

RONDEAU.

Sur la Noce d'Or de l'Auteur, après cinquante années de Mariage avec ſes deux Epouſes, Madame Anne Philipe de Billi, & Madame Sara Louiſe Bex, en 1725.

LA Noce d'Or, ſans doute, étoit aux premiers tems,
Qu'à deux ſiécles un homme entroit dans ſon printems,
De cinq cents ans au moins; aujourd'hui qu'à huitante,
Il faut plier bagage, on l'a miſe à cinquante,
Et bien des gens encor n'en ſont pas fort contens.

Feu

Feu Nanon, ſans mentir, eut pour ſix de ſes dents
Deſiré d'Ajouter à ſa trame douze ans,
Pour me voir célébrer avec elle à ſeptante,
La Noce d'Or.

Ce bonheur, qui nous rend, l'un & l'autre contens,
Vous étoit deſtiné, Sara, mais je prétens,
S'il plait à Jupiter, Pére de Radamante,
Profiter ſi long-téms de votre amour ardente,
Que nous pourrons auſſi voir faire à nos Enfans,
La Noce d'Or.

TABLE

Des Piéces contenuës dans le II. Tome des Oeuvres Poëtiques de Monsieur Tyssot.

A.

B.

Bil-

C.

D.

E.

Epi-

F.

G.

Gé-

S.

V.

LES OEUVRES POETIQUES

DE MONSIEUR
SIMON TYSSOT,
Sr. DE PATOT,

Professeur ordinaire en Mathématiques, dans l'Ecole Illustre de Déventer, en Over-Yssèl.

TOME III.

A AMSTERDAM,
Chez MICHEL CHARLES LE CÈNE.
LIBRAIRE
M. D. CCXXVII.

LES

OEUVRES POETIQUES

DE MONSIEUR SIMON TYSSOT, Sr. DE PATOT,

Professeur ordinaire en Mathématiques, dans l'Ecole Illustre de Déventer, en Over-Yssel.

EPITRE DE LEANDRE A HERON.

Sujet de la Lettre.

DEs que l'Animal raisonnable
S'abandonne à ses passions,
Il n'est d'étranges actions,
Dont il ne devienne capable.
C'est une vérité qu'un seul événément
Va confirmer dans le moment.
Léandre, beau Garçon, d'Abidos, en Asie,
S'étoit amouraché de la belle Héron,
Native de Sestos; de sorte qu'environ
Trente Stades de Mer, aux autans asservie,
Les séparoit cruellement.

Il devoit, pour la voir, s'éloigner du rivage,
Et passer dans la nuit, ce trajet à la nage:
Cela ne se pouvoit diriger autrement.
Un jour qu'une horrible tempête,
Fatale à son bonheur, ne lui permettoit pas
D'aller jouir de sa Conquête,
Craignant de ne pouvoir franchir ce mauvais pas,
Il crut qu'il valoit mieux hasarder une lettre,
Qu'un intrépide Nautonnier,
Auquel il se pouvoit fier,
Prit, & promit de lui remettre.
Voici comme l'Amant s'y prit,
Pour lui composer cet écrit.
A la fin il périt dans ce Maudit passage.
Sa fidéle Maîtresse en perdit le courage;
A peine elle le vit étendu sur le bord,
Que d'un funeste coup elle hata sa mort.

LETTRE.

Je me flate si fort de votre bienveillance,
Que j'oserois gager que l'orage qu'il fait,
Vous a fait perdre patience,
Et que si rien pouvoit remplir votre souhait,
Et contenter votre belle ame,
Ce seroit de savoir, Madame,
A quoi je passe Maintenant
Le tems sombre, venteux, incommode, ennuiant,

Qui

Qui m'empêche aujourd'hui de quiter le rivage,
Et de me jetter à la Nage,
A dessein d'aller profiter,
Sous la protection du tonnant Jupiter,
De l'honneur de votre presence.
Vous en allez dans un moment,
Être instruite assez galamment.
Oui, s'il plait à la Providence,
La lettre écrite de ma Main,
Et qu'un intrépide Pilote,
Qui s'imagineroit avoir fait une faute,
S'il diféroit jusqu'à demain,
Un voiage qu'on craind qui ne lui soit funeste,
M'a promi sur sa foi, pour me faire plaisir,
De vous rendre lui même à Seste,
Satisfera votre desir.
Quelque rude que soit cette horrible tempête,
Il ne seroit pas seul à hasarder sa tête,
Au passage qu'il entreprend,
Si, sans vous faire tort, soufrez que je raisonne,
Je pouvois disposer de ma propre personne,
Et qu'il vous fut indiférent,
Ce qui n'est pas fort aparent,
De me voir exposer, sans redouter Neptune,
Au caprice de la Fortune:
Ou de savoir certainement,
Que quoi que plein d'inquiétude,
Je suis dedans ma solitude,

A couvert d'un facheux & triste événément.
Outre qu'on voit le Peuple en foule,
Qui vient au bruit tonnant d'un gros mur qui s'éboule,
Et de plusieurs riches vaisseaux,
Que l'agitation des eaux
Brise dedans le Port, contre la Citadelle,
Eclairer & conter mes pas.
Mais quand je ne saurois personne en sentinelle,
Ou que l'on ne me verroit pas,
Je ne dois pas avoir envie
D'abandonner ainsi librement une vie,
Qui vous apartient proprement,
A la discrétion d'un si fier élément.
Il est vrai qu'en cette ocurence,
La résolution du Patron entêté,
Surpasse de beaucoup la mienne en liberté,
Mais qu'au contraire en violence,
Elle doive le lui céder,
C'est une question aisée à décider.
La raison en est évidente;
En éfet, il a plus de liberté que moi,
Atendu qu'il est tout à soi,
Au lieu qu'en quelque endroit que je me represente
Héron, l'Idole de mes sens,
Mon inclination, des mouvemens pressans,
Me forcent d'avouer que pour être fidéle,
Je ne dois dépendre que d'elle.

Sa

Sa vie eſt en ſes mains, c'eſt de lui qu'il la tient,
Ce n'eſt point à nous, c'eſt ſienne;
Vous étes Reine de la Mienne,
Mon eſprit eſt à vous, mon cœur vous apartient.
En ſe perdant, Madame, il ne perd que lui même,
Le peu qu'il avoit eſt perdu;
Et moi, ſi je me perds, je vous perds tout de mê-
Je perds un bien, qui vous eſt dû. (me,
J'ai plus que lui de violence,
En ce qu'il eſt certain qu'il ſe ſent tout en ſoi,
Et je ne ſuis point tout en moi,
Mon ame eſt à Seſtos, ſous votre dépendance;
Où par d'agreables éforts,
Vous me la retenez dans un doux eſclavage.
Abide, où l'on me voit arrêté par l'orage,
N'a ſans contredit que mon corps,
Que vôtre abſence aflige, atriſte, rend debile,
Tandis que le reſte eſt tranquile.
Puis qu'un détroit de mer & des vents furieux,
Par un deſir injurieux
D'inſulter à ma patience,
Me partagent en deux, me ſéparant de vous,
Jugez de mon impatience
A me voir réunir à des liens ſi doux,
A cette partie que j'aime,
A mon propre cœur, à moi même.
Cet ennuieux éloignement
Me deſeſpére, il me deſole;

Mais enfin, ce qui me console,
C'est que le mauvais tems, indubitablement,
Après avoir bien duré, passe,
Et malgré sa hauteur, le céde à la bonace.
En atendant, permettez moi
De vous dire comment, de vous conter à quoi,
Je passe toute la journée,
Afin d'adoucir mes transports,
Et dissiper les vains éforts
De ma cruelle destinée.
Depuis six jours entiers que la mer & le Ciel
Font une dangereuse guerre
Aux peuples nombreux de la terre,
Et vomissent sur eux un pernicieux fiel,
Je m'entretiens avec justice,
Des merveilleux progrès de notre afection,
Par la representation
De son agréable principe.
Vous devez comme moi, vous en ressouvenir;
C'étoit un heureux jour, qu'on ne peut trop benir,
Un jour que de Vénus on célébroit la fête,
Jour, propre à faire une conquête,
Jour, aussi beau parmi les jours,
Que Vénus, Mêre des Amours,
Est éfectivement belle entre les Déesses:
Ce fut dans ce beau jour, pour la premiére fois,
Que je vous vis Héron, que j'entendis la voix
Du seul objet de mes tendresses.

Nous.

Nous étions bon nombre de gens,
Diſtinguez par notre Nobleſſe,
Habillemens & politeſſe,
Que ces ſolennitez atiroient tous les ans,
Des lieux circonvoiſins, à Seſte,
Plus pour y voir dans un ſeul jour,
Une troupe nombreuſe & leſte,
De Dames, que Cibéle avoit faites au tour,
Dans les Contrées de Phrigie,
De Cipre, de Citére & même d'Ænonie,
Que pouſſez par dévotion,
D'un Zéle de Religion.
Dès que nous fumes dans le temple,
Où s'il étoit permi de ſe ſervir d'exémple,
Tout paroiſſoit ſi beau, ſi grand, ſi précieux,
Qu'on eut dit que c'étoit la demeure des Dieux:
Ce fut à qui d'abord, pour contenter ſon ame,
Réuſſiroit le mieux à fixer ſon regard
Sur le plus bel objet, la plus charmante Dame,
A laquelle le cœur pût auſſi prendre part.
Le Ciel ne brille point par ſes vives étoiles,
Lors qu'en un tems ſerein, la nuit de ſombres voi-
Nous a couverts de tous côtez, (les,
Comme ce ſantuaire éclatoit en Beautez,
Dont la vûë claire & perçante,
Ocupoit, contre mon atente,
Si fort mon admiration,
Tandis qu'on préparoit les plus ſacrez Miſtéres,

Que pour ma consolation,
J'en aurois bien voulu pouvoir, par mes priéres,
Diférer l'exécution
Jusqu'à quelqu'autre ocasion.
Mais graces à mon bon Génie,
Je changeai bien de sentiment,
Car à l'aproche du moment
Marqué pour la Cérémonie,
Vous parutes au temple avec la Majesté
D'une illustre Divinité.
La dessus je devins tout yeux & tout oreilles,
Pour admirer en vous, le Chef d'œuvre des Dieux,
Et la merveille des merveilles.
D'un air grave & dévocieux,
Vous fites diverses ofrandes
De Mirte, de Bouquets, de Pommes, de Guir-
Dans la suite, il faut l'avouer, (landes:
Sans craindre que l'on s'en étonne,
Je vous crus bonnement la Vénus en personne,
A laquelle avec nous, vous veniez vous voüer.
Ce qui confirmoit ma pensée,
C'est que de toutes les Beautez,
Celle qui nous charmoit, paroissoit empressée,
Par des regards non afectez,
Mais qui témoignoient sa surprise,
A vous voir faire tout avec tant d'Agrément,
Qu'elle devoit vous avoir prise
Pour la Déesse assurément.

D'au-

D'autre côté pourtant, vous voiant en Vestale,
Habillée modestement,
D'une robe Sacerdotale,
Et que vous encensiez alternativement,
Aux Images de la Déesse,
Et d'Adonis, son favori,
Je crus ne devoir pas alors être marri
De ne vous prendre plus que pour une Prêtresse,
Qui ne ressembliez à cette Déité,
Qu'en port, en éclat, en beauté:
Oui, je conclus d'abord, quoi que par conjecture,
Que vous étiez divine en vos perfections,
Et méritiez par là, nos adorations,
Mais nulement par la nature.
Dès lors Amour forma le loüable dessein (sein
De vous bâtir, Madame, un temple dans mon
Où mon cœur, comme une victime,
Vous seroit à l'instant librement immolé,
Afin de gagner vôtre estime,
Avant que ce fût écoulé
Le tems que demandoient ces pieux exercices.
Tôt après, Cupidon, qui me vouloit du bien,
Me facilita le moien
De vous pouvoir ofrir mes tres humbles services,
Je vous dis en ces mots, si je m'en ressouviens,
Permettez, humaine Déesse,
Que maintenant je vous adresse
Ce que je possède de biens,

Mes vœux les plus ſacrez, mes ardentes priéres,
Pour obtenir la liberté
A mes penſées, priſonniéres
Au Donjon de votre Beauté.
Depuis que vous étes venuë,
Tout, de concert avec ma vûë,
Eſprit, volonté, corps, ſe ſont fixez ſur vous;
Vous nous tenez dans l'eſclavage;
Vénus, que vous venez d'adorer à genoux,
Eſt moins que vous dans ſon image
Et cependant il eſt conſtant
Que vous ne vous trouvez pas tant
Ni dans l'original, ni dedans ſa copie,
Que je ſuis dedans vous imprimé pour ma vie.
Comme vous lui venez de donner de l'encens,
Je vous ofre, à mon tour, des ſoupirs & des larmes;
Au nom des Dieux, ceſſez d'emploier plus vos charmes,
Ou bien ſecourez moi dans mes beſoins preſſans.
Si vos bontez, Madame, égalent vos mérites,
J'aurai ſans doute le bonheur
De pouvoir me flater, ſans uſer de redites,
Que vous m'accepterez pour votre ſerviteur.
Mon compliment, pour récompenſe,
Fut ſuivi de refus, & de ſi durs mépris,
Qui laſſérent ma patience,
Et vous connutes bien que j'en reſtai ſurpris.
Me voiant interdit, vos rigueurs les plus fiéres,

Le

Le cédérent à mes priéres :
Vous vous mites à la raiſon ;
Avant que le Soleil eut touché l'horiſon,
Notre aſſidu combat me promit la victoire,
Et j'eus, belle Héron, la gloire
De vous entendre dire, en termes ingénus,
Et tres faciles à comprendre ;
Hé bien, puis qu'il le faut, Léandre,
Je veux pour vous complaire, être votre Vénus,
Soiez mon Adonis, mais ſoiez moi fidéle.
Jupiter eſt vengeur, c'eſt ce Dieu que j'apelle
A témoin du ſerment, di-je alors, que je fais,
De vous montrer par les éfets,
Que je vous aimerai toûjours avec conſtance,
Sans qu'à mortel jamais j'en faſſe confidence.
A quoi, pour vous donner des marques d'un cœur
Je crus qu'il étoit néceſſaire (droit;
D'ajouter que de peur qu'on n'aprit le Miſtére,
Je n'entreprendrois point de paſſer le détroit
A la faveur du jour, ou de quelque navire.
O nuit, heureuſe nuit, plus qu'on ne peut le dire,
Nuit, qui pour mon contentement,
Suivites notre engagement. (ques,
Nuit plus dignes cent fois que les jeux Olimpi-
D'avoir place dans nos croniques.
Nuit, favorable à mes deſirs,
Témoin muet de nos plaiſirs,
Que ne durâtes vous juſqu'à la fin du monde :

Qu'Apollon, à perruque blonde,
Ne ſongeat il, hélas! à retarder ſon cours,
D'un ſiécle, de dix ans, ou du moins de dix jours.
Non, vous paſſates comme une ombre:
Cependant j'eus le tems, ſous votre manteau ſombre,
D'obtenir de l'Amour, de divines faveurs,
Qui me permirent tout, excepté de le dire.
Ce fut là que j'apris que nos anciens réveurs:
Vous rougiſſez, Héron, ſachez pour un Empire,
Que je ne voudrois pas ceſſer d'être diſcret:
Ce fut là, que j'apris, je le dis en ſecret,
Que nos anciens, d'ailleurs gens de mérites,
S'étoient abuſez lourdement,
En n'admettant également,
Que trois Graces, ou deux Charites.
Votre Teint délicat, la douceur de vos Yeux,
Votre Gorge d'Albatre, à plaire ingénieuſe,
Et cette voix harmonieuſe,
Sans conter certains mouvemens,
Geſtes, Regards, Ris, Agrémens,
Et mille autres diférens charmes,
Qui ne pouvoient manquer de cauſer des Alarmes
Dans un ſenſible cœur, ſuſceptible d'Amour:
Tout cela produiſoit des Graces,
Capables de remplir les infinis eſpaces, (tour
Que le plus haut des Cieux renferme en ſon con-
Les tendres baiſers de ma bouche,

Qui

Qui voltigeoient dans notre couche,
Reſtoient court pour les ſaluer :
Ma langue, qui ne ſauroit feindre,
Ne pouvoit aſſez les loüer.
De mes embraſſemens je ne pouvois éteindre
Leurs feux étincelans ; mes adorations,
Mes plus humbles reſpets, mes génuflexions,
Ce que je pouvois faire ou dire,
Pour ce nombre ſi grand ne pouvoit pas ſufire.
Que ſi la curioſité
Portoit à deſirer d'en ſavoir davantage,
Qu'on s'adreſſe au ſilence énergique langage,
Et véritable ſceau de ma fidélité,
On en pourra ſavoir du moins par conjecture,
Que ma mémoire en a conſervé l'écriture,
Laquelle mon eſprit peut lire couremment.
Voila, Madame, juſtement,
Comment je roule dans ma tête,
Les doux événémens atachez à mon ſort,
En atendant que la tempête,
Qui porte dans les mers, les horreurs de la mort,
Me permette d'aller de bouche,
M'en entretenir avec vous,
D'une maniére qui vous touche,
Et me donne enfin lieu d'embraſſer vos genoux.
Durant votre cruelle abſence,
Je fais de vous comme des Dieux,
Ne pouvant malgré nous jouir de leur préſence

Nous contentons du moins nos yeux
Du glorieux regard de leurs nobles images,
Telles que le respect, & que les hommes sages,
Les peignent dans notre cerveau.
Il me semble vous voir examiner ma lettre,
Et même repasser cet endroit à loisir,
Avec un sensible plaisir:
Mais, Madame, il pourroit bien être
Que vous n'en prendrez guére moins
A savoir comment sans témoins,
J'entreprens, pour vous voir, le dangereux passage
Du havre d'Abidos jusques à votre Plage,
Aussi tôt qu'Apollon a gagné l'Occident,
Et s'est caché sous l'onde amére,
Je consulte Neptune, & lors que son Trident
Ne nous menace point de le voir en colére,
Je chante à cœur ouvert, des himnes à la nuit.
O nuit, ô belle nuit, ennemie du bruit,
Lui di-je, aimable & tendre Mére
Des hommes & des Dieux, comme je vous révére,
Je salue humblement vos généreux chevaux,
Qui tirent votre Char, & par monts & par vaux,
A la foible clarté des brillantes étoiles.
Je salue vos noires ailes,
Qui par votre benignité,
Favorisent par tout, d'un repos enchanté,
Ceux que notre hémisphére à cette heure environ-
Je salue votre Couronne, (ne,

Cou-

Couverte de Pavots, qui tiennent endormis
Tant d'illuſtres humains, à vos ordres ſoumis.
Vous, nuit, aux amans favorables,
Après avoir ſur votre Autel,
Sacrifié le Coq, que vous doit le mortel,
Qui deſire ardemment de vous être agréable.
Acompagnez moi de vos ſoins;
Aſſiſtez moi dans mes beſoins:
Donnez moi la force & l'adreſſe,
Qu'il me faut pour paſſer juſques à ma Maîtreſſe.
Soutenez moi deſſus les eaux,
Comme ma Mére & ma tutrice,
De crainte que je ne périſſe.
Preſſez le jus de vos Pavots
Deſſus les jalouſes paupiéres
Des parens de Héron; faites que le ſommeil
Recule d'un jour leur réveil,
Afin que je ne tombe en leurs mains meurtriéres.
Cela fait, j'atens pour ſignal,
Que vous alumiez le fanal,
Qui dans ce long trajet, me doit ſervir de guide.
Je me dépouille cependant,
Et dès que je le vois, de doux plaiſirs avide,
Allons, di-je, mes vœux, allons d'un Zéle ardent,
Où la félicité m'apelle:
Allons, ma lumiére m'atend,
Où ce feu luiſant étincelle:
Il faut tout haſarder pour vivre après content.

Hatons

Hatons nous, vite, l'heure preſſe;
Un inſtant me paroit de la longueur d'un an,
Depuis long-tems Phæbus a gagné l'Océan,
Où Thétis le reçoit, le baiſe, le careſſe.
Franchiſſons ce pas après lui;
Les Dieux ſont avec nous, ils ſeront notre apui.
A ces mots, je me jette à corps perdu dans l'onde:
Il n'eſt point de plongeur au monde,
Qui me voiant nager, eût le moindre ſoupçon
Que je fuſſe autre qu'un poiſſon,
Et que mes bras nerveux ne fuſſent des nageoires.
Les moins fabuleuſes Hiſtoires
De la plus noire antiquité,
N'ont rien dit du Dauphin, Confident de Neptune,
Qui reſſemble, en maniére aucune,
A l'extréme rapidité,
Avec laquelle je fends l'Onde:
Je veux que le Ciel me confonde
Si dans cet humide Canton,
Mainte enfant de Nérée, ou Déeſſe Marine,
Ne m'a pris d'aſſez près, pour un jeune Triton,
Juſques à ce que privé d'une Conque argentine,
Elle ait reconnu ſon abus.
Le trop promt retour de Phæbus,
Et la vive ardeur de ma flamme,
Que je ne puis ſouvent éteindre qu'à demi,
Ne m'a que rarement permi, (me,
Lors que j'ai le bonheur d'étre chez vous, Mada-

De

De vous entretenir des incidens nouveaux ;
Qui fortuitement m'arrivent ſur les eaux.
Quelquefois, à perte de vûë,
En cent lieux diférens, j'aperçois une nuë,
Au niveau du rivage, & ſuſpenduë en l'air,
Qui ſemble renfermer un falot aſſez clair,
Formé pour me ſervir de guide en mon voiage :
Ce peut être du feu volage,
Mais non du feu de mes amours :
L'un paſſe en un moment, l'autre dure toûjours.
Si je découvre, au lieu de ces prétendus guides,
Une troupe de Néréides,
Qui méne gaiement le Bal,
Aux agréables rais d'une naiſſante Lune,
Je puis vous aſſurer que je n'en vois aucune,
Dont l'Amant doive craindre un dangereux rival.
Mais quand elles ſeroient d'une beauté capable
De plaire aux Dieux Marins, & de les enchanter,
C'eſt un fait, qui vous doit paroître inconteſtable,
Par ce que je vai vous conter,
Que mon ame toute ma vie,
Doit reſter, ma Déeſſe, à la votre aſſervie.
Comme j'étois ces jours paſſez,
Embaraſſé de ma perſonne,
A cauſe des flots entaſſez,
Dont Æole, rempli d'une rage félonne,
Sembloit me vouloir acabler,
Une Nimphe, belle & bien faite,

Qui

Qui doit assez vous ressembler,
M'aprocha d'un air de coquette,
Et sous ombre qu'étant touchée du malheur,
Dont j'étois menacé, si dans cette ocurence,
Je demeurois sans assistance,
Elle me mit la main justement sous le cœur.
M'apercevant de sa finesse;
Je ne saurois; grande Déesse,
Lui di-je, maintenant répondre à votre amour;
S'il faut que je perde le jour,
J'aurai du moins cet avantage
Que, ni ma ferme foi, ni ma fidélité,
Quoi que le sort ait arrêté,
N'auront point de part au Naufrage.
Comme le danger étonnant
Où je me trouve maintenant,
Est un témoin de ma constance,
Qui tient l'œil sur ma consience,
Cet éclatant flambeau, de ses perçans raions,
Examine mes actions.
Je vai, charitable Déesse,
Rendre des vœux à ma Maîtresse,
Soufrez, pour m'aquiter de ce juste devoir
Qu'elle ait le plaisir de me voir,
Ni plus, ni moins, exemt de vice,
Que je l'étois au sein de ma Mére Nourisse.
Ce langage la rebuta,
Et sans plus diférer la Nimphe me quita.

Ces

Ces rencontres ſont agréables:
D'autres ne leur ſont pas ſemblables;
Je ſuis ſujet, de tems en tems,
A de tres facheux contretems.
Dernierement j'étois dans une horrible peine,
Un vent impétueux, dont l'enfant de Ciréne,
En plongeant, m'avoit menacé,
S'éleva tout d'un coup, & d'un air courroucé,
Ataqua le Ciel & la Terre:
Un tourbillon afreux excita le tonnerre;
Les vapeurs, les exalaiſons,
Briſant les portes des priſons,
Oû Jupin les tient renfermées,
Prirent la forme de torrens,
D'éclairs & d'épaiſſes fumées,
Et par un milion de pertuis diférens;
Fondoient ſur moi de telle ſorte,
Que je croiois être perdu:
Tout, dans un noir Caos, paroiſſoit confondu.
Les objets les plus vifs, la clarté la plus forte,
Rien ne paroit, mes yeux ouverts,
Aux diférens objets de ce vaſte univers,
Sont abſolument inſenſibles:
Les aſtres les plus clairs ne m'étoient plus viſibles.
Je ſervois de jouet aux vents,
Qui de monts d'eau s'entreſuivans,
Me portoieut juſques à la Cime,
Et dont à la faveur d'un dangereux éclair,

Je

Je me voiois du haut de l'air,
Précipiter dans un abime
D'où je ne pensois pas que l'on pût revenir:
Je ne savois que devenir.
Le combat entre l'air & l'onde,
Où chacun à l'envi, s'agite, hurle, gronde,
Commençoit à me désoler,
Rien ne me pouvoit consoler.
Depuis que j'eus perdu votre flambeau de vûë,
Tout, sans exception, m'avoit abandonné,
Force, vigueur, courage: enfin fort étonné,
De n'entrevoir aucun issuë
Au mal qui me pressoit, je crus qu'il étoit tems,
Suivant la loüable maxime,
Et tres digne de mon estime, (tems
Qui nous aprend que lors qu'un facheux contre-
Se plait à nous rompre en visiére,
Il faut enfin avoir recours à la priére,
Et d'un Zéle religieux,
S'adresser humblement aux Dieux,
Qui ne refusent pas de donner assistance
A ceux qui tres dévotement,
Sous promesse d'amandement,
La demandent avec instance.
O tonnant Jupiter, di-je, Pére des Dieux!
De qui, comme l'un des plus vieux,
Relévent Æole & Neptune,
Soufrez que je vous importune,

Et

Et vous prie tres humblement
De commander dans le moment,
A l'orageuſe mer, qu'aiant jetté ſa bile,
Elle devienne auſſi tranquile
Qu'elle étoit, lors qu'aiant la forme d'un taureau,
A grande tête, & gros Muſeau,
Plus redoutable qu'un Ciclope,
Vous la paſſiez avec Europe.
Et vous mer, dont Vénus, la Mére des Amours,
A pris certainement naiſſance,
Et que j'invoque tous les jours,
Par devoir & par bienſeance,
Aiez pitié d'un malheureux,
Un Amant conſtant & fidéle,
A qui vos flots trop rigoureux,
Font tres mal à propos, une guerre mortelle:
Que leur ai-je fait, & pourquoi
Sont ils groſſes vagues pour moi?
Au lieu que bien ſouvent ils ne ſont que des ondes
Pour des hommes cruels, des animaux immondes,
Qui ſans s'incommoder, les paſſent à loiſir,
Avec un ſenſible plaiſir.
Tournez l'horreur de cet orage,
Qui de l'afreuſe mort, me preſente l'image.
Tournez la, cette horreur, contre un tas de mé-
De Pirates ou de marchands; (chants,
Contre de nombreuſes armées,
D'ambition, de gloire & de rage animées;

Con-

Contre ces avares mortels,
Qui fouillent vos facrez autels,
Et fans aucun égard vous paffent fur le ventre,
Lors qu'il eft queftion d'amaffer un trefor,
Ou qui pour former un mont d'or,
Creufent la terre jufqu'au centre.
Engloutiffez les tant qu'ils font,
Et vous apropriez les richeffes qu'ils ont.
Mais épargnez, grande Princeffe,
Un humble fupliant, qui fe tient devant vous,
Avec tout le refpect qu'il doit à fa Maîtreffe,
Lors que pour l'atendrir, il l'adore à genoux.
Quel plaifir, Déeffe immortelle,
Sentiriez vous d'être cruelle
A deux Amans jeunes & fains,
Qui jufques au tombeau, feront vos redevables,
Si les Autans & vous devenez plus traitables,
Et favorifez leurs deffeins.
Mais vous flots, compagnons d'un fi terrible ora-
A quoi penfez vous maintenant? (ge,
Croiez vous que Héron, Vénus de ce paffage,
Qui va favoir incontinent,
Le traitement épouvantable,
Que vous faites à fon amant,
Quand par un éfort incroiable,
Il expofe fa vie à ce fier élément,
Pour aller en tremblant, lui rendre fes hommages,
Et lui donner de nouveaux gages

De

De ſon invariable amour?
Croiez vous, flots impitoiables,
Que me jouer un pareil tour,
Soit le moien, cruels, de vous rendre agréables?
Pourquoi ce rude mouvement?
Dans un ſi paiſible élément?
Eſt ce que je vous ſuis à charge?
Helas! le fardeau n'eſt pas grand;
Il n'eſt ni fort épais, ni fort long, ni fort
Moi même je vous ſuis garant (large;
Que ce que vous portez, n'eſt que de l'eſpérance,
Des deſirs, de la confiance.
Celui qui nage deſſus vous,
Cet objet de votre courroux,
N'eſt, bien conſidéré, de peſanteur aucune;
Son cœur, ſes paſſions, ſont de l'autre côté;
Et cependant, ô flots, c'eſt une vérité,
Vous portez un Amant chargé de ſa fortune.
Enfin, vous vents impétueux,
Quel infernal démont vous porte
A me travailler de la ſorte?
Suis-je en état ici d'avoir des envieux? (les,
Je ſuis nud comme vous, il n'eſt point de grenouil-
Dont ſans contredit, les dépouilles
N'égalent ce que j'ai de meilleur à porter,
Vous ne ſauriez en profiter.
Si vous voulez agir, ataquez des Corſaires;
Chargez de bijoux précieux,

Et de biens extraordinaires :
Cela vous conviendroit, & ſierroit beaucoup
Thétis, & les autres Déeſſes, (mieux.
Dont le cœur au butin eſt aſſez ataché,
Profiteroient de ces richeſſes ;
Neptune, leur Patron, n'en ſeroit pas faché.
Enfin, vous aquerriez du bien & de l'eſtime ;
Au lieu que c'eſt commettre un crime
Que d'inſulter au ſort de deux pauvres amans,
Dont le treſor conſiſte en doux embraſſemens,
Et qui, pourvû qu'ils ſoient enſemble,
Se moquent ſi ſa Terre tremble,
Si Jupiter eſt en fureur :
Si la mort porte la terreur
Du centre juſqu'aux bouts du monde :
Si l'humide, ou le ſec, abonde,
En gros monſtres marins, en précieux poiſſons ;
En belles & riches moiſſons ;
Et ſi les autres créatures
Sont expoſées aux injures
De Proſerpine & ſes ſupôts,
Ou ſi dans l'abondance, elles ſont en repos :
Cela n'ocupe leurs penſées,
Non plus que leurs fautes paſſées.
Ils ſont contens comme des Rois,
Et n'obſervent point d'autres loix,
Que d'obéir à la Nature,
Qui ne crie que paix, amour & nourriture.

Ainſi

Ainsi finit mon oraison,
Et ma tres humble remontrance.
Æole en même tems se mit à la raison,
Je fus grace à la Providence,
Jusqu'au port du salut heureusement porté.
Si je fus alors baloté,
Le tems le plus souvent, m'est assez favorable,
Et le trajet tres agréable.
J'ai toûjours le plaisir, lors que la Lune luit,
Qu'elle me regarde, & me suit,
En observant comment je fends l'onde à la nage,
Pour faciliter mon passage.
Je ne saurois dans l'eau me voir à sa lueur,
Au contraire, elle a l'art d'user de sa surface,
Comme d'une excellente glace,
Pour considérer sa blancheur,
Et comme je sai par moi même,
Qu'il n'est objet dans l'univers,
Fut-il tortu, bossu, bâti tout de travers,
Qui ne se trouve beau, ne s'admire, ne s'aime,
Dès que j'aproche de l'endroit,
Où, par réflexion, je vois qu'elle se mire,
De peur de la troubler, je passe sans mot dire,
A gauche, si j'y pense, & quelque fois à droit.
Je ne puis en façon quelconque,
Eclaircir un sujet, qui fait pourtant du bruit,
Tout ce que j'en puis dire est que sur le minuit,
S'assemblent les Tritons, qui sonnent de leur conque;

Pour leur répondre à ma façon,
Je chante à haute voix, l'agreable chanſon,
Que votre Amour m'a ſugĕrée,
Et que plus d'une fois vous avez admirée.
A cet air plus mélodieux
Qu'on n'entend aux concerts des Dieux,
Et qui leur fait enfler les veines,
Viennent du fond des eaux, les charmantes ſiré-
Dont ils s'aprochent humblement: (nes,
Chacun d'eux à l'inſtant reconnoit ſa Maîtreſſe,
Il la ſalue, il la careſſe,
Et voulant en ſecret lui conter ſon tourment,
Il la prend en ſes bras, & s'éclipſe avec elle.
Mais ce qui doit, ma colombelle,
Vous paroître plus ſurprenant,
C'eſt à coup ſur que moiennant
Qu'à chanter un air je perſiſte,
Des miliers de poiſſons me ſuivent à la piſte,
Comme ſi j'étois leur Dauphin,
Ils ſautent à l'envi, vont & viennent, enfin,
L'un me mord doucement l'oreille,
De crainte que je ne ſommeille,
Tandis qu'un des plus lents d'êntre eux,
Se repoſe ſous mes cheveux:
Un autre ſur mon dos négligemment ſe couche:
De moins éfarouchez s'aprochent de ma bouche,
Et me ſaluent d'un baiſer.
Les plus gros, males ou femelles,

Me

Me saisissent le corps, au dessous des aisselles,
Et font mine de m'embrasser :
Mais ces embrassemens me rendent tout de glace ;
Allez, engence de Huron,
Leur di-je, en les chassant, & depuis quand Héron
Vous a-t-elle cédé sa place ?
Assurément, vilains, vous étes bien hardis ;
Ecartez-vous, je vous le dis,
Si vous continuez, Marousles, à me suivre,
Et vouloir refroidir mes ardentes amours,
Ma Maîtresse, l'un de ces jours,
Saura bien vous aprendre à vivre.
Pour finir en deux mots, cette narration ;
Souvent par une illusion,
Dont mon ame n'est pas exemte,
Il me semble aussi vrai qu'un pigeon est sans fiel,
Que je nage dedans le Ciel,
Parce que l'eau le represente ;
La crainte d'en tomber me remplit de terreur :
C'est une marque de foiblesse,
Mais par bonheur pour moi, je connois mon er-
Par l'absence de ma Déesse. (reur,
C'est aussi, ma chére ame, objet de mon amour,
C'est ainsi que je passe, & la nuit, & le jour,
Lors qu'à mon grand regret, comme ce l'est au vo-
Le Ciel, jaloux de notre bien, (tre,
Nous tient séparez l'un de l'autre,
Au lieu que s'il serroit notre sacré lien,

Je ferois à l'abri des dangers d'un voiage,
Qu'il me faut, pour vous voir, entreprendre à la
nage.
La tempête a poussé ma patience à bout ;
Je reste jour & nuit debout,
Et la plûpart du tems, la tête à la fenêtre,
Dans l'espérance que peut être,
Jupin, touché de mes soupirs,
Adoucira le tems, & suivant mes desirs,
Facilitera mon passage :
Mais je n'atends pas davantage,
Après demain je pars, sans plus rien diférer.
Quel sujet peut avoir la mer de séparer
Deux amans qui de cœur, non plus que de pen-
Ne l'ont de leur vie ofencée? (sée,
Elle auroit sans doute eu raison
D'en agir de cette maniére
Avec l'infame Mirre & Cirinas son Pére,
Qu'elle gagna par trahison.
Ou pour ne rien dire de Faune,
Qu'on acuse d'un fait, mis au rang des oublis,
Avec la Lubrique Biblis,
Et son Frére le chaste Caune.
Peut être avec le tems, que l'horrible fureur
De ces impudiques Amantes,
Quoi qu'elles parussent contentes,
Leur auroit donné de l'horreur,
Ou fait céder à l'impossible,

Et

Et qu'une haute rive à leurs vœux inflexible,
Eut opéré dans sa saison,
Ce que ne pouvoit la raison.
Mais de quel crime abominable
Peut on acuser nos amours?
S'est il rien vû pendant leur cours,
Qui ne soit juste & raisonnable?
Et comme si la mer, pour traverser mes pas,
Aujourd'hui ne sufisoit pas,
Il faut qu'un houragan s'en mêle,
Et nous abime encore, & de pluie, & de grêle:
Qu'ils fassent tout ce qu'ils voudront,
Ou dans trois jours, au plus, ils m'extermineront;
Ou je pars: je ne puis plus vivre
Que je n'embrasse vos genoux.
J'ai sur mon Dieu maigri de vingt fois une livre
Depuis que je n'ai mis, Héron, le pié chez vous.
Si la tempête, toûjours rude,
Ne sauroit s'adoucir, depuis
Quelle ravage tout, j'avoue que je puis
Moins domter mon inquiétude.
Quelque grand que soit son dessein,
J'ai depuis que je suis sujet à votre empire,
Plus de passions dans le sein,
Qu'elle n'a jamais eu de vagues à conduire.
J'en dis autant d'Æole, à l'égard de ses vents,
S'il ne peut en borner la course;
Je puis bien moins tarir la source

De mes cuiſans ſoupirs, qui prenants les devans,
Me croient indigne de vivre,
Si pour courir à vous j'oublie de les ſuivre.
Permettez moi, mon cher mouton,
Que pour les imiter, je quite ce Canton,
Et vous aille joindre au plus vite:
Quelque grand que ſoit le danger,
On ne peut, ſans vous outrager,
L'égaler à votre mérite.
Je croi, malgré mes envieux,
Que je mourrai trop glorieux,
Quand votre Amour diſcret & ſage,
Auquel juſqu'à preſent, je me ſuis confié,
Pour ſon propre plaiſir, m'aura ſacrifié
Aux cruels demons de l'orage.
Si mon corps y périt, Madame, aſſurez vous,
Quand ils redoubleront leurs coups,
Mon eſprit intrépide, aura bien le courage
De ſeul achever le voiage,
Et de vous aller dire adieu,
Avant que de ſe rendre au lieu,
Où des couronnes éternelles,
Compoſées de Mirte, à ſix fleurons dorez,
Atendent les amans fidéles,
Que la mort avoit ſéparez.
Mais; ô Souverains Dieux, que di-je?
Je fremis au récit d'un lugubre prodige,
Qui n'arrivera que trop tôt;

N'é-

N'étant pas moins puiſſans que ſages,
Détournez ces fatals préſages,
Adouciſſez le tems & nos eſprits plutôt,
Afin que mes langueurs ne ſoient jamais réduites,
Au refus de votre ſuport,
A me porter d'avoir mon recours à la mort,
Qui n'a que de funeſtes ſuites,
Capables de plaire à Charon.
Ajoutez y du votre, agréable Héron,
La force de vos Sacrifices:
Peut être, ils nous ſeront propices,
Et répandront ſur nous leurs benédictions.
Quoi que l'orage ſoit terrible,
A vos touchans ſoupirs, il n'eſt pas impoſſible
Qu'il écloſe des Alcions:
Je ne croi pas devoir en citer un exemple.
Hatez vous ſeulement, entrez dedans le temple,
Avec vos pompeux ornemens,
Priez Vénus, notre Déeſſe,
Invoquez Adonis, l'objet de ſa tendreſſe,
Et le plus cher de ſes amans.
Tachez d'en obtenir que nous ſoions enſemble
Long-tems ce qu'ils furent entre eux:
Vous dites que je lui reſſemble,
Et moi, je jure par eux deux,
Que vous la ſurpaſſez de toutes les maniéres,
C'eſt pourtant entre nous, car je hai les procès;
Qui ſait ſi par là, nos priéres

N'en auront pas plutôt accès.
Après tout, ma charmante image,
Arrive tout ce qui pourra,
En perſonne dans peu, je vous rends un hommage,
Ou Lucifer s'en mélera.

EPITRE D'IPHIS A JANTHE.

Sujet de la Lettre.

LA dificulté d'un sujet,
Ou de quelque nouveau projet,
Pour métodiquement traiter d'une
sience
Prouve à coup sur, son excellence.
Cela paroit visiblement
Dans la lettre, qui suit cet avertissement.
Ligde, natif de Pheste, au dire d'un Poëte,
S'étoit fortement mis en tête,
Quel mal, qu'il en pût arriver,
Ou quelque impertinent que l'on le dût trouver,
De ne pas soufrir une fille
Dans le nombre de sa famille.
Thélétuse sa femme, étant encor sans fils,

Se delivra d'une femelle,
Qu'elle fit apeller Iphis:
La peine qu'elle en prit fut telle,
En l'élevant comme un garçon,
Que le Pére mordit lui même à l'hameçon.
Iphis, qui se croioit un male,
Bien tourné, beau comme Céphale,
Se mit avec le tems, en cette qualité,
A galantiser Janthe, autre jeune Beauté.
Leur amour devient réciproque,
Ils s'aiment passionnément, (que
Et veulent s'épouser. Loin que Ligde s'en cho-
Il donne à ce dessein, son plein consentement.
Mais Iphis à la fin, remarquant sa foiblesse,
Et ce qui lui manquoit pour pouvoir s'aquiter
Des devoirs d'un époux, il croit sans hésiter,
Devoir le dire à sa Maîtresse.
Il biaise, il souhaiteroit bien
De lui découvrir le mistére;
Il lui dit tout, & ne dit rien.
Cependant il perd tout courage,
Les Dieux en ont compassion,
Marque de leur afection,
C'est qu'au jour de leur Mariage,
Que l'acordé n'avoit en aucune façon,
Jusqu'au lendemain pû remettre,
Ils le changérent en garçon,
Voila le sujet de la lettre,

Aussi

Auſſi rare en éfet, qu'il s'en ſoit jamais vû :
Il mérite bien d'être leu.

LETTRE.

Oui, je puis contre mon atente,
Satisfaire, ma chére Janthe,
A votre curioſité,
Qui m'a chargé tantôt, avec civilité,
De vous faire ſavoir, ſans aucun artifice,
A l'iſſuë du Sacrifice,
Le lugubre ſujet de mon afliction,
De mes yeux abatus, de ma mine confuſe,
Puis que ma Mére Thélétuſe,
A ſa Solicitation,
Joint à ma fervante priére,
Vient par une faveur auſſi particuliére
Que pût nous acorder, ou Saturne, ou ſon fils,
D'obtenir aujourd'hui de la Déeſſe Iſis,
La guériſon du mal, qui m'eût couté la vie.
Avant cette grace infinie,
Que je n'oublierai jamais,
Il n'étoit pas en ma puiſſance
De vous en donner connoiſſance,
Vû que ce même mal me devoit deſormais,
Atirer auſſi votre haine.
En qualité de Souveraine,
Qui deſiroit pourtant de m'avoir pour époux,

Je ne devois avoir rien de caché pour vous,
Mais d'autre part, la bienſéance
Me ſembloit impoſer un éternel ſilence.
J'aurois eu beau me derober
A votre conſtante pourſuite,
Je prévois bien que dans la ſuite,
Je devois enfin ſucomber.
Le moins pénétrant de vos charmes
M'eût fait abandonner les armes:
Mon mortifiant déplaiſir,
Pour contenter votre deſir,
M'auroit fait poſtpoſer le devoir du ſilence
A celui de l'obéiſſance.
Bref, pour ma conſolation,
J'ai maintenant aux Dieux cette obligation
Que l'extréme douleur, dont je cachois la cauſe,
Me permet de vous la conter,
Et de vous parler du remède
Qu'une Déeſſe, à qui tout céde,
A bien eu la bonté d'y daigner aporter.
Mais laiſſons là cette matiére,
Puis que nous allons nous unir;
Vous aurez ſujet la premiére,
De m'en faire reſſouvenir.
Alors nous nous pourrons tout dire,
Alors tout nous ſera permi;
N'étant plus obligez de rien dire à demi,
Ce ſujet nous fera bien rire.

En atendant, vous ſouvient-il
Comment ces jours paſſez, par un détour ſubtil,
En inſultant à ma foibleſſe,
Vous vouliez découvrir d'où venoit ma triſteſſe?
Je devois être votre époux,
Mon Pére & vos parens, depuis nôtre bas âge,
Voiant que vous m'aimiez, que je n'aimois que vous,
Pour ſeconder nos vœux, vouloient ce mariage:
A qui mieux qu'à l'Himen pouvions nous nous vouer?
Sur cela, devenant réveur, mélancolique,
Mon deſaſtre alarma votre eſprit pacifique,
Qui ne ſavoit à quoi devoir l'atribuer.
Nous étions bien l'un avec l'autre,
Ma volonté régloit la votre,
J'étois prêt de vous poſſéder,
Et de voir pour mon bien, dans peu, tout ſuccéder.
Qu'auriez vous pû penſer la deſſus d'équitable?
Que n'étant pas, peut être, exemt de paſſions,
J'avois ailleurs placé mes inclinations?
Mais cela n'étoit pas, Madame, vrai ſemblable.
Vous avez éprouvé ma foi,
Il n'eſt rien ſous les Cieux, qui la peuvent corrompre,
Et vos charmes puiſſans m'ont impoſé la loi
De ne pouvoir ſans crime, eſſaier de les rompre:
Et ſi quelque injuſte ſoupçon,
Plus dangereux qu'un Hériſſon,

Vous

Vous eut fait tomber dans le doute,
Votre miroir, qui peint dans la perfection,
Vous en eut été caution.
En éfet, je suis sûr que l'éclatante voute,
Qui de son grand contour, renferme l'univers,
Ne contient point d'objet que la prose & les vers
Puissent, suivant que l'art & le bon sens l'ordonne,
Comparer à votre personne.
Vous étes, il est vrai, fort semblable au soleil,
Par l'éclat de vos yeux, par votre teint vermeil,
Mais lors qu'on le regarde, il obscurcit la vûë;
Au lieu, qu'ô prodige inoüi!
Je pourrois, fussiez vous, Madame, toute nuë,
Contempler vos raions, sans en être ébloui.
La conjecture ou l'observance,
Ne vous pouvant donner aucune connoissance.
Du funeste sujet de mon promt changement,
Aprenez moi, je vous suplie,
Me dites vous, d'où vient cette mélancolie,
Qui vous démonte entiérement,
Et fait que de douleur bien souvent je me pâme
Vous savez que depuis le tems
Que nous vivons ensemble, & joïeux & contens,
Comme si nous n'avions, & qu'un cœur, & qu'une
Je n'eus pour vous rien de secret; (ame,
Cependant aujourd'hui, je vois avec regret,
Que vous me cachez une chose,
Qui m'aflige, m'abat & me donne la mort,

Sans

Sans que mon déteſtable ſort
Vous porte à m'en dire la cauſe.
Pourquoi ces proteſtations
De vouloir expirer ſous mon obéiſſance?
Dans le tems qu'on admet de noires paſſions,
Contraires à mon ordonnance?
Un homme ſe peut-il dire mon ſerviteur,
Jurer que je ſuis ſa Maîtreſſe,
Et me faire un ſecret de ce qui m'intéreſſe,
Sans crainte en même tems de paſſer pour men-
Vos raiſons ſont mal compaſſées; (teur?
Si j'étois votre cœur, mais je vous pouſſe a bout,
Comme vous l'aſſurez, je ſaurois vos penſées,
Et rien ne vous faudroit, ſi j'étois votre tout.
Ligde a de beaux emploix, & pluſieurs bénéfices;
Vous avez comme lui, du crédit & du bien,
Vous étes fort bien fait, & vous n'ignorez rien.
En éfet, vous avez apris vos exercices,
Il n'eſt point d'Ecuier, pour monter un cheval,
A qui vous ne ſoiez un dangereux rival,
La Courſe, la Dance, les Armes, (mes,
Ont depuis le berceau, pour vous eu tant de char-
Que vous y ſurpaſſez les maîtres du métier.
Vous ſavez la Philoſophie,
Le Globe, la Géographie,
Et vous avez des Loix fait un cours tout entier.
Vous entendez bien la Muſique,
L'Hiſtoire, la Mathématique;

Æſcu-

Æſculape vous eſt connu ;
Enfin, ſans rien vouloir traiter par le menu,
Iphis, ſuivant mes connoiſſances,
Vous étes conſommé dans toutes les ſiences.
Ce n'eſt donc point cela. C'eſt moins quelque parent,
Qui loin d'avoir été pour vous indiférent,
Vous étoit plus cher que la vie,
Que la Parque inflexible, & mortelle ennemie
Des fragiles humains, par un fatal revers,
Vient de donner en proie aux vers.
Il vous eſt moins encor deſerté, que je ſache,
De vos amis, pour qui vous eſſiez de l'atache:
Entre le nombre des mortels,
Je doute que jamais vous en euſſiez de tels.
Vous n'aimez guére ſans connoître,
Mais quand vous aimez une fois,
Vôtre amitié ſe fait paroître
Moins variable que les Loix,
Où Jupiter lui même a joint quelque miſtére:
Et vos amis pareillement,
Vous connoiſſant loial, bon, fidéle, ſincére,
Vous aiment éternellement.
Enfin, on auroit tort de ſe donner la peine
De chercher avec ſoin, ſi ce mal dominant,
Qui tient mon eſprit à la Géne,
Et vous obſéde maintenant,
Ne vous eſt pas venu d'un revers de fortune,

Vo-

Votre Pére ni vous, n'avez fait perte aucune.
Au contraire, vos biens augmentent tous les jours;
Vous ne craignez, ni feu, ni guerres, ni tempêtes,
Rien ne peut arrêter le cours
De vos agréables conquêtes. (rien?
Que vous manque-t-il donc, s'il ne vous manque
Pourquoi vouloir mourir de deuil & de tristesse,
Sans m'en faire ouverture, à moi, qui m'intéresse
Dans ce qui vous peut faire, ou du mal, ou du bien?
Non, je ne le vaux pas, vous m'en trouvez indi-
Ce m'est un véritable signe (gne.
Que vous ne m'aimez plus; hé bien, allez ailleurs
Voir si vous trouverez, Iphis, une autre Dame,
Qui du plus profond de son ame,
Vous témoigne, Cruel, des sentimens meilleurs.
Ha! vous vous trompez, belle Janthe,
Vous répondis-je, alors, votre bouche éloquente,
Sans considerer ma douleur,
Insulte encore à mon malheur.
C'est une vérité qui n'est qu'à moi connuë,
Que je n'ai que vous seule en vûë;
C'est vous, qui causez tout mon mal.
Après vous sous les Cieux, il n'est rien qui me
touche,
C'est vous, qui me rendez muet comme une sou-
Parce que le destin fatal (che,
A mon bien, m'a privé du moien nécessaire,
De pouvoir jamais satisfaire

A mon légitime devoir:
Janthe, contentez vous de ne le point ſavoir.
La vie des parens eſt ſujette aux années,
Qui dépendent des deſtinées;
J'ai beau tendrement les aimer,
Leur décés ne ſauroit tellement m'alarmer,
Que mon ame, en maniére aucune,
Soit capable de s'en troubler.
Nos treſors ſont à la fortune,
Elle a beau de ſes biens maintenant nous combler,
Etant ſujette à l'inconſtance,
Je ne fais point de fond ſur ſa belle aparence,
Et ſi jamais l'adverſité
Succéde à ma proſperité,
Je doute fortement que l'homme le plus ſage
S'en aperçoive à mon viſage.
Pour un ami ſincére, il ne peut me quiter,
Que ſur le même pié qu'il ſe quite lui même,
Lors que par une rage extréme,
Il oſe à ſa vie atenter.
Etant obligeant & fidéle,
Et n'aimant perſonne à demi,
Comment un véritable ami
Pourroit il me chercher quérelle,
Et tacher, ſans ſavoir pourquoi,
De ſe ſéparer d'avec moi?
Il eſt à tous égards viſible
Que cela n'eſt pas bien poſſible:

A

A moins que ce même homme, autrefois bien sen-
N'eût alors le cerveau bleſſé. (ſé,
Mais ſi hors de toute aparence,
Ce malheur pouvoit m'arriver,
Je voudrois prendre patience,
Et tacher même encore à me le conſerver;
En l'exortant après cette chute funeſte,
D'imiter le flambeau céleſte,
Qui s'éclipſe ſans perdre un raion de clarté;
Au lieu que les fauſſes étoiles,
En ſe couvrant de ſombres voiles,
S'éteignent dans l'obſcurité.
Enfin, lui gardant mon eſtime,
Sans pourtant pouvoir le gagner,
Je lui pardonnerois ſon crime,
Afin de lui mieux témoigner
Qu'un naturel, bon & ſans vice,
Ferme aſſez naturellement
La plaie, dont le pus ſentoit horriblement,
Sans y laiſſer de cicatrice.
Si j'ai des ſentimens ſi pleins d'humanité
Pour biens, amis, parens, jugez, grande Beauté,
De ce qu'au fond du cœur, je ſens pour ma Maî-
treſſe,
Non, ce n'eſt que pour vous, Janthe, que la tri-
Me mine, m'acable d'enuis, (ſteſſe
Et m'a rendu tel que je ſuis:
Que cela vous ſufiſe, & ſi vous étes ſage,

Ne

Ne m'en parlez pas davantage.
J'avois beau, par tant de raisons,
Vouloir vous porter au silence,
Vous vouliez plus de complaisance,
Et ne vous païez point de mes comparaisons.
Il falut, malgré que j'en eusse,
En revenir souvent aux répétions,
Mais quelque fort que je me crusse,
A bien des lamentations,
Suivirent des torrens de larmes,
Qui redoublérent les alarmes.
Alors suivirent les assauts,
Mélez d'Amour & de colére:
Tantôt, pout soulager mes maux,
Et calmer les transports d'une douleur amére,
Vous me donniez un doux baiser,
Qui pénétrant mon cœur, manquoit de l'embra-
Et tantôt d'un regard farouche, (ser,
Acompagné d'audace, & d'un air de grandeur,
Vous insultiez à ma froideur,
Pour essaier par là, de tirer de ma bouche
Une confession, qui vous pût contenter,
Mais je ne faisois qu'hésiter,
Ou paier vos desirs de lassantes grimaces.
Pour acorder pourtant ma honte à vos menaces,
Je lachois de profonds soupirs,
Et des pleurs en votre presence,
Au lieu que je donnois l'essor à mes desirs,

Et

Et faiſois pour nous deux, des vœux en votre ab-
ſence,
Tels que de Jupiter ils m'étoient inſpirez.
Dès qu'on nous avoit ſéparez,
Je rentrois dans ma ſolitude,
Où repaſſant long-tems avec exactitude,
Tantôt ſur le deſtin maudit,
Puis conſéquemment ſur l'habit,
Qu'on m'avoit mis dès mon enfance,
Pour cacher aux humains un terrible défaut;
Pourquoi, diſois-je, hélas! on prétend qu'il le faut,
Mais pourquoi le faut il, pourquoi la tiranie,
Qu'entre nous la raiſon dévroit avoir banie,
Veut elle que l'amour, cette ardente amitié,
Lors qu'on fait choix d'une moitié,
Paſſe pour une loi, qui dure d'âge en âge,
Dans l'obligation du ſacré Mariage,
Dont elle fait le plus beau bien?
Peut-on imaginer un plus noble lien
Qu'eſt le vœu d'être en tout, & conſtant, & fidé-
Eſt-il de plus belle union (le?
Que d'être tout entier, & de cœur & de zéle,
Dans l'objet précieux de ſon afection?
J'avouë que les Dieux, à couvert de tout blâme,
Prétendent qu'ici bas, la propagation
Soit le fruit de l'Amour, que produit l'union,
Et dont l'homme ſe ſent embraſé pour la femme.
Supoſons cette vérité,

Et joignons y ceci du notre;
Pourquoi cette diverſité,
Qui les diſtingue l'un de l'autre?
En éfet, l'amitié dévroit prendre intérêt
A récuſer l'Auteur de ce cruel arrêt,
Puis que ſon fondement eſt en la reſſemblance,
Laquelle n'a dans ſon eſſence,
Rien de plus opoſé que ce qu'on ſait qui rend
Un objet, quel qu'il ſoit, d'un autre diférent.
Je ne vois aucune aparence
De nier qu'aujourd'hui la génération
Dépende évidemment de cette diférence:
Les Dieux, ſans conteſtation,
Ont trouvé ce moien, doux, agréable utile,
Autrement, il eſt clair, au dire des ſavans,
Qu'il ne leur auroit pas été plus dificile
De créer à la fois, tous les hommes vivans,
Que l'Olimpe, la Terre & leurs autres ouvrages.
Ils ſont tout puiſſans & tout ſages,
Il nous en faut tenir à ce qu'ils ont voulu,
Puis qu'après tout, il leur a plu
Que l'homme engendrât ſon ſemblable,
Cela nous doit être agréable.
Mais cette génération
Auroit pû s'être faite en une autre maniére,
Les climats diférens, la terre toute entiére,
Confirment cette opinion:
Il en eſt de tres acomplies,

Que

Que l'honnête pudeur contemple ſans rougir.
Bien des contrées ſont remplies
De divers animaux qu'on ne voit point agir
Pour perpétuer leur eſpéce.
Le Ciel chaſte & benin, fait découler ſans ceſſe,
Sur de nombreuſes nations,
Ses plus fécondes influences,
Qui ſans avoir d'un genre apris les diférences,
Secourent la nature en ſes productions.
Il eſt vrai pourtant que le ſexe
A la Divinité fut jadis un anexe,
Mais Saturne improuvant cette diſtinction,
Le délivra par ſa puiſſance,
D'une telle imperfection:
Comme enſuite Jupin, ſage dès ſa naiſſance,
En afranchit d'un coup de main,
Son bon & vénérable pére.
N'en pouvoit il pas autant faire
Aux habitans du monde, à tout le genre humain?
Pour moi, je ne le ſaurois taire,
Je croi que cela m'eut été plus ſalutaire.
Apollon, plus beau que le jour,
Dont les ſimples regards nous tiennent lieu d'amour,
Et duquel de tout tems, le ſexe eſt la Lumiére,
Ne laiſſe pas d'être le Pére
De l'or & de l'argent, des diférens métaux,
De nos riches moiſſons, des fleurs, des végétaux.

Cependant dans ſes amourettes,
Il ne cherche, ni nuit, ni réduits, ni cachettes,
Pour exercer l'amour, dont il ſe ſent épris:
Auſſi ne craint il pas d'être jamais ſurpris,
Comme Mars & Vénus le furent
Dans les rets de Vulcain, où ces malheureux eu-
Le chagrin de ſervir d'un ſpectacle odieux (rent
De riſée à mille autres Dieux.
Ou bien comme autrefois, le maître du tonnerre,
Le fut en mainte ocaſion.
Le Soleil, à couvert de la dériſion,
En plein jour, embraſſe la Terre;
Il eſt ravi que nous voïons
Que de ſes fertiles raïons,
Il la rende féconde Mére
De tant de biens exquis, dont lui ſeul eſt le Pére.
Que ſi c'eſt à nous un défaut,
En voulant aſpirer ſi haut,
De vouloir qu'un mari, pour éteindre ſa flamme,
Ne ſoit proprement à ſa femme
Que ce que ſont les Cieux & leurs aſtres char-
A ces terreſtres élémens, mans,
On ne ſauroit au moins, nous empêcher de tendre
Au bonheur du Phænix, qui renait de ſa cendre,
Et ſurmontant les loix d'un redoutable ſort,
Se ſurvit à ſoi même, & renait à ſa mort.
Par ce moien facile, & pourtant admirable,
L'homme engendreroit ſon ſemblable,

Et

Et ce qui nous enchanteroit,
L'homme en mourant, s'engendreroit.
Où, le principe de notre être
Pouvant venir d'ailleurs, si par arrêt des Cieux,
Nous ne méritons pas de naître
Des embrassemens de nos Dieux?
Suivant le droit de la nature,
Nous aurions pû, sans doute, être leur géniture,
Avec, si l'on veut, moins d'éclat.
Orion, ce Véneur insigne,
Qui, quoi que dans le Ciel, Diane l'instalât,
Parce qu'elle l'en trouvoit digne,
Sortoit de l'excrément du Nectar de trois Dieux,
Jupiter, Neptune & Mercure,
Pour païer Hiréus, chetive créature,
De ses actes religieux.
On sait que la voie Lactée,
De considérable largeur,
Par maint célébre voiageur,
Dans l'Olimpe si fréquentée,
Fut formée du lait de la sage Junon,
Lors qu'elle donnoit le teton
Au grand & redoutable Hercule;
Et ce, qui passeroit ailleurs pour ridicule,
Le peu, qu'il en tomba sur diférens païs,
Procura la naissance au Lis,
Que ne naissons nous de la sorte;
Est-il de raison assez forte,

Pour prouver qu'une ſimple fleur
Soit plus digne de cet honneur
Que n'eſt l'homme, eſtimé par ſon noble génie?
Hé bien, aïons recours à quelque autre moien,
Nous n'avons point de citoien,
Qui ne ſache que l'harmonie
Provient du ſeul acord des voix:
L'acord des volontez, répété mille fois,
Ne pourroit-il pas bien de même,
Et ſans nul autre ſtratagéme,
Engendrer un pauvre animal,
Qui ſeul raiſonne, bien ou mal?
Ces moïens ſont conſidérables.
Sinon, en qualité de ſimples miſérables,
Peut être un cinquiéme élément
Nous auroit indirectement,
Pû faire naître en ce bas monde,
Comme la mer, d'ailleurs féconde,
Nonobſtant ſa grande froideur,
En poiſſons, de toute grandeur,
Jette quantité de coquilles,
Et d'autres ſuperfluitez,
Sur des rochers, ſecs & ſtériles,
Où le haſard nous eut portez.
Enfin, ſans parler des Hiades,
Nous y pouvions venir comme l'ambre, dit on,
Vient des larmes des Héliades,
Qu'elles verſent encor pour leur cher Phaëton.
C'eſt

C'eſt ainſi que ma fantaiſie,
Comme d'un homme en frénefie,
Sembloit prendre de doux plaiſirs
A ſe jouer en votre abſence,
Contre devoir & bienſéance,
De mes légitimes deſirs.
Ce ſujet faiſoit mon étude,
Tant que dedans ma ſolitude,
Je pouvois réfléchir ſur les rigueurs du ſort,
Qui, pour me maltraiter à tort,
Et faire à ma Maîtreſſe une ſenſible injure,
Ne m'avoit pas donné tout ce que la Nature,
Après un ſincére examen,
Exige, pour remplir les devoirs de l'Himen.
Dès que vous paroiſſiez, je reſtois immobile;
Ne pouvant me voir ſi tranquile,
Vous reveniez à tout moment,
A vouloir découvrir la cauſe
De mon anéantiſſement:
Mais je reſtois la bouche cloſe,
Ou ſi je répondois, ce n'étoit qu'en biaiſant.
Je craignois qu'en vous inſtruiſant
Du ſujet de mon mal, je ne vous miſſe en peine,
Et n'atiraſſe votre haine.
Au lieu de toûjours héſiter,
Si je voulois vous contènter
Sur une queſtion, ſouvent mal entenduë,
Il m'arrivoit de dire, Hélas! je ſuis perduë.

Mais remarquant dans le moment,
Que j'avois fait un solécisme,
Oui, reprenois-je promtement,
Je suis comme un fragile Prisme,
Au travers duquel la lueur
Fait voir un même corps de plus d'une couleur.
Je suis une personne entiérement perduë,
Où la nature confonduë,
A peine à se déterminer.
Elle me montre à moi, de certaine maniére,
Et ne faisant que me tourner,
Votre œil, d'un autre point, recevant la lumiére,
Me voit tout d'un autre façon:
Tantôt fille, tantôt garçon.
Je ne dis rien là d'impossible,
Et mon discours pourtant n'est pas intelligible.
Tant que vous m'apelliez vos amours, votre cœur,
Et me traitiez de mes délices,
Cela me consoloit, mais, ô mon doux vainqueur,
De quels tourmens, de quels suplices,
Dont le plus fier tiran fut jamais l'inventeur,
Me sentois-je percer jusque dans les entrailles,
Et me déchirer de tenailles,
Lors que vous me nommiez votre cher serviteur:
Je pleurois, je fondois en larmes:
Cela redoubloit vos alarmes,
Vous vous mettiez sur mes genoux;
Comment! Iphis, me disiez vous,

Re-

Renoncez vous donc à vous même?
A la qualité d'homme & d'homme bien tourné,
Plus fort & vigoureux qu'il en soit jamais né?
D'où vous vient donc ce deuil extrême?
D'où proviennent ces pleurs & ces gemissemens?
Il n'est décés, malheurs, pertes, ni chatimens
Que, soit par politique, honneur ou bienseance,
Vous ne dussiez soufrir avec plus de constance.
Je vous prie, que dira-t-on
D'un amant, dont l'éclat me rend déja jalouse?
Sinon, sans doute, que j'épouse
Une fille, au lieu d'un garçon.
C'en est trop, reprenois-je, incomparable Janthe,
Il est vrai que je suis à mon chagrin soumis,
Mais les reproches d'une Amante
Touchent plus que ne font les coups des ennemis.
Vous prétendez que je m'oublie,
Hé bien, je consens d'avoir tort;
Est-il juste qu'on le publie,
Et qu'à l'afliction, on ajoute la mort?
Il faut être homme, je l'avouë,
Et donner jusque sur la rouë,
Des marques de virilité,
Mais c'est là la dificulté.
Des foiblesses chacun doit connoître la sienne,
On peut se montrer homme en quelque ocasion,
On l'est peu dans l'afliction,
Je ne le suis point dans la mienne.

O Jupin, Frére de Pluton,
Que reſſemblai-je à ſuthon,
Qui par la grace de Cibéle,
Etoit alternativement,
Tantôt mâle, tantôt femelle;
Ou, pour m'exprimer autrement,
Suivant mon intérêt, qui doit être le votre,
Pourquoi l'Artiſte Rhé ne m'a-t-elle égalé
A ce Thiréſias, dont on a tant parlé,
Qui fut à la fois, l'un & l'autre.
Penſez vous que devant être vôtre mari,
Je ne ſois pas, Madame, extrémement marri,
Dans cette fatale ocurence,
De n'avoir pas plus de puiſſance,
Pour me poſſéder un moment,
Et tant que nous ſommes enſemble,
Jouer le perſonnage, aſſez adroitement,
De l'objet auquel je reſſemble?
J'avois beau recourir à des alluſions,
Alégories fixions,
Vous faigniez finement que la moindre figure
Avoit raport à la nature
Des propos que vous me teniez,
Et par leſquels vous ſouteniez
Que le devoir d'un homme ſage
Eſt de réſiſter vaillamment,
Au plus horrible chatiment,
Auſquels ſont expoſez les mortels à tout âge.

Vous

Vous reveniez toûjours aux répétitions :
Je devois témoigner, en mes aflictions,
Plus de force & de grandeur d'ame,
Et montrer un cœur d'homme & non pas d'une femme.
Vos avertissemens, vous disois-je, une fois,
Ont bien moins de corps que de voix ;
On se moque de leur sufrage :
S'il est rien qui me puisse aporter du secours,
Et procurer quelque avantage,
Ce sont des vœux : il faut changer ces vains discours,
En de tres ardentes priéres,
Pour obtenir du Ciel, la source des lumiéres,
Les biens que vous me souhaitez.
Si mes vœux étoient écoutez,
Vous seriez, disiez vous, ou je meure martire,
A l'instant tel, qu'on vous desire.
Oui, tous vos vains détours ne m'empécheront pas
De vous aimer jusqu'au trépas.
Je ferai plus, Iphis, ce n'est point un miracle,
Puis que vous dépouillez avec quelque hauteur,
La qualité de serviteur,
Pour prendre celle de l'Oracle,
Qui ne parle qu'obscurément,
Et n'entonne que des mistéres.
Il est juste presentement,
Que comme aux Dieux les plus Austéres,
Lors que sur tout, ils sont courroussez contre nous,

Je ne vous parle plus desormais qu'à genoux.
Cependant, dans ces entrefaites,
Cherchant toûjours quelques défaites,
Je n'envisageois point d'objet,
Qui ne me fit former quelque nouveau projet,
Ou bien que je n'apostrophasse.
Un jour croïant naïvement
De voir Deucalion en face,
Ce Deucalion proprement,
Auquel dans le tems du Déluge,
Jupiter donna pour refuge,
Le plus gros de tous les vaisseaux,
Pour le faire échaper à la fureur des eaux,
Au lieu qu'il ne fut créature,
Qui n'y trouvât sa sepulture: (ment
Le pauvre homme étant seul, & ne sachant com-
Il pourroit repeupler le monde entiérement,
Ramassa des cailloux, & les jettant à terre,
Les Dieux faisoient que chaque pierre
Se métamorphosoit en un mâle bien fait:
O saint Deucalion, m'échapa-t-il de dire,
Tu tenois alors en éfet,
Le reméde de mon martire.
Une autrefois, plein de courroux,
Je m'adressois à la nature:
Méchante, lui disois-je, O mére de nous tous,
Que vous ai-je donc fait, moi, pauvre créature,
Pour m'avoir refusé ce que si librement,

Vous

Vous donnez ordinairement
Au moindre homme que l'on voit naître,
Et qui dans certains cas, peut être,
N'en est guére reconnoissant;
Au lieu si vous m'aviez otroié cette grace,
Que, tant qu'au blond Phæbus, cet Astre bondissant,
J'aurois du monde entier, vû parcourir l'éspace,
Je me serois fait un honneur
D'encenser à votre grandeur.
Vous avez acordé des qualitez à Janthe,
Dont elle a lieu d'être contente;
Il ne lui défaut rien, beauté, condition,
Elle a tout ce qu'elle a, dans la perfection.
A moi, tout manque hélas! Quoi, le cœur, la cervelle?
Non, il s'agit ici d'une autre omission,
C'est une omission, Cruelle,
Une omission, telle, quelle,
Digne de malédiction,
Laquelle au lieu d'un tel, fait paroître une telle.
Vous m'avez refusé ce qui cause mes maux,
Ce que vous acordez aux autres animaux,
Aux insectes les plus nuisibles,
Et mêmes aux corps insensibles.
L'Aiman atire un autre aiman,
Chaque parcelle une partie;
Ou s'ils ont de l'antipatie,

Ils se fuient également.
Le Palmier courtise la Palme;
Et les Zéphis, en tems de calme,
Font des caresses à la mer,
Capables de s'en faire aimer,
L'encens le plus pur est le mâle,
Qui sert lors que l'on doit au temple oficier
La femelle est le plus grossier.
Et parmi les pierres, l'Opâle,
Ou celles que l'on voit indisputablement,
Ressembler beaucoup moins aux Astres qu'à a terre,
Et n'avoir que le feu du verre,
Sont les femmes du Diamant.
Vous joignez bien, Dame nature,
De bon gré, ces espéces là,
Car ce n'est pas à l'avanture,
Je doute que jamais personne crût cela:
Mais j'ai beau suplier, vous étes inflexible,
Il semble qu'il soit impossible
Qu'un jour ma Janthe & moi, nous puissions être joins.
Souvent pendant une heure au moins
Je priois humblement l'obligeant himénée,
Si c'étoit notre destinée,
De nous procurer au plutôt,
Les ustenciles de ménage,
Nécessaires au mariage:

Et

Et de peur d'être enfin, condanné par défaut,
A la cour du Dieu du tonnerre,
Et m'écriois. O Jupiter;
Vous qui savez ce que nous sommes,
Et sur quoi Janthe doit conter,
O grand Dieu, rendez moi comme les autres hommes.
Nous vous le demandons religieusement,
Et promettons avec serment,
D'en rester à jamais vos humbles redevables.
Autrefois, on le sait, ce ne sont point des fables,
Du sang des rebelles géans,
Vous fites des gens obligens,
Des hommes vigoureux, bien faits, à beau visage:
Mais ce qui surprend davantage,
Vous transformâtes les fourmis,
Et bien des potirons en hommes.
S'il vous faloit de grosses sommes
Pour ne nous plus devoir traiter en ennemis,
On verroit ce qu'on pourroit faire;
Moi, ma chére Janthe & ma Mére,
Quoi qu'en rares bijoux, il nous en pût couter,
Tacherions de vous contenter:
Mais vous futes toûjours honnête & généreuse.
Acordez moi ce qu'il me faut,
Vous me délivrerez par là d'un grand défaut,
Et rendrez ma Maîtresse heureuse.
Je vous le demande, pour moi,

Je vous en conjure pour elle.
C'en est fait, oui, cessez de soupirer, ma belle,
Les Dieux m'ont fait selon ma foi,
Suivant votre mérite, & nos larmes améres :
Ils ont exaucé nos priéres.
Nous avons obtenu de leur divin suport,
Par leur Souveraine puissance
Ce dequoi la nature, à tort,
Avoit cru me devoir priver à ma naissance.
Sachez que votre Iphis n'a plus presentement
Besoin d'aucun déguisement.
Je puis, grace à la Providence,
Me nommer en toute assurance,
Et sans aucun danger de passer pour menteur,
Votre fidéle serviteur.
Il se peut que ce fait ne soit pas sans exemple,
On le prétend, quoi qu'il en soit,
Il est certain, puis qu'on le voit,
Qu'étant ma Mére & moi, prosternez dans le temple,
Où nous avions ofert à la Déesse Isis,
Plusieurs Sacrifices exquis,
J'ai senti dans mon corps un mouvement terrible,
Et qu'il me seroit impossible
De vous representer en aucune façon.
Je vous laisse à juger de mon trouble, Madame,
Enfin, je remarquai que j'étois, sur mon ame,
De fille devenu garçon.

O Ciel ! di-je alors à ma Mére,
Je ne ſai preſque ce que j'ai,
Je me trouve ſi fort changé
Que je ne ſaurois vous le taire.
Le ſujet étoit ſi touchant,
Qu'elle en penſa mourir de joie ſur le champ.
Oui, Janthe, mes amours, telle fut ma naiſſance,
Qui ſans doute, eut chez vous paſſé pour médi-
Si quelque etranger fut venu, (ſance,
Qui vous en eut entretenu.
C'étoit là, mon enfant, le ſujet de mes plaintes,
Sujet, qui me faiſoit uſer de mille feintes,
Et qui m'empêchoit de m'ouvrir,
De crainte que par là venant à découvrir
Qu'à tort, je vous avois priſe pour ma Maîtreſſe,
Vous ne mouruſſiez de triſteſſe,
Et changeaſſiez l'afection,
Que vous m'aviez toûjours portée,
En une noire averſion.
Je vous ai cent fois acoſtée,
Dans le deſſein, de peur de vous plus amuſer,
Et ne me ſentant pas propre à vous épouſer,
De vous faire enfin ouverture
Du tort que m'avoit fait ma mére, ou la nature,
L'une en cachant mon ſexe avec beaucoup de ſoin,
L'autre, en me refuſant ce que j'avois beſoin
Pour remplir les devoirs qu'un doux himen exige:
Oui, mille & mille fois, vous di-je,

J'ai

J'ai pensé vous tirer Janthe de votre erreur;
Je disois tout en votre absence,
Mais, ma chére, en votre presence,
Cet aveu me faisoit horreur.
Je ne pouvois vous faire une fatale histoire,
Qui ternissoit toute ma gloire,
Et devoit vous causer la mort.
Mais pourquoi plus long tems traiter cette matié-
Puis que l'auteur de la lumiére, (re?
Le Souverain maître du sort,
Pour benir notre Mariage,
Vient de me faire une faveur,
En quoi consiste le bonheur
De ceux qui par amour, se mettent en ménage?
Adieu, jusqu'à tantôt, que par un autre son,
Qui vous chatouillera l'oreille,
Je vous chanterai la merveille
D'une fille qu'Isis a changée en garçon.

EPITRE DE ZEPHIR A FLORE.

Sujet de la Lettre.

POur peu qu'un amant ſoit honnête,
Lors qu'il trouve un objet digne de ſon amour,
Il lui fait aiſément huit ou dix ans ſa cour,
S'il croit pouvoir un jour en faire la conquête.
Mais aïant bien couru, s'il ſe voit rebuter,
Il perd tout d'un coup patience,
Et quoi qu'il en puiſſe couter,
Uſe ſouvent de violence.
Il ne faut, ſans beaucoup réver,
Qu'un exemple pour le prouver.

Zéphir, humble & galant, aimoit à la folie,
Cloris, la Déesse des fleurs;
Elle, pour exercer les cruelles rigueurs,
Qu'inspire un dedaigneux genie,
Le fuioit sans ménagement,
Par tout continuellement:
Et loin de vouloir condécendre
Aux propositions qu'il fait,
Elle le brusque, elle le hait,
Et ne veut pas même l'entendre.
Zéphir se voiant maltraité,
Se lasse & lui remontre avec civilité,
Que si persévérant dans son humeur altiére,
Elle ne préte point l'oreille à sa priére,
Il prendra le parti de la violenter.
Mais avant que d'exécuter
Une dessein qui devoit surprendre cette belle,
Voici la lettre en gros, marquée de son seing,
Que d'une métode nouvelle,
Il composa lui même, & lui fit mettre en main.

LETTRE.

A quoi pensez vous belle Flore,
Seule Déesse, que j'adore?
Après que vos beaux yeux, ces tirans de mon cœur,
M'ont insensiblement, par un doux artifice,
Atiré dans votre service,

De

De me fuïr avec rigueur?
Ne ſavez vous pas, ma Charite,
Que pour là, vous mettez votre propre mérite
Au rang de vos fatals oublis,
Et mes ſacrez devoirs, fermement établis,
Suivant de Cupidon les juſtes ordonnances,
Dans le nombre de mes ofences?
Vous imaginez vous, par ce dur traitement,
De triompher un jour de ma perſévérance,
A vous aimer inceſſament?
Et par l'horible éfet d'une noire arrogance,
Remporter, malgré moi, pour ma punition,
Sur une réſolution,
Priſe avec maints ſermens, de vous ſuivre à la trace,
Juſqu'aux extrémitez de la vaſte ſurface
Du Globe, que nous habitons,
L'avantage d'avoir fait tourner la cervelle
A votre amant le plus fidéle
Qui fréquenta jamais ces fertiles Cantons?
Non, ne vous trompez pas, je ſuis infatigable,
Et ſans me point laſſer du tout,
Je parcours aiſément, de l'un à l'autre bout,
Le ſpatieux contour de la Terre habitable.
Comme la roue d'Ixion,
J'emprumte de mon centre une force éficace,
Qui pour des monts & vaux, courir le grand eſ-
Me tient dans l'agitation. (pace,
C'eſt tenir votre Amant, chére Flore en haleine,
Mais

Mais ſans lui faire aucune peine :
Votre foible complexion
Vous oblige à courir de bocage en bocage,
Et chercher avec ſoin l'ombrage
De quelques arbriceaux toufus ;
Au lieu que ma vaſte carriére
S'étend des noirs climats, où ſe couche Phæbus,
Juſqu'à l'étoile matiniére.
Ailleurs je conſens librement
Que vous me ſurpaſſiez, Cloris, infiniment,
Mais à la courſe, en vain vous voudriez paroître,
Vous m'y verrez toûjours le maître.
La foudre, que l'on craind pour ſes triſtes éfets,
Va moins vite que je ne fais.
Fort inutilement vous tacheriez de même,
Portée d'un mépris extréme,
De me vouloir ailleurs faire adreſſer mes pas ;
Non, je ne me rebute pas.
Je ſai que le métier des Belles
Eſt d'être fiéres & cruelles :
Mais quoi que nonobſtant mes ſoins,
Vous échapiez à mes pourſuites,
Je ne prétens jamais vous en eſtimer moins ;
Votre legéreté, vos fuites,
Ne m'empécheront pas d'être toûjours conſtant,
Oui, je vous aimerai pourtant.
Quoi que vos rigueurs déteſtables,
Me paroiſſent épouvantables,

Elles

Elles le cédent néanmoins,
Aux charmantes beautez, dont les Dieux sont té-
Que Cibéle vous a données; (moins
Les loix, les mieux imaginées,
Veulent que ces mêmes rigueurs,
Et vos glaçons, & vos aigreurs,
Le cédent à ma patience,
Et soient vaincus par ma constance.
Quand vous auriez fait un serment
De me vouloir toûjours traiter cruellement,
Je jure aujourd'hui par vous même,
C'est bien l'un des plus grands sermens
Que puissent faire les amans;
Car par qui mieux jurer que par ce que l'on aime?
Je jure par votre beauté,
De mesurer le tems de ma persévérance
A l'aune de votre arrogance,
Et de votre sévérité.
Ce seroit faire tort aux charmes,
Qui causent toutes mes alarmes,
D'oser seulemeut concevoir
Que le moindre ait moins de pouvoir
Pour m'atirer, sans stratagémes,
Chargé de fers, à vos genoux,
Que vos dédains les plus extrémes,
N'en ont pour m'éloigner de vous.
Comment! vous me fuiez, tigresse,
Bien loin d'en agir en Maîtresse,

En-

Envers votre humble ſerviteur,
Vous me traitez avec hauteur,
En ennemi mortel, en tigre, en loup vorace,
Indigne de la moindre grace:
Cependant il n'a point paru
Que votre cœur, à mort, autrefois fut féru,
Par les devoirs & les hommages,
Que vous rendirent humblement
Les Faunes, les Silvains, les Nimphes des boca-
Quand de votre conſentement, (ges,
Ces Divinitez, qu'on adore,
Au milieu des Jeux & des Ris,
Changérent prudemment votre nom de Cloris,
En celui de la belle Flore:
Pour marquer poſitivement
Qu'un jour vous ſeriez mon Epouſe,
Mon Idole, & conſéquemment,
Oeps dût elle de rage, en devenir jalouſe,
La Reine des émaux des chams,
Qui me ſont échus en partage,
Dès que le noir Caos, plus ancien que le tems,
Enfanta l'Univers pour durer d'âge en âge.
Vous me fuiez, mon cher vainqueur,
Pouvez vous emporter mon cœur?
Cette indigne action vous eſt elle permiſe?
Eſt-il ſtatut qui l'autoriſe?
Sans me permettre en même tems,
De vous ſuivre à la trace, & par prez, & par chams,

Du

Du lever du ſoleil juſqu'au ſoir, qu'il ſe couche,
En vûë de pouvoir de bouche,
Vous confirmer le don d'un bien que Franchement,
Vous m'avez enlevé pourtant furtivement;
Et lui joindre de plus, par la loi du Digeſte,
L'ofre de tout ce qui me reſte?
Ne biaiſons point, allons au but,
Quel crime ai-je commis, quelle faute ai-je faite?
Qui, pour commettre un mal, ſi jamais il en fut,
Favoriſe votre retraite?
Je vous aime, il eſt vrai, Madame, c'eſt un fait,
D'où procéde notre quérelle,
Mais la raiſon pourquoi, c'eſt que vous étes belle,
Et ſi la cauſe doit répondre de l'éfet
Quelle produit? jugez, vous étes équitable,
Qui, de vous, ou de moi, doit être ici coupable.
Je penſe à vous fuïr, pourquoi m'atirez vous?
Suis-je des Déitez, la plus fiére de tous?
L'auteur de vos atraits, comme j'en ſuis l'eſclave?
Mon diſcours eſt ſincére & grave,
Je vous parle du fond du cœur;
Répondez moi, l'obéiſſance
D'un captif gemiſſant, qui n'a nule puiſſance,
Ne dépend elle pas toûjours de ſon vainqueur?
A qui peut-on, en conſience,
Imputer la ſoumiſſion
D'un ſujet, pauvre, foible & ſans protection,
Qu'au

Qu'au tiran, qui l'exige avec outrecuidance?
Servez vous de votre raison,
Songez à ce, qui vous convie,
Profitons, l'un & l'autre, a present de la vie,
Nous en sommes dans la saison.
L'Himen nous veut voir en ménage
Il n'atend plus que le moment
D'être couronné richement
Des Lis de nos beautez, des roses de notre âge.
La Nature elle même est ma chére, en Amour,
Conformons nous à son exemple,
Si le Printems lui rit, l'admire, le contemple,
Elle lui répond à son tour.
Il n'est sur la terre habitable,
Etres vivans, jeunes, ni vieux,
Qui pour en témoigner leur joie inexprimable,
Ne s'exercent, à qui mieux mieux.
Les émaux des coteaux, des valons, des rivages,
En sourient au firmament.
Les vents en parlent aux feuillages;
Les ondoians ruisseaux, ravis d'étonnement,
En causent avec les préries:
Les oiseaux des forets, comme de réveries,
Capables de charmer les sens,
En entretiennent les passans.
L'amateur de la simphonie,
Le petit rossignol en recite les airs
Qu'il s'est donné le soin d'aprendre les hivers,

Du

Du moment qu'il naquit chez la belle Hermonie.
Phæbus, qu'on croit ſans ſentiment,
Dépouillé juſqu'à la chemiſe,
Se conſume de convoitiſe,
Et brûle dans ſon cœur continuellement.
Les Napées & les Driades,
Prennent même plaiſir à ſe voir cajoler
Dans de ſombres taillis, ou du moins régaler
De quelques lacives oeillades
Des ſatires, qui ſans ceſſer,
Se plaiſent à les pourchaſſer.
Eco, qui n'eſt que voix & roche,
Demande à chacun, qui l'aproche,
Ce que Narciſſe eſt devenu.
Il n'eſt point d'Adonis qu'un deſir ingénu,
Impitoiablement ne preſſe
De ſe joindre à Vénus, leur Charmante Maîtreſſe;
Ni de tendres Muguets, qui malgré leurs rivaux,
Ne cherchent avec ſoin, & les monts & les vaux.
Aions un peu de ſimpatie
Avec les habitans de ce vaſte Univers,
Acompliſſons enfin, les Oracles qu'en vers,
Cent fois a rendus la Pithie,
Au ſujet de notre union:
Car après tout, Cloris, je ſuis d'opinion
Que, nonobſtant votre air, vos grimaces, vos geſtes,
Vous ne ſongez au fond, rien moins qu'aux Dieux céleſtes,

Ausquels la vaine ambition,
Inspire de l'aversion
Pour les Déesses bocagéres
Et leur fait à coup sûr préférer des Mégéres,
Qui pour remplir leur vanité,
Se disent de leur parenté.
Les rustiques Silvains, les monstrueux satires,
Et les Faunes lacifs, vous acommodent moins;
Je sai, les Cieux m'en sont témoins,
Que quand ils soufriroient pour vous mille martires,
Vous les dédaigneriez toûjours;
Leurs services leurs soins & leurs galanteries,
Ne sont à votre égard, que pures singeries,
Que vous traitez de simples tours,
Pour lesquels je puis même dire
Que vous n'avez pas daigné rire.
Je ne craindrai point de rival,
Pourvû que vous preniez la peine
D'examiner à fond le célébre Canal,
Qui du val terrien, m'a conduit sur la Céne,
Où vous n'ignorez pas que je jouë à vos yeux,
Un personnage glorieux:
Et que vous pensiez bien de même,
Quel est au vrai, l'objet, que j'aime
D'un amour violent, qui n'a point son pareil.
Je suis fils de l'Aurore, & Neveu du Soleil;
Borée & les Autans, les véritables péres

Des

Des pluies, des glaçons, ſont de même mes Fréres:
Tous mes parens vous ſont connus.
Mais mettons les choſes au pire;
Quand vous n'auriez jamais oui dire
D'où mes ancétres ſont venus,
Je n'en demande point de meilleures nobleſſes
Que ceux que les Dieux & Déeſſes
Me ſont témoins qu'un jour, parlant de la beauté,
Et de cette douceur, de cet air enchanté,
Que vous m'atribuez juſqu'au degré ſupréme,
Vous eutes la bonté de déclarer vous même
Que ſi la raiſon avoit cours,
Je devois avoir pris naiſſance des Amours.
Etant l'eſprit par excellence,
Qui de ſa propre quinteſſence
Viviſie les fleurs, ces éclatans émaux,
Dont les ſtupides animaux
N'ignorent pas que la nature
Enrichit ce vaſte Univers,
Et les étez & les hivers,
On ne ſauroit nier, ſans me faire une injure,
Qu'en dépit de l'Ambition
Des plus glorieuſes Déeſſes,
Je ſuis un digne objet de leur afection,
Qui mérite de droit, qu'elles ſoient ſes Maîtreſſes,
Car enfin eſt il rien de plus beau que les fleurs?
Soit par raport à leur nature,
A la variété de leurs rares couleurs,

A la charmante contexture
Des parties, qui font, dans leur arrangement,
Un si notable changement ?
Est-il rien de plus agréable ?
Rien, qui captive plus les sens ?
En un mot, est-il rien, à la prendre en tous sens,
Qui soit plus doux & plus aimable ?
Les ravissans émaux sont des quatre saisons,
Les diférentes pierreries,
Et les Astres brillans sur tous les horisons.
De quel usage, je vous prie,
Ne sont pas en tous tems, ces bijoux précieux?
Ils servent constament de couronnes aux Dieux,
D'ornement a chaque victime.
On en enrichit les autels;
On en fait des bouquets aux Dames;
Et pour montrer aux saintes ames
Que les plus vigoureux mortels
Sont fragiles comme le verre,
On en jette sur les tombeaux.
Ceux que l'Himen, sous ses Drapoaux,
Destine à la plus douce guerre
Que des amans fougueux se livrent ici bas,
Avant que d'en venir à de fréquents combats,
En jonchent leur champ de batailles,
En signe des souhaits, qu'ils font également,
De se voir à foison, avant leurs funérailles,
Des rejettons douez de pareil agrément.

La Propreté n'a pas l'audace
De marcher ſans leur netteté.
Leur parfum ſuit la volupté ;
Et la vanité même en convoite la grace.
Pour prouver encor que les fleurs,
Nonobſtant qu'elles ſoient changeantes,
Sur tout à l'égard des couleurs,
Sont ſans contredit, obligeantes,
Voiez avec quel ſoin elles cachent aux yeux,
La ſterilité des Montagnes,
Et parent les vaſtes Campagnes,
Couvertes de froment & de fruits précieux.
Trouve-t-on rien dans la nature,
Composé plus artiſtement ?
Il n'eſt pas un ſeul élément
Qui ne travaille à leur ſtructure.
Le feu ſubtil, par ſon ardeur
Y fait couler l'or pur, l'Air entre en leur odeur,
L'Eau leur fournit l'argent, néceſſaire aux peintures,
Et la Terre avec Art, s'emploie aux bigarures.
Dans ce pompeux état, il n'eſt rien ſous les Cieux
Qui ſatisfaſſe mieux les yeux.
Ils trouvent en éfet entre elles,
Les celeſtes fanals, les Pierres les plus belles,
Que produit la Terre ou la Mer,
Un plus juſte raport qu'on ne peut l'exprimer.
C'eſt ainſi que l'Héliocriſe,

Fleur qui charmoit le vieux Anchiſe,
Au même inſtant que le Soleil,
De ſes raions ſubtils, la dore à ſon reveil,
Brille comme la Chriſopaſe,
Et ſans prétendre uſer d'emphaſe,
Surpaſſe l'ambre en ſa couleur,
Et lui diſpute la valeur.
Celles d'un jaune obſcur ſont telles
Que les étoiles de Jupin,
Et font honte, ſur tout à l'abord du matin,
Aux Hiacintes les plus belles.
Les Damacénes & les Lis
Ont la blancheur des Perles fines;
Les rouges tiennent des Rubis,
Et de Mars, quand Vénus ſa femme eſt en géſines.
Celles qui portent l'incarnat,
Ont une reſſemblance entiére
Avec l'étoile matiniére,
Et la pierre d'Onix, lors qu'elle a de l'éclat.
Les fleurs livides, & les vertes,
Et les bleües un peu couvertes,
Correſpondent parfaitement
A ſaturne acuſé d'un froid tempérament;
Aux Calcedoines, aux Topaſes,
Aux Emeraudes & Saphirs.
Enfin les prez, les monts, & les Campagnes raſes,
Où régnent les tendres Zéphis,
Ne portent point de fleur de couleur bigarée,
Qui

Qui ne convienne à la livrée
Que Mercure, d'ailleurs assez capricieux,
Porte des clairs flambeaux des Cieux,
Et ne ressemble à l'Amétiste,
A l'Opale, à l'Agate & semblables bijoux,
Taillez par une main artiste,
Et d'un éclat qui rend souvent Phæbus jaloux.
Mais outre cette convenance,
Elles sont la plûpart, d'une illustre naissance.
Le Lis, dont la blancheur en plein jour, éblouît,
Indispensablement naquit
Du Lait de Junon la Déesse,
Lors qu'alaitant son fils Vulcain,
Devant son Frére l'Afriquain,
Qui se piquoit aussi de lui faire caresse,
Il coula par hasard, de ce suc précieux,
Le long de la voute des Cieux,
Et par la volonté du maître du tonnerre,
Il en tomba de même un filet sur la terre.
Un autre fait encor qu'on ne peut disputer,
C'est qu'autrefois la violette
Fut créeé de Jupiter,
Pour en repaitre Jo, que ce vaillant Athléte
Avoit, pour abuser Junon,
Qui, quoi qu'elle en connût le nom,
Ignoroit un tel artifice,
Métamorphosée en genisse.
L'Amarac n'est-il pas le filleul du Soleil ?

Et la fleur de Vénus, ou l'odorante rose,
Distingueé par son vermeil,
Du sang pur d'Adonis une métamorphose?
L'Iris, que les mouches à Miel
Visitent avec soin, au lever de l'Aurore,
Est issuë de l'arc-en-ciel,
Et légitime enfant de ce beau Météore.
L'Ericrise porte le nom
De cette Nimphe bocagere,
Qui de sa propre main la cueillit la premiére.
L'Héliante d'un grand renom,
Qui le jour & la nuit, en quelque tems qu'il fasse,
Regarde le Soleil en face,
Est Clitie, qu'anciennement,
Cet Amant aimoit tendrement.
L'on sait assez que l'Hiacinte
A retenu le nom d'un de ces Juvenceaux,
Dont Apolon & moi, comme deux Lionceaux,
Nous sommes bien du tems, Dieu sait par quelque
Disputez la possession. (quinte,
Le furieux Aiax, ému de passion,
Nous exprime à cette heure encore
Le deuil cruel, qui le devore,
Par les caractéres plaintifs,
Que ses esprits les plus actifs,
En sortant par bouillons, de sa plaie béante,
Avoient gravé dessus la plante,
En laquelle il se vit changer en un moment.

L'Hé-

L'Hélénium sortit incontestablement,
Des larmes de la belle Héleine.
Et si l'on se donnoit la peine
De penser aux éfets de l'Arc & du Carquois
Du petit Cupidon, on verroit qu'autrefois
Le Nénuphar étoit une Nimphe jolie,
Qu'Hercule aimoit à la folie,
Mais que la jalousie, à l'ombre d'un buisson,
Transforma de cette façon.
Je ne dirai rien de Narcisse,
Devenu la fleur de son nom,
De Crocus, de Smilax, que le peuple novice,
Nomme Safran & Liseron.
Je tais pour éviter une longue séance,
Un nombre indéfini de gens,
Qu'il est sans contredit, hors de notre puissance
D'exprimer dans dix jours, ni même dans dix ans,
Qui se sont dépouillez de leur premiére forme,
Pour prendre celle de mes fleurs,
Et se voir sous l'éclat des plus vives couleurs,
Renaitre les étez à l'ombre du viel Orme,
Ou Pan rassamble les amans,
Pour s'y guérir de leurs tourmens.
Il n'est divinité polie,
Lors que pour faire des rivaux,
Elle veut paroître jolie,
Qui de ces précieux émaux,
Ne se pare avec artifice.

C'eſt pour cela que le Narciſſe,
Des l'enfance du monde, eſt le chapeau des Dieux.
Amour eſt toûjours curieux
De porter ſur ſon ſein, un bouquet d'Amarante,
Et Diane n'eſt pas contente
Si ſes adorateurs, juſques au lendemain,
Diférent de lui mettre en main,
Pour mieux repreſenter ſa Majeſté Divine,
Un ſceptre enrichi de Mircine.
Enfin, les filles de Jupin,
Les neuf Muſes, dès le matin,
Se couronnent de palme, entrelaſſé de roſes,
Toutes nouvellement écloſes.
Les Heures, chargées de fleurs,
Des plus agréables couleurs,
Vont ſur le point du jour, en faire des ofrandes
A nos Divinitez, & petites, & grandes.
Les Charites en font les précieux atours
De la Déeſſe des Amours:
Elles en tapiſſent ſon voile.
Cette aimable Vénus ne ſe croiroit pas belle
Si ſes reins, ſa ceinture & ſon bas vétement,
Etoient deſtituez de ce riche ornement:
Ce qui, comme il paroit, montre qu'elle m'adore,
Et deſire ardemment de devenir ma Flore.
Après cela, jugez s'il eſt en vérité,
Sous les Cieux, hormis vous, une ſeule Beauté,
Qui s'oſât comparer aux émaux des montagnes,

Et

Et voulût s'égaler aux fleurs de nos campagnes?
Elles ont le teint frais, uni, doux & vermeil :
Au lieu que le sexe, au soleil,
Se hâle; sa clarté les blanchit comme cire,
Et sa chaleur leur donne un air, que l'on admire.
Elles n'ont pas besoin d'un masque de velours,
D'un voile précieux, ou d'avoir leurs recours
A d'autres machines semblables :
Loin que le Ciel & l'air leur fassent aucun tort,
Et les rendent desagréables,
Les raions les plus vifs, que par un doux éfort,
Le bel astre du jour lance ici sur la terre,
Jaunissent les soucis ; & comme du tonnerre,
Le redoutable éclair met en flamme les bois,
Allument la sanguine, & l'ouvrent à la fois.
La rosée, qui tombe à l'Aspect de l'Aurore,
Dessille les boutons, qui sont tout prêts d'éclore,
La fraicheur les avance, & sans rien diférer,
Le jour presse Phæbus d'entrer dans sa carriére,
Pour les venir considérer.
Qui n'en seroit épris, la Vierge la plus fiére
Envers ses fidéles amans,
Ne sauroit voir un pré que certains mouvemens,
Dont elle n'est point la Maitresse,
Ne lui fassent porter, & les mains, & les yeux ;
Sur ces ornemens précieux,
Les seuls objets de sa tendresse,
Et que suivant la pente & l'inclination,

 Qu'on

Qu'on a de témoigner sa tendre afection
A ce que nous croions nous être assez semblables;
De sa bouche, en tel cas, toûjours insatiable,
La Belle cesse un seul moment
De les baiser avidemment.
Je sai bien que la vûë en est plus éloquente
Que la description, Madame, que j'en fais,
Cependant après tout, ne trouvez pas mauvais
Que j'avance aujourd'hui que pour gaie & contente
Que vous me paroissiez de les voir en éfet,
Belles, fraiches, épanouies,
Votre contentement ne peut être parfait,
Que vous ne connoissiez les peines infinies
Qu'à leur ocasion, Nature & moi, l'Hiver,
Prenons à trier la matiére,
La mêler, diversifier,
D'une adresse fort singuliére:
En atendant que le Printems,
Comme il arrive tous les ans,
Agréablement les rapelle,
Et que les Violiers de Mars
Anoncent, par leurs doux regards,
Que la saison se renouvelle:
Je m'en vai, maintenant que j'en ai le loisir,
En faire le récit, pour vous faire plaisir.
Remarquez qu'en Cicile, une vaste Campagne
Porte entre autres, une montagne,

Con-

Consacrée, par Jupiter,
A la bénignité de l'air:
Sa cime est toûjours habitée
Des bénédictions d'un Ciel doux & clément,
Qui font fleurir abondamment,
Les végetaux toute l'année.
C'est là, que le Printems & moi,
Comme dans le plus sur des plus charmans aziles,
Nous retirons, tandis que les saisons steriles
Les opriment ailleurs par une rude loi.
Ce beau sejour a des délices,
Capables d'enchanter les Dieux:
Apollon, pour le voir, quite souvent les Cieux.
La volupté, par des indices,
Qui nous sont clairement connus,
Il n'en est point ailleurs dignes de ses visites.
Elle y vient avec ses charites,
Les Ris, les Jeux, & les Amours.
Nous y passons de tres beaux jours,
Et nous y menons une vie,
Capable d'exciter l'envie.
Pour vous parler, Madame, enfin, sans fiction,
Il n'y manque en toute maniére,
Pour rendre notre joie entiére,
Que votre conversation.
Dans cette roche nomparcille,
Du côté qu'Apollon éclaire à son lever,
La Nature jadis prit plaisir de caver

Un antre ſpacieux, des Antres la merveille.
Sa voute eſt d'un luiſant criſtal,
Plus pur que le fin or, ce précieux métal,
Et parſemé de pierreries,
De perles, rondes & polies:
A l'imitation de ces nobles réduits,
Grottes, fontaines & conduits,
Que les Artiſtes Néréides
Ont, au fond de la mer, ces campagnes humides,
Maçonnées d'un dur ciment,
Pour repreſenter vivement,
Du ſéjour de Jupin, le parfait ſimulacre.
Les murailles en ſont d'un Nacre
Dont l'éclat éblouit les yeux;
Hiſtorié de cent croteſques,
De dances, de ſauts, de moreſques,
Que des ſignes miſtérieux,
Et de bizares réveries,
Y ſemblent, pour faire plaiſir,
Avoir tracées à loiſir.
On y marche deſſus la mouſſe,
Plus fine que la ſoie, & plus mole & plus douce,
Que n'eſt aux Indes le Coton.
Aux quatre coins de ce Canton,
La matiére bien ordonnée,
Repreſente naïvement,
Les quatre ſaiſons de l'année,
Que l'on ne voit ailleurs qu'alternativement.

Vé-

Vénus, cette aimable Déeſſe,
Me donna ce palais, lors qu'à la ſéchereſſe,
Par le plus fatal des revers,
Succéda le maudit deluge
Que Deucalion vit englouter l'Univers,
Pour me ſervir d'un doux refuge,
Et faire éviter à mes fleurs
Le dernier de tous les malheurs.
Ce fut là que de ma main propre,
Comme dans un précieux Cofre,
Je les rangeai chacune, avec ordre & raiſon,
Sous l'Enſeigne de ſa Saiſon,
Où malgré les ondes cruelles,
Cette même Vénus les rendit éternelles;
En vûë de récompenſer
La peine que je pris autrefois de bercer
Cupidon aux Maillots, ſur mes Lis & mes roſes,
Les plus nouvellement écloſes.
C'eſt ſans exagérer, un ſpectacle charmant
De voir à chaque coin de cet antre, un parterre,
Plein d'un monde de fleurs, qui preſque égale-
Semblent s'éforcer à me plaire. (ment,
Sous les Auſpices du Printems
Se voient d'un coup d'œil, le Muſc, les Tulipans,
Le Purpurin, les Violettes,
Les Roſes, les Iris, l'Hiacinte étoilé,
Et l'Oriental Ciſelé,
Les Anemones à facettes;

Le Lis Asiatique, arrangé proprement,
Les Couronnes Impériales,
D'une même hauteur, & de faces égales;
Les Ancolies du Ponent.
Vous verriez sous l'Eté, les Lis orangez pâles,
Le Moli, le Lis Jaune, & les Hémérocales:
Les Martagons toufus, les Oeillets bigarez,
Les Pavots, les Soucis dorez,
Les Marguerites, les Pensées,
L'une dans l'autre entrelassées.
Au quartier, où l'Autonne a mis ses Etendarts;
Vous auriez le plaisir de voir de toutes parts,
Plantées, par rangs & par files,
Sur de fertiles lits, à côté des chemins,
Des plantes d'odorans Jasmins,
Le Colchique pourpré, grand nombre de Cériles,
Le charmant Chrisantéme, & l'Oeillet indien,
La Rose Lévantine & la Rose muscade,
Dont mainte Nimphe fait parade,
Et préfére l'odeur au Baume Aténien.
Plus les Hiacintes d'Espagne,
Le Narcisse, l'Oeil du Soleil,
Qui par son éclat nompareil,
Eclaire toute la montagne.
Enfin, vous trouveriez sous l'Hiver rude & froid,
Le Bois gentil, fertile & droit
L'Aconit Hiémal, le Mouron Aquatique
Les Hiacintes d'Orient,

Les

Les grapez, barrelez, dentelez à l'antique,
Et ciſelez artiſtement;
Des Violiers, des Mariettes;
En un mot, de tous les Emaux,
Qui croiſſent en Hiver, & par monts & par vaux,
Sur montagnes & montagnettes.
Mais outre le plaiſir qu'en reçoivent les yeux,
Elles nous ſervent de modelles,
A la production de celles,
Qui, tant que dureront, & la terre, & les cieux,
En perpétueront l'eſpéce:
Et c'eſt pour le dire entre nous,
La raiſon pour laquelle un chacun s'intéreſſe,
Que préférablement à tous,
Ce Lieu ſoit apellé Cabinet des Idées.
Avant que par des loix, ſur l'équité fondées,
Chaque être produiſit des êtres comme lui,
Ainſi qu'il arrive aujourd'hui,
Les fruits naiſſoient des embraſſades.
De la Terre & du Ciel, les fleurs de leur œillades,
Mais ſimples, ſans couleur, dans l'uniformité
Que croit l'herbe des chams, dont l'unique beauté
Conſiſte en un peu de verdure,
En éfet, alors la Nature,
Aiant trop d'ocupation,
Ne faiſoit preſque rien dans la perfection.
Chacun ſe reſſentoit de ſon trop grand ouvrage,
Ainſi les Dieux voiant aller tout de travers

Se partagérent l'Univers,
Et par une conduite, auſſi noble que ſage,
Chacun avec le tems à mis ſa portion
Dans un état digne d'envie,
Et qui ſouvent entre eux, outre la jalouſie,
Cauſe de l'admiration.
Au moins de mon côté, j'y donne un certain ordre,
Où Zoïle ne ſauroit mordre.
Dès que je me ſuis retiré,
Avec les déitez, qui me ſont familiéres,
Dans l'Antre, que Nature a pour moi préparé,
Les plus lentes ſont les premiéres
A remuer leurs doigts, & faire agir leurs bras:
Les Nimphes font le Canevas;
Elles me tiſſent de la Gaze,
Et certaine autre étofe raſe,
Propre à fabriquer nos émaux.
Ma charge proprement, à l'aide de Ciſeaux,
Eſt de les découper en feuilles délicates,
D'y faire des inciſions,
En former de rondes, de plates,
D'ondées, d'autres à bouillons,
En clochettes, en papillotes:
De les ranger diverſement,
Clair-ſemer, épaiſſir, aſſembler en pelotes,
Sur leurs tiges artiſtement.
J'engraine leurs Chatons, j'en compaſſe les faces,
J'arondis, j'évaſe leurs chaſſes,

Je

Je ſerre leurs boutons, & pour les denteler
Déchiqueter & créneler,
De la baſe juſqu'à la cime,
Je me ſers d'un canif, d'un burin, d'une lime.
Amour, qui chérit plus les fleurs,
Que les plantes les plus exquiſes,
S'eſt réſervé le droit d'y mettre les couleurs,
Qui ſont proprement ſes deviſes
Chacune, Madame, en éfet,
Eſt un Hiéroglife parfait,
Un Simbole évident de ſon humeur changeante,
Ses paſſions, ſes qualitez,
Y ſont peintes de tous côtez,
C'eſt une vérité conſtante.
Les blanches, par leurs propreté,
Cette douce candeur, qu'afecte la Jeuneſſe,
Font connoître ſa gaieté;
Les noires, le deuil qui le preſſe:
Les ſombres, ſes ſoupçons: les pâles, ſa lenteur,
Et la jaunâtre, ſa langueur.
Les rouges conſtament marquent ſa véhémence;
Les changeantes, ſon inconſtance:
Les bleuës, ſa divinité.
C'eſt ainſi que les bigarées
Indiquent ſon caprice, & que ſa Majeſté.
Se découvre par les pourprées.
Les ardentes enfin, pour n'aller pas plus loin,
Montrent ſa noire jalouſie.

Nous

Nous pourrions à cela, s'il en étoit besoin,
Ajouter les couleurs de pure fantaisie,
Qu'il donne aux desseins des amans:
Mais pour taire les mouvemens,
Dont leurs ames sont agitées,
Il est sur que ce Dieu, quand il veut m'imiter,
Dans ma profession, ne sauroit inventer
Que des soucis & des pensées.
Lors que par les doux traits d'un pinceau non commun,
Il tache à leur donner des charmes,
Ce ne sont que flammes & larmes,
Qu'il expose aux yeux d'un chacun:
Tant le proverbe est véritable,
Que pour peu qu'on soit équitable,
Et que l'on ait à cœur sa réputation,
On se doit atacher à sa vocation.
Dans cet incomparable ouvrage,
Apollon, jaloux de l'amour,
Veut afin de lui mieux disputer l'avantage,
Se montrer sur les bancs, & paroître à son tour;
Lui, comme auteur de la Lumiére,
Les émaille de ses raions,
Et les fait éclater comme nous le voions,
Haut & bas, devant & derriére.
Il y séme des goutes d'or,
Des bluettes d'argent, & qui plus est encor,
Il contraint sans pourtant user de violence,

Les

Les Elemens, par la presence
De son œil pénétré de gloire & de splendeur,
D'y jetter des points de Lueur,
Qui d'une maniére imprévûë,
Par leur brillant éclat, éblouissent la vûë.
Mais ce qui doit de plus surprendre les mortels,
Qui se font un honneur d'adorer ses autels,
C'est que comme le Dieu des herbes vulneraires,
Lui même y glisse de ses mains,
Des proprietez salutaires
Aux infirmitez des humains.
De sorte, qu'il n'est fleur sur la terre habitable,
Que l'on ne puisse avec raison,
Nommer un remède admirable
Pour tous les maux de sa saison
Enfin, la volupté, qui sans cesse les baise,
De baisers chauds comme la braise,
Leur ajoute le Musc & l'Ambre qu'on y sent.
Aussi bien que le miel, qu'y sucent les abeilles.
Quand tout est achevé, la nature consent
Que je soufle dessus, de mes lévres vermeilles,
Un gros nüage fée, à nul autre pareil,
En forme d'une tavaiole,
Jusques à ce que le Soleil,
Courant de l'un à l'autre Pole,
Me donne le signal, guindé sur le Taureau,
Qu'il est temps d'orner la Campagne,
De parer les valons, d'enrichir les montagnes,

De

De tout ce que j'ai de plus beau.
Alors j'atens du Ciel les douces influences,
Dans l'eſpace borné de leur département,
Et par un art ſubtil, qui véritablement
Surpaſſe toutes les ſiences,
Je méle à leur rapide flux,
Nos Idées que de la ſorte,
Juſqu'au pié des plantes il porte:
Où pour ne point uſer de diſcours ſuperflus,
Elles s'ouvrent s'épanouiſſent,
Et nonobſtant leur pompe, enfin s'évanouiſſent,
Suivant l'irrévocable arrêt
Des implacables deſtinées,
Qui font ſucomber tout ſous le poids des années,
Et témoignent ſouvent prendre plus d'intérêt
A garantir du tems, des ronces épineuſes,
Que d'autres plantes précieuſes.
Tandis que je m'ocupe à vous repreſenter
Un treſor, ma chére Maîtreſſe,
Qu'un véritable amour me preſſe
D'étaler à vos piez, je puis vous proteſter
Que je ſuis dans les fleurs plongé juſqu'à la tête:
Je m'égare dans leurs beautez:
Leurs excellentes qualitez
Me charment: cependant quoi que cette conquête,
Ce curieux preſent ſoit agréable & doux,
Qu'il captive les ſens, & qu'il raviſſe l'ame,
Vous ne ſauriez nier qu'à tous égards, Madame,

Il

Il ne ſoit beaucoup moins que moi digne de vous.
Ce n'eſt pas d'aujourd'hui que notre connoiſſance
A pris une heureuſe naiſſance,
Et qu'à cet égard pleinement,
Vous étes avec moi d'un même ſentiment.
Vos jugemens ſont des oracles,
Qui ne ſauroient cauſer d'obſtacles
A la grace qu'à vos genoux,
J'implore maintenant de vous.
Il n'eſt parmi les Dieux, que moi qui vous merite,
Examinez les tous de ſuite:
Saturne eſt un Capricieux,
Jupiter eſt colére, & Mars ſédicieux,
Vulcain eſt contrefait, & Baccus par ſa trogne
Témoigne que c'eſt un ivrogne.
Enfin, d'une commune voix,
Mercure eſt larron dans les formes,
Comme les ſatires des bois
Sont ſans exception, inſolents & diformes.
Je ſuis le ſeul exemt des imperfections,
Des vices & des paſſions,
Auſquelles le vulgaire ateſte
Qu'ont part les mieux hupez de la troupe céleſte.
L'on ne peut m'acuſer que de trop de pitié,
Trop de douceur & d'Amitié; (naire
Ce qui n'eſt pas moins vrai qu'il n'eſt point ordi-
De voir entre les fils d'un ſeul & même Pére,
Cette diverſité ſans qu'on ſache pourquoi,
Qui

Qui régne entre les vents ou me Fréres & moi.
Considérez je vous en prie,
Le passe-tems des Aquilons,
Dès que, comme autant de frélons,
Ils se sont, épris de furie,
Eloignez du septentrion,
Ils font à chaque objet une laide grimace,
Du plus impénétrable ils veulent voir la fin;
Ce leur est un plaisir de luter contre un pin,
Et de se batre sur la glace.
Leur fureur, qui n'a point d'arrêt,
Leur fait abatre une forêt,
Abimer un Palais, détruire un Héritage,
Gercer les arbriceaux d'un fertile plantage,
Mettre les plus hauts toits au niveau des plan-
Fendre de froit les durs rochers, (chers,
Jetter de la poussiére aux Astres,
Et causer tous les jours quelques nouveaux des-
Au milieu des peuples divers, (astres,
Qui couvrent le vaste univers.
La fureur des Autans n'est-elle pas de même,
Redoutable au moment qu'ils sortent de la Mer?
Leur inclination est de tout abimer,
Et de se destinguer par un dégat extréme.
Ils brouillent l'air avec les eaux,
Couvrent les Cieux d'épaix nüages,
Et causent d'horribles orages.
Combien ne font ils pas échouër de vaisseaux:

Sou-

Souvent par leur humeur altiére,
Une Escadre, une Flote entiére,
Est engloutie dans les flots,
Nonobstant les éforts, les cris & les sanglots
D'un riche & nombreux Equipage,
Qui ne peut éviter un ruineux naufrage.
Ils souflent des contagions,
Ils font pleuvoir des scorpions,
Pleurer des statues de pierre,
Dépérir les métaux, faire une horrible guerre
Aux plus terribles Elémens,
Qui soufrent à l'aspect de ces événemens.
Qui dirai-je des vents, qui portent le tonnerre
Sur les temples & les autels,
Excitent à l'envi, des tremblemens de terre.
Et comme s'ils vouloient extirper les mortels,
Devorent, nonobstant leurs ardentes priéres,
Des Vilages, des Bourgs, des Provinces entiéres.
Lors que les Dieux sont assemblez,
Cérès ne cesse de se plaindre
De ce qu'ils renversent ses blez.
Neptune, qui ne sauroit feindre,
Ne leur peut trop marquer son mécontentement,
D'en avoir en tout tems les oreilles rompuës,
Et de les voir insolemment
Porter ses flots jusques aux nuës.
Les Nimphes tout en pleurs, détestent le dégat

Qu'ils font des tendres fleurs, des feuilles & des (plantes,
Leurs flétrissures les abat:
Mais loin que leurs gueules béantes
S'abstiennent de soufler un venin dangereux,
Sur de freles objets, dont la délicatesse
Exige un traitement honnête & généreux,
Ils ont l'orgueil & la foiblesse.
D'ataquer les saints lieux qu'en mainte ocasion,
Leur érige avec soin la superstition.
Ce n'est point une erreur, ma conduite ordinaire
Prouve que mon humeur à la leur est contraire:
Loin de jamais penser à rien exterminer,
Je ne songe qu'à badiner.
Si d'un lac je parcours l'espace,
C'est pour en friser la surface,
Et vauguer agréablement
Sur le simple repli des ondes figurées,
De cet aquatique élement.
Si de même, je cours les campagnes dorées,
Et passe les épis de leurs riches moissons,
C'est pour en agiter les pointes afilées,
Et me rouler en cent façons,
Sur leurs vagues récoquillées.
Souvent à l'oreille d'un bois,
Où l'harmonieux son des diférentes voix
D'un peuple babillard, le voiageur apelle,
Je soufle une agréable & plaisante nouvelle,
Qui fait rire de tous côtez,

Les

Les ornemens, dont la nature
A couvert du ſommet juſques à la ceinture,
Les arbres qu'elle même y doit avoir plantez.
Je n'entre dans les jardinages
Que pour y feuilleter promtement mes ouvrages,
Les repaſſer legérement,
Et voir s'il manque rien à leur arrangement.
Auſſi n'eſt il réduit aux chams ou dans les Villes,
Que l'on ne m'ouvre avec plaiſir:
Les Dames, les plus dificiles,
Qui de garder leur teint, ont un ardent deſir,
Se démaſquent en ma preſence,
Et ſans ſonger à loix, non plus qu'à bienſéance,
Me préſentent la bouche, & découvrent leur ſein,
Sans qu'homme forme le deſſein
D'en prendre aucune jalouſie,
Ou qu'un galant ait fantaiſie
De s'opoſer jamais à ma diſcrétion,
Qui triomphe à coup ſur, de cette paſſion.
Je folatre avec les plus belles,
Je m'entortille dans leurs voiles,
Autant de fois que je le veux.
Je fais voltiger leurs cheveux,
Et noue adroitement ceux qui ſous l'oreillette,
Décendent juſqu'à la focette,
Où les Jeux forment les ſouris.
S'il m'arrive d'être ſurpris
D'une mortelle défaillance,

Qui semble les vouloir priver de ma presence,
Je renais aisément à l'air d'un soupirail,
Ou d'un seul mouvement d'un gentil évantail.
Quand ce seroit l'Epouse, ou d'un Duc, ou d'un Prince,
La Maîtresse ou l'Enfant du Chef d'une Province,
Je m'introduis aux yeux du pére ou du mari,
Adroitement dans sa viole,
Dont à l'aide de la parole,
Et de sa belle voix, qui mesure les tems,
Elle charme les assistans.
J'espére après cela, ma Divine Maîtresse,
Que vous aurez enfin, égard à ma tendresse,
Et que pour être ma moitié,
Ce que jusqu'à present, ma sincére amitié
N'a pû de vos rigueurs, obtenir par priére,
Votre ame ambitieuse & fiére,
L'acordera dans ce moment,
A votre seul contentement.
Mais je m'epuise en vain, il n'est point d'artifice,
Qui vous face incliner, Madame, à la justice:
Depuis, que par ce long discours,
Je vous parle de nos amours,
Vous me fuiez hélas! plus fort qu'à l'ordinaire,
C'est être ingrate & téméraire.
Sachez que me fuïr est me persécuter:
Si vous continuez, je puis vous protester

Que

Que je vous pourſuivrai de même,
Puis que, tant mon bonheur ſupréme,
Que votre ſatisfaction,
Dépendent de notre union.
C'eſt une vérité palpable,
Sans moi, votre félicité
N'eſt proprement que vanité,
Et ſans vous, je ſuis miſérable.
L'épreuve, où vous m'avez jetté par le paſſé,
Eſt un mal, qui m'a terraſſé,
Mais que je prens en patience,
A condition toutefois,
Que l'avenir me récompenſe:
Je riſque ſans cela, de me voir aux abois.
D'un côté, vous me faites ſigne,
Votre nature au fond, attraiante & benigne,
M'atire à vous ſenſiblement;
De l'autre, je ne puis m'en taire,
Il ſemble que tout au contraire,
Vous m'évitiez viſiblement.
Si vous voiez de l'avantage,
Comme vous ne le niez pas,
A plaire au ſeul amant digne de vos apas,
Et qui par tout vous rend hommage,
N'eſt ce pas une vérité
Que la malice eſt evidente,
Qui ſous ombre de chaſteté,
Vous fait traverſer ſon atente?

Mettez vous, je vous prie, enfin à la raiſon,
Mon adorable fugitive,
Délivrez mon ame plaintive,
Du mal, dont vous pouvez lui donner guériſon.
Autrement, ſur ma conſience,
Je vous le déclare à regret,
Je me verrai forcé, par un zéle indiſcret,
D'uſer un jour de violence:
Un véritable amant eſt capable de tout,
Lors qu'il ſe voit pouſſer à bout:
Amour, qui connoit trop la rigueur des amantes,
M'a juré par ſes amarantes,
Qu'il m'aidera de ſon ſecours,
Dès qu'à lui j'aurai mon recours.
Je vous le dis tout franc, Flore, mon entrepriſe,
Avec fondement, s'autoriſe
De vos éclatantes beautez:
C'eſt elles, où j'ai mon refuge,
Et qui me ſerviront de Juge
De mes juſtes devoirs contre vos duretez.
La Nimphe au reſte, ma parente,
Et votre chére confidente,
Qui doit, par un motif de ſon afection,
Vous rendre elle même ma lettre,
M'a promi, ſans en rien omettre,
D'étaler à vos yeux, ma réſolution;
En voici le précis. J'aime mieux, je vous jure,
Mourir, Madame, à ma nature,

Moi,

Moi, comme chacun sait, qui suis déifié,
    Qu'expirer à mon amitié,
Quoi que cette amitié, qui sans fin me dévore,
    M'acable de vives douleurs:
Et cesser pour jamais d'être le Dieu des fleurs,
Que le fidéle amant de la charmante Flore.

EPITRE DE L'AURORE A CE'PHALE.

Sujet de la Lettre.

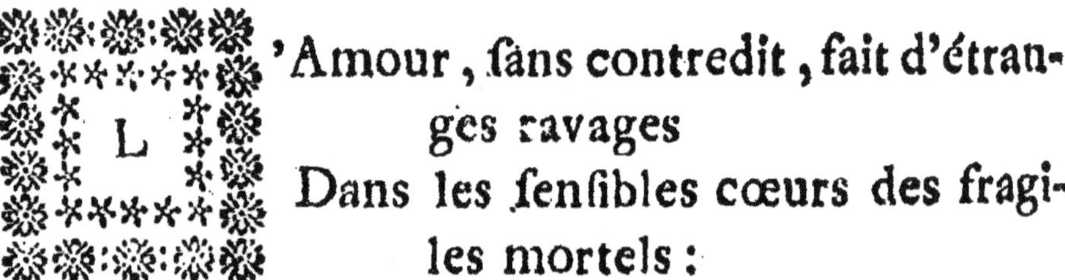

L'Amour, sans contredit, fait d'étranges ravages
Dans les sensibles cœurs des fragiles mortels :
Souvent les hommes les plus sages,
Poussez d'un zéle aveugle, encensent ses autels.
Les femmes, plus indiférentes,
N'en sont de même pas exemtes :
Mais ce qui nous doit étonner,
C'est que les immortels, que le vulgaire adore,
N'osent contre ce Dieu se précautionner.

La preuve en est si claire, en la Divine Aurore,
Que l'on ne sauroit en douter.
Dès la premiere fois qu'elle aperçut Céphale,
De port Majestueux, de mine grave & mâle,
Elle eut peine à ses traits de pouvoir résister;
Elle en conçut beaucoup d'estime,
Tôt après bien de l'amitié,
De l'amour, & s'il faut enfin, que je m'exprime,
Elle prit le parti d'en faire sa moitié.
Sa passion démesurée,
La solicitoit fortement
De se servir d'une nuée
Qui pourroit le porter dans son apartement.
Mais croiant que la bienséance
Ne lui permettoit pas d'user de violence,
Avant qu'il fut à fond instruit de son dessein,
Elle prit une plume, & de sa propre main,
Lui fit une lettre fort tendre,
A laquelle elle crut que son bien, son honneur,
Devoient sans hésiter, le porter à se rendre:
Si quelqu'un la veut lire, en voici la teneur.

LETTRE.

Charmant Céphale, que j'adore,
Votre unique beauté, qui m'a ravi le cœur;
Qui vous fait triompher, & vous rend le vainqueur

 D'une

D'une Divinité, de l'immortelle Aurore,
Pour contenter ma passion,
M'oblige maintenant de vous faire ouverture.
De ma plus tendre afection,
Par un mot de mon écriture.
Mon cher petit Zephir, obligeant & discret,
Auquel j'en ai fait confidence,
S'est chargé de ma lettre, & doit en diligence,
Vous l'aller remettre en secret,
Dans ces lieux doux & solitaires,
Où l'amour ordinairement
Vous fait chanter des airs, à l'honneur des Ber-
Et réver agréablement. (géres,
Et pour que l'art suplée avec quelque avantage,
Au défaut d'un joli langage,
Dont je sai qu'il n'est point doüé,
Je l'ai prié qu'après vous avoir salué,
De la douceur de son haleine,
En badinant, il se proméne,
Comme il fait ordinairement,
Parmi les tresses d'or de la perruque blonde,
Qui couvre du moins à la ronde,
Le tiers de votre habillement,
Et tache d'y couler ma lettre:
Ou, si l'ocasion ne le veut pas permettre,
Qu'il la laisse tomber devant vous à vos piez:
Moiennant que vous la trouviez,
Il aura satisfait de reste à ma priére.

Peut

Peut être ſuis-je la premiére
Des Céleſtes divinitez,
Qui pour un homme, eut la baſſeſſe
De commettre jamais de telles lachetez.
Mais à quoi bon être Déeſſe,
Quand on n'a, ni plaiſir, ni ſatisfaction:
Que me ſert la poſſeſſion
D'un bien à tous égards, ſupréme,
En l'abſence de ce que j'aime?
Si la félicité, le repos, le bonheur,
Venoient de la ſeule grandeur,
Mes deſirs ſe veroient au comble de leur gloire.
Le grand Hipérion, d'éternelle mémoire,
Eſt des Dieux immortels celui qui me créa,
Ma Mére eſt de tout tems, la Déeſſe Thia.
Eux, de leurs propres mains, formérent les étoi-
Qui malgré les lugubres voiles, (les,
Dont la nuit aux mortels afecte de cacher
Ce que pour le plaiſir, or, argent, nourriture,
La terre leur produit de précieux, de cher,
Eclairent toutes la Nature,
Avec un éclat nompareil.
J'ai la Lune pour Sœur, pour Frére le Soleil,
De plus, comme Epouſe d'Aſtrée,
J'ai quantité d'enfans d'une même ventrée,
Douez également, de vertu, de beauté,
Et qui ſont tous en dignité.
Ma main a mis au Ciel l'étoile matiniére,

Qui dissipe par sa lumiére
Les noires ombres de la nuit.
Mes fils, les vents si redoutables,
Dans tous les climats habitables,
Où leur caprice les conduit,
Régentent l'air, la terre & l'onde.
Outre cela, ma gloire éclate dans le monde
Par l'emploi que j'exerce avec bien de l'honneur,
Et qui ne le céde en grandeur,
Aux ocupations d'aucune autre Déesse.
Il est vrai que Junon, fiére de sa noblesse,
A dressé son trône dans l'air,
Que la belle Thétis a le sien sous la mer,
Dont celui de Vénus ocupe la surface.
C'est encore une vérité
Que Céres, d'une illustre race,
Rréside à la fertilité (sombres:
Des campagnes, des monts, des forêts les plus
Que la Lune argentine a l'empire des Ombres;
Minerve du savoir, des siences, des arts;
Et Bellone, mére de Mars,
De la pernicieuse guerre,
Que se font sans sujet les hommes sur la terre.
Mais donnons place à la raison;
Est ce rien, en comparaison
De cette charge d'importance,
A laquelle, en dépit de mes fiers envieux,
Je m'aplique avec diligence:

Et

Et qui concerne autant le plaisirs de vos Dieux,
Qu'elle importe aux besoins de vous & vos sem-
Car quand de tenébres palpables, (blables.
La fille du Caos a rempli l'univers
Que deviendroit le Ciel, la terre universelle,
Etant l'un & l'autre, couverts
De deuil, d'obscurité mortelle,
Si suivant l'avertissement,
Que me donnent précisement,
Les heures du matin, alors en sentinelle,
De me rendre au plutôt, ou le devoir m'apelle,
Je ne sortois du lit, guidée par l'Amour,
Pour ouvrir les portes du jour?
Rendre à l'air la clarté, d'abord qu'elle est éclo-
Et les couleurs à chaque chose? (se,
Selon cette rélation,
On voit que ma naissance & ma condition,
Dans la plûpart des circonstances,
Me mettent au dessus des célestes substances.
Il ne me manqueroit plus rien,
Si j'avois seulement le bien
Que vous eussiez pour moi cette amoureuse flamme,
Dont vous brûlez pour votre femme.
C'est parler cavaliérement,
Et sans doute d'une maniére,
Qui ne vous peut causer que de l'étonnement:
Mais je ne suis pas la premiére

Des immortelles Déitez,
Que d'excellentes qualitez,
Dans quelques hommes inflexibles,
Ont renduës enfin ſenſibles.
La raiſon, qu'on doit conſulter,
En autoriſe les exemples,
Qu'on a ſoin de repreſenter
Dans les palais des Rois, & dans les ſacrez tem-
La beauté, dont vous jouiſſez, (ples.
Ne montre-t-elle pas aſſez
Que vous avez reçu des dons de la nature,
Sous la direction des Dieux,
Que les Peintres induſtrieux
Ne ſauroient imiter par l'art de la peinture?
Ne leur ſera-t-il pas permis
De loüer, d'admirer, de chérir leur ouvrage,
Et de tirer quelque avantage
Des treſors, en quel lieu que leur main les ait
Pourquoi ſe défendre à eux mêmes (mis?
D'aimer avec chaleur, & des tranſports extrémes,
Ce que par un art conſommé,
Ils ont fait digne d'être aimé?
Les mortels auroient bonne grace,
Pour mieux témoigner leur audace,
De leur vouloir impunément
Diſputer ce droit légitime,
Qui permet à chacun de prendre hardiment,
Sans courir le danger d'avoir commis un crime,

Ce

Ce qu'il prouve être un bien, qui n'apartient qu'à
Il faut vous le dire aujourd'hui, (lui.
L'ocasion jamais ne s'en est presentée,
Sans contredit, je fus tentée
De profiter du tems, & de ces douces loix,
D'abord que je vous vis pour la premiere fois.
Vous savez comme moi, la saison, où nous som-
Je n'ignore pas que les hommes (mes,
Y prennent en tous lieux, plus d'intérêt que nous.
Le pétulent Bélier, courbé sur ses genoux,
Au tems de l'équinoxe, a le bien de leur plaire:
J'avois franchi ce pas lors que, ces jours passez,
Bien des habitans de la terre,
Du côté du Lion, sembloient fort empressez
A me voir à pas lents, sortir de l'onde noire,
M'ontée sur mon char d'ivoire,
Qui degoutoit encor, & l'azur, & l'argent.
Chacun d'eux à l'envi, se montroit diligent
A m'encenser de bonne grace.
De la, je m'avance, je passe,
Je donne le bon jour aux Nimphes des Coteaux,
Des prez, des bois & des ruisseaux,
Comme je le fais d'ordinaire.
Après m'avoir rendu prontement le salut,
Chacune d'elles résolut,
Tant pour me faire honneur, que pour me satis-
D'orner ma voiture de fleurs, (faire,
Des plus éclatantes couleurs;

D'en-

D'entrelasser mes doigts de roses,
Fraiches, nouvellement écloses,
La livrée du jour naissant,
Et de mes Coursiers bondissant,
Tresser les Crins neigeux, de gros flocons de soie.
Je leur en témoignai ma joie,
Et lachai la dessus, la bride à mes chevaux,
Qui laissant les monts & les vaux,
Passent des montagnes cornuës,
Au dessus des plus hautes nuës.
De là, pour satisfaire au curieux desir,
Qui me fait voir avec plaisir,
Les diférens objets, où ma vûë s'arrête,
J'aperçois sur le mont Himéte,
Ce mont des monts le moins cornu,
Tant vanté, renommé, connu
Des industrieuses abeilles,
Et digne d'être mis au nombre des merveilles,
Autant pour sa fertilité,
Sa situation, sa forme, sa beauté, (Rome,
Que pour le marbre exquis qu'on en transporte à
J'aperçois di-je, un grand jeune homme,
Assez nonchalamment couché
Sur un tendre lit de verdure,
Aiant le corps un peu penché,
Et dans une telle posture,
Que son visage étoit, tourné devers les Cieux.
Enfin, pour pouvoir dormir mieux,

Une

Une main lui servoit de coussin sous la tête ;
La droite à son côté, paroissoit toute prête
A se saisir de l'arc, des fléches, du couteau,
Qu'on voioit près de lui, rangez en un monceau.
Il faut vous l'avouer, franchement cette vûë
Me fit d'abord frémir, je m'en sentis émuë :
Je craignois, & je crois que je n'avois pas tort,
Que ce ne fut un homme mort,
D'autant plus que les nuits, aux meurtres favorables,
Me régalent souvent de spectacles semblables.
Ses armes & son Morion
Fortifioient encor mon apréhention,
Jusques à ce qu'enfin, m'étant plus avancée,
Et qu'une vapeur condancée,
Au travers de laquelle on eut dit en éfet,
Que ce visage étoit pâle, morne, défait,
Se fut tout à fait dissipée,
Je vis que je m'étois trompée ;
Je reconnus en vous le plus beau des mortels,
Si beau qu'Ops n'en fait plus de tels.
Au lieu d'un corps séché, maigre, à visage pâle,
Je vis que c'étoit vous, agréable Céphale,
Oui, c'étoit vous, que le travail,
Causé par une Chasse, ennuieuse & pénible,
Avoit précipité sur le brillant émail
D'une herbe pressée & flexible,
Où le charmant sommeil, votre meilleur ami,

Vous

Vous tenoit encore endormi,
Mais qui redoutant ma venuë,
S'enfuit à la faveur d'une legére nuë,
Qui le jettant auprès de mon premier Coursier,
Me fournit le moien de se remercier
De ce qu'il vous avoit servi de sauvegarde.
Je le conjurai fortement,
S'il vous arrive par mégarde,
De vous écarter tellement,
Que les éfroiables tenébres
Vous forcent à rester dans des deserts funébres,
De vous garder soigneusement;
Et l'aiant quité brusquement,
Je vis comment vous vous tournâtes,
Et petit à petit, enfin vous éveillâtes.
Racontez maintenant, vous mon ardent amour,
Mais ingénument, sans détour,
Racontez quels furent les charmes,
Qui pénétrant mon cœur, causérent mes alarmes.
Dites nous le plaisir que j'eus à contempler
L'ouvrage le plus beau que formât la nature;
Mais publiez aussi, sans rien dissimuler,
La douleur qu'il faut que j'endure,
Eloignée de cet objet,
Par l'espace infini d'un immense trajet.
Aux enfans du sommeil, qui vous abandonnérent,
Mes assidus regards à l'instant succédérent,
Je m'ocupai long-tems à vous considérer.

De-

Desireux de voir la Lumiére,
Comme on le peut conjecturer,
Vous entrouvrites la paupiére,
Et la dessus aiant d'un mouvement soudain,
Passé legérement la main
Sur votre agréable visage,
Vous baillâtes deux ou trois fois,
En cherchant à tatons, glaive, fléches, Carquois,
Et le reste de l'équipage,
Que vous aviez eu soin de proprement ranger
A votre côté droit, avant que de songer
A jouir doucement du repos salutaire,
Qui vous étoit si nécessaire.
Enfin, vous ouvrites les yeux,
Et parûtes me voir avec quelque surprise.
Leur beauté me charma, mon ame en fut éprise,
Et les prenant d'abord pour deux astres des Cieux,
Dont les régions tenébreuses
Devoient sentir l'éclat des flammes amoureuses
Qu'ils lançeoient autour d'eux, je veux que Jupi-
Dans ce même instant me confonde, (ter
Si je ne commençai fortement à douter,
Qui, de vous, ou de moi, répandoit dans le monde,
Ces feux étincelans, & ces raions divers,
Qui pour les seuls humains, éclairent l'univers.
Lors que j'eus vû cette Perruque (que,
Qui vous décent beaucoup au dessous de la Nu-
Ces cheveux ondoiez, luisans, blonds, précieux,

A l'entour d'un charmant visage,
Où, dans un amoureux langage,
Le front, grand & majestueux,
Un teint uni, vermeil, ou de Lis & de roses,
Des lévres de coral, qui couvrent des bijoux,
Dans une Bouche où Rhée en dépit des Jaloux,
A ces perles fines écloses:
Un grand nez aquilin, un manton gras, fourchu,
Et tout ce qui vous est échu,
Dans un partage heureux, de beautez & de graces,
Se disputent entre eux également le prix:
Je vous eusse sans doute pris
Pour mon Frére Apollon, dans ces vastes espaces,
Qui séparent au ciel, le Couchant du Levant,
Si jettant ma vûë derriére;
Je ne l'eusse pas vû sur les ailes du vent,
Me suivre d'assez prêt, dans la même carriére.
Ne connoissant point deux Phæbus,
Je crus avec raison, que c'étoit un abus,
Dont je revins comme d'un somme,
Et conclus sans délais que vous n'étiez qu'un homme,
Mais un homme semblable aux Dieux,
Que point d'autre vivant n'égaloit sur la terre,
Et duquel Jupiter, qui lance le tonnerre,
Devoit être même envieux.
Je ne puis le cacher, mon cœur suivit ma vûë
En courtisane résoluë,

Je vous pris en afection,
Sans me donner le tems de penser à la suite,
Parce que votre grand mérite
Avoit comblé d'abord mon admiration.
Je suis Déesse, à quoi bon feindre?
Un feu, que mes regards ne pouvoient seuls é-
Me brûloit si violemment (teindre,
Que j'hésitai terriblement,
Si passant dessus votre tête,
Je devois fondre auprès de vous,
Pour vous donner sujet d'embrasser mes genoux,
Et jouir de votre conquête.
Mais les Heures, qui me poussoient,
A presser mes chevaux, & qui les menaçoient
D'insulter à leur négligence,
Mémpêchérent d'exécuter
Le dessein que j'avois alors de profiter
De votre agréable presence.
L'Air, qui n'a point de complaisance,
Y contribua de sa part:
Dans toute sa vaste étenduë,
On ne voioit pas une nuë,
Qui me pût servir de rempart,
Et garder de la médisance
Des rigides censeurs, qui sans dicernement,
Pretendent que le sexe, en tout également,
Doit observer la bienséance.
Après tout cependant, un reste de pudeur,

De

De concert avec ma candeur,
Me fit dans cet heureux paſſage,
Monter la rougeur au viſage:
Vous le dûtes voir enflammé,
Plus qu'il n'avoit acoutumé
De le paroître d'ordinaire,
Mais cette rougeur ſe paſſa
Par le chagrin, qui me penſa
Cauſer une douleur amére, (pas,
De ce qu'ailleurs par tout, ſans m'écarter d'un
Je rencontrois ſouvent des Nimphes des fontai-
nes,
Des prez, des bois, des monts, des plaines,
Et qu'ici je n'en voiois pas,
Avec qui, ſous le vain prétexte
De prendre leurs apas pour texte.
J'euſſe pû faire un long diſcours,
Qui de mon promt voiage, eut retardé le cours,
De l'eſpace d'un mois, d'un ſimple jour, d'une
Afin d'avoir ocaſion (heure,
De vous donner, je vous aſſeure,
Des preuves de l'afection
Que je vous porte dans mon ame.
J'aurois voulu vous voir avec plus de loiſir,
Pour contenter l'ardent deſir
Que mon tendre cœur a de voir le vôtre en flam-
Amour, le patron des Amans, (me.
Entendant mes gemiſſemens,

Compatiſſoit à ma triſteſſe,
Il prétendoit, pour notre bien,
Pour votre repos & le mien,
Que donnant moins d'accès à la délicateſſe,
Qui fait d'un ſcrupule une loi,
Je devois ſur le champ, vous atirer à moi,
Et mettant fin aux artifices,
Vous faire jouir des délices,
Connuës des Amans parfaitement unis,
Et que la conſtance a munis
D'une véritable tendreſſe.
Comment! me diſoit il, immortelle Déeſſe,
Avez vous tant d'gard pour de ſimples mortels,
Qui ſe font un honneur d'encenſer vos autels?
Et de vous faire des ofrandes
De précieux bouquets, & de riches guirlandes?
Ne vous apartiennent ils pas?
Si ce jeune homme a des apas,
Il les tient de votre largeſſe:
Vous l'aimez, mais enfin, vous étes ſa Princeſſe:
C'eſt lui faire bien de l'honneur,
Que de lui procurer de même ſon bonheur.
Vous n'avez aucune meſure
A garder avec lui, c'eſt votre Créature:
En le tirant à vous, vous enlevez un bien,
Qui ſans doute, eſt à vous, où lui même n'a rien.
Son viſage eſt de votre Mére,
Ou s'il eſt plus riant, qu'il ait plus de vermeil,

Il

Il tient en cela du Soleil,
Qu'un éternel destin vous a donné pour Frére.
Par là, vous devez l'estimer,
Et le devoir encor vous engage à l'aimer.
Si vous considérez que ses yeux admirables
Sont sans contredit, comparables
Aux flambeaux, dont l'Olimpe éclaire les humains,
Que son beau teint de rose, est celui de vos mains,
L'hivoire de ses doits égale, en toute sorte,
A celle du Char, qui vous porte:
Et qu'en un mot, ses dents de lait
Ont petit à petit, par de tendres rosées,
Eté nettement composées,
Suivant votre propre souhait,
Vous serez sans doute obligée
D'avoüer que l'objet, qui captive vos sens,
Et votre ouvrage, en tous sens,
Vous auriez lieu d'être afligée,
Si vous difériez un moment
De le tirer d'un élement,
Où tout céde à la pourriture,
Et le plaçant auprès de vous,
De lui donner une nature,
Qui le rende immortel, & comme l'un de nous.
Que si vous étes trop timide,
Ou que la maxime rigide,
Que le sexe feind d'observer,
De ne pas découvrir à l'instant sa foiblesse

Au

Au digne objet de sa tendresse,
Vous empêche de l'enlever,
Hasardez vous au moins, de prendre sur sa bouche,
Un tendre baiser, qui le touche,
Et qui pour satisfaire à vos justes desirs,
Vous ouvre la carriere aux solides plaisirs.
Faites comme Junon, lors qu'il est nécessaire,
Elle traite Jupin en Frére, (doux,
Ailleurs, toute de flamme, & d'un air tendre &
Elle vit avec lui comme avec son époux.
Autrement, imitez la vigilente abeille,
Qui, dès qu'elle vous sent, s'éveille,
Parcourt les odorans émaux,
Que lui fournit le mont Himéte,
Plus que les autres monts & vaux,
Et comme une jeune Coquette,
Les entretient de ses amours,
Par de passionnez discours:
Elle les presse, elle les baise,
Et de ces doux baisers, plus ardens que la braise,
Nait le miel, si délicieux.
C'est ainsi que celui des Dieux,
Qui se fait un honneur de porter pour devise,
Les Ris, les Plaisirs & les Jeux,
Vouloit voir par son entremise,
Entre mes bras pâmé, l'Idole de mes vœux.
Par malheur, ce discours frivole,
Qui n'étoit au fond que parole

Dans ſa bouche, en faveur d'un mortel, mon vain-
Etoit dans mon ſenſible cœur, (queur,
Une fléche d'acier, dont je ſentois l'ateinte:
Et que ſa perſuation
Me paroiſſoit une contrainte.
Néanmoins, nonobſtant mon agitation,
Et mon inquiétude extréme,
De peur Céphale, mon ami,
De vous poſſéder ſans vous même,
Je ne reſou rien qu'à demi,
Et reſtant indéterminée,
Sans bien ſavoir ma deſtinée,
Je n'oſe rien tenter pour mon contentement,
Que je n'aie obtenu votre conſentement.
Si vous avez l'ame auſſi grande
Que mon imagination
L'expoſe à mon eſprit, ſoufrez une demande,
Qui doit moins ſatisfaire à mon ambition,
L'Ambition d'une Déeſſe,
Pour qui rien n'eſt trop ſaint, trop pur, trop haut
Que répondre à votre baſſeſſe, (monté,
Et flater votre Vanité.
Car à quel homme ſur la terre,
A quel Dieu, dans les Cieux, ai-je taché de plaire?
Et pour qui j'ai forcé mon inclination,
A mériter ſa paſſion?
Vous étes le ſeul dans le monde
Pour lequel je me ſens une amour ſans ſeconde,
Mais

Mais vous ne devez pas, Céphale, en abuſer.
Cette Procris qu'enfin, vous venez d'épouſer,
Ne vous vaut pas, elle m'excite
A vous vouloir du mal, de vous être embarqué
Dans ce lugubre mariage,
Dont vous devez être moqué.
Qu'a-t-elle autre que ſon jeune âge?
Par où peut elle ateindre à vos perfections?
Convenons de concert, en nos afections,
Qu'elle vous ſerve ici de ſimple couverture;
Je vous chéris aſſez pour prendre ſa figure,
Si vous l'aimez autant que vous le proteſtez,
Soufrez, pour augmenter le prix de ſes beautez,
Que par l'emprumt de ſon viſage,
Je lui donne des traits, un teint qu'elle n'a pas,
Et plus de luſtre à ſes apas.
Que tout le genre-humain m'adore,
Sous le glorieux nom de la charmante Aurore,
Que le Ciel, les Dieux immortels,
Les voient à genoux, encenſer mes Autels,
Cet honneur m'apartient, c'eſt dequoi je me vante,
Sans qu'on en puiſſe être ſupris;
Avec vous, je ſerai contente
D'avoir par tout la place, & le nom de Procris.
Ce changement ſubit, quoi qu'extraordinaire,
Ne ſauroit aporter de la confuſion
Entre Procris & moi; que la Condition,
L'humeur, les maniéres de faire

Diſtinguent trop évidemment,
Pour s'y tromper aucunement.
Je ſuis de céleſte nature,
Et dois vivre éternellement;
Elle eſt ſujette à pourriture,
Et va paſſer dans un moment.
Au lieu qu'à tous égards, ce n'eſt que jalouſie,
Je ne ſuis qu'amitié, que tendreſſe, qu'amour;
J'en puis prendre à témoins les peuples de l'Aſie,
A qui tous les matins, je donne le bon jour,
Et chaſſant la nuit meurtriére,
Laide comme Procris, froide comme un glaçon,
Qui de la mort ſouvent, vous donne le friſſon,
Je leur viens gaiement anoncer la Lumiére.
Examinez nos qualitez,
E jugez par leur diférence,
A laquelle de nous on doit la préférence.
N'ignorant point vos facultez,
Je m'en raporte à vous, ſans m'expoſer au blâme
Des hommes de bon ſens, ſages, judicieux;
Regardez ce qui vous vaut mieux,
D'être l'eſclave d'une femme,
Ou de vous voir égal aux Dieux,
En ſuivant les conſeils d'une illuſtre Maîtreſſe,
Qui vous veut introduire aujourd'hui dans les Cieux,
Et qu'un Génie fait à la délicateſſe,
Amateur, comme vous, de la droite raiſon,
Ne ſauroit, pour peu qu'il raiſonne

Pla-

Placer au rang d'une perſonne,
Dont la ſeule comparaiſon
Lui doit paroître injurieuſe,
Et la rendre elle même à ſes yeux odieuſe.
Vous voiez bien qu'à tous égards,
Ma preſence, mes doux regards
Mon crédit, mon pouvoir, mon noble parentage,
Vous procureront de l'honneur,
Un inexprimable avantage,
Et feront tout votre bonheur.
Si l'exercice vous agrée,
Pouvez vous ſouhaiter d'en avoir un plus beau
Que de vous voir quiter cette baſſe Contrée,
Qui vous doit ſervir de tombeau ?
Monter juſqu'au deſſus des nuës,
Et tenir avec moi, dans mon char précieux,
Des routes à vous inconnuës,
Dont la beauté charme les yeux ?
Nous verrons ſur le Zodiaque,
A commencer autour de pâque,
Les ſignes du Bélier, du Taureau, des Gemaux,
Du Cancer, du Lion, & de la belle Aſtrée.
Puis pouſſant vers le Zud, vous aurez à l'entrée
La Balance, qui rend, & jour, & nuit, égaux ;
Le Scorpion, le Sagitaire,
Le Capricorne, le Verſeau,
Et les poiſſons, au renouveau
Achever ce cercle ſolaire.

Si ſuivant le penchant que vous avez là bas,
Vous voulez aller à la chaſſe,
Mon Frére a d'Or, un arc de deux fois une braſſe,
Qu'il ne vous refuſera pas:
Et ma ſœur, qui toûjours aima cet exercice,
En poſſéde un d'argent, fort à votre ſervice.
Vous auriez à courir les Ourſes, le Lion,
Le Lievre, & le Loup, en quoi le Sagitaire
Vous pourroit être néceſſaire,
Avec le petit Procion,
Et le gros Sirius, ſes Chiens infatigables.
Parmi les flambeaux admirables,
Placez dans un Ciel azuré,
Et dont le monde eſt éclairé,
Vous verriez ces nobles perſonnes,
Avec leurs ſeptres & couronnes,
Que leur beauté, vertus, ou bonnes qualitez,
Ont renduës recommandables
A celles des Divinitez,
Qui certes quelquefois puniſſent les coupables,
Mais récompenſent largement,
L'adreſſe, la valeur, l'eſprit & l'agrément.
Je vous proteſte qu'il me ſemble
Vous voir déja là boire enſemble,
A longs traits, le Nectar, ſi doux, ſi précieux,
Qu'à couvert de la haine & de la jalouſie,
Vous vous y gorgez d'Ambroiſie,
Aſſis à la table des Dieux.

En-

Enfin, qu'aſſez ſouvent, par forme d'intermède,
Vous jouez avec Ganimède,
Et ſemblables mignons de quelques Déitez,
Que leur ardente amour dans ces lieux a portez.
Achevez de me rendre heureuſe,
Par une action géncreuſe,
Qui réponde au deſſein que j'ai daigné former,
De ne jamais ceſſer, mon cher, de vous aimer.
Savez vous bien qu'en conſience,
Vous n'étes plus à vous, depuis que l'équité
Vous a rendu l'objet de ma félicité?
Et par un crime afreux de deſobéiſſance,
Pourriez vous vous réſoudre à me deſobliger?
Si vous continuez à me plus affliger,
Savez vous bien que les tenébres,
Et les obſcuritez funébres,
Dont par votre extréme rigueur,
Vous afoibliriez ma vigueur,
Priveroient pour jamais, la terre toute entiére
Des doux éfets de la Lumiére?
Non, il ne ſeroit plus, Céphale en mon pouvoir
De vous la ramener, de vous la faire voir.
Il eſt tems, ſoiez raiſonnable,
Montrez vous enfin favorable.
A mes paſſionnez deſirs:
Contribuez à mes plaiſirs,
Où, je vous jure par vous même,
Je ne puis mieux jurer que par celui que j'aime,

Que je vous violenterai,
Et dans peu vous déroberai
Aux pourſuites d'une Jalouſe,
Qui ne mérite pas le nom de votre Epouſe.
Adieu, Céphale, Adieu, faites réflexion
Sur cette propoſition,
Et n'oubliez pas que l'Aurore,
Nonobſtant vos froideurs, vous cherit vous adore.

EPI-

EPITRE D'HIPOLITE A PHE'DRE.

Sujet de la Lettre.

E vice & la Vertu sont connus dans
le monde:
Depuis autour de six mille ans,
Que le Soleil en fait la ronde,
Ils ont eu de forts partisans.
L'on a vû des hommes infames,
Des hommes à la gloire entiérement portez:
De même il s'est trouvé de détestables femmes,
D'autres femmes ont eu de bonnes qualitez.
Comme Rome a produit Lucresse,
Un exemple de Chastété;
Un Monstre d'impudicité
Parut autrefois dans la Gréce.

Théſée, Roi d'Athéne, homme d'un grand renom,
Avoit pris à femme Hipolite,
Qui lui donna, le même nom,
Un fils de beaucoup de mérite.
Cette illuſtre femme mourut:
Nonobſtant le chagrin que ce Héros en eût,
Il prit Phédre en ſeconde noce,
Qui paſſoit pour femme d'honneur,
Mais qui par un triſte malheur,
Sans ſonger à ſon crime atroce,
S'amouracha de ſon beaufils,
Dont la beauté par excellence,
Surpaſſoient celle d'Adonis,
Et de ſa paſſion lui donna connoiſſance,
En l'abſence de ſon mari.
Le bel Hipolite marri
D'entendre que ſon port, ſon air, ſon éloquence,
Avoient ouvert la porte à cette extravagance,
S'en écarta furtivement:
Et quoi que ſon éloignement
Semblât le garantir des pourſuites infames
De l'objet criminel de ſon averſion,
Il crût, pour étoufer ces dangereuſes flammes,
Devoir blâmer ſon action,
Avec l'eſprit & la prudence,
Que vouloit un ſujet, ſans aucun contredit
De la derniére conſéquence;
Voici la lettre qu'il lui fit.

LETTRE.

A peine ma douleur, hélas! me veut permettre
De vous écrire cette Lettre,
Pour répondre, Madame, avec atention,
A votre propoſition.
J'ai bien voulu prendre la peine
D'emploier pour cela de l'écorce de chêne,
Afin que par ſa dureté,
Mon cœur naïvement vous ſoit repreſenté.
J'en ai gravé les caractéres,
De la pointe d'un fer, qui doit borner mes jours,
Et mettre fin à mes miſéres,
Si par ce violent diſcours,
Et mes ſoupirs inexprimables,
Madame, je ne puis enfin vous faire avoir
Des ſentimens plus raiſonnables.
Ha! ſi je pouvois concevoir,
Dans cette conjoncture, où le devoir m'engage,
Des termes aſſez forts pour vous bien exprimer
L'horreur & le chagrin amer
Que m'a cauſé votre Langage:
Que n'ai-je l'art de vous marquer,
Et d'un pinceau ſubtil, naïvement dépeindre
Les malheurs, que vous devez craindre,
Et qui de toutes pars vous doivent ataquer.
Pour un autre le fait ne feroit qu'ordinaire,

Quoi que néanmoins criminel,
Mais il eſt odieux pour une belle-Mére,
Et digne aſſurément d'un reproche éternel.
Comment ! vous me voulez ſéduire;
Au lieu, Madame, de m'inſtruire,
Et par un bon comportement,
Tacher de me porter à vivre honnêtement.
Pour me faire donner à gauche,
Vous m'excitez à la débauche,
Et me pouſſez à poluer
Le lit, où le chaſte Himénée
Préſide depuis mainte année,
Et comme un Gardien, qu'on ne ſauroit jouer,
Eſt témoin de la foi fermement apuiée
Sur la nature & ſur les loix,
Que réciproquement, & d'une même voix,
Vous vous étes un jour, l'un à l'autre voüée.
Eſt-ce vous, qui voulez changer,
En des embraſſemens infames,
Auſquels même ſans crime, on n'oſeroit ſonger,
Les pures & divines flammes
De cette ſacrée union,
Qui ſans nule interruption,
Doivent pour votre honneur reluire,
Et malgré les démons, qui voudroient vous ſédui-(re
Ne brûler que pour ſon amour ?
Je veux ceſſer de voir le jour
Si je vous aurois cru capable

D'un

D'un ſentiment ſi déteſtable :
Non, je le jure ſaintement,
Tout ce que vous m'avez pû dire,
Reciter, raconter, écrire,
N'auroit point opéré ſur mon entendement.
Je prenois tout cela pour des badineries,
Des jeux d'enfant, des railleries,
Qui n'aboutiſſoient ſans mentir,
Qu'à ſimplement vous divertir.
Mais l'exécrable créature,
Votre confidente en amour,
Et que vous emploiez dans cette conjoncture,
Comme un véritable vautour,
Pour me ſurprendre dans vos chaines,
M'a ſeu, par des paroles vaines,
Des pleurs & des ſanglots, ſi bien repreſenter
Vos pernicieuſes penſées ;
Que je n'en ai pas pû douter.
Qu'en diriez vous hélas ! l'Exemple des Théſées,
Redoutable en Aſie, aux plus fiers animaux,
Et qui rempliſſez tout d'une terreur mortelle,
Si vous ſaviez cette nouvelle ?
Qu'en diriez vous, ſage Minos ?
Si l'on vous racontoit les exécrables vices
D'un fille, élevée avec tant de douceur,
Et qui mille fois plus qu'Ariadne, ſa ſœur,
Faiſoit autrefois vos délices ?
Mais à quoi bon aller ſi loin ?

Pourquoi courir ailleurs ? il n'en est pas besoin :
Phédre, qu'én dites vous vous même ?
Si vous pouvez vous figurer
Qu'ils sont à vos côtez, couverts d'ún Diadéme,
Qui vous les feroit respecter,
Et qu'ils ont pleiné connoissance
Des énormes desseins, dont votre consience,
Qui n'en connut jamais de tels,
Doit Madame, à l'inçû de ces hommes mortels
Vous faire de plus durs reproches,
Que n'en cause la mort aux plus grands criminels,
Menacez des feux éternels,
A ses dangereuses aproches ?
Pour moi, je le dis franchement;
Je croi qu'on les verroit sucomber sous la honte,
Dont vous ne faites plus de conte,
Et qu'enfin, vous avez perduë entiérement.
Oui Pasiphaé votre mére,
Qu'une fougue extraordinaire
Porta, par le secours d'ún subtil maquereau,
Qui lui fit une vache, où cette infame Reine,
Pouvoit se retirer sans peine,
Et se faire couvrir d'un vigoureux taureau,
Oui, Pasiphaé, ce prodige,
N'auroit sans contredit, vous di-je,
Pas la moindre dificulté
A se justifier de sa brutalité,
En mettant dans une balance

Votre

Votre ſale deſir, & ſa mortelle ofence:
Ou comparent votre fureur
A ſon vice criant, qui donne de l'horreur.
Vous vous étonneriez peut être,
De ce que je m'emporte, & que d'un air de Maî-
J'inſulte à vos brutalitez, (tre,
Si vous ne voiez pas, Madame,
Que ce n'eſt nulement à tort que je vous blâme,
Et que je ne vous dis rien que des veritez.
Votre Mére commit un forfait exécrable,
En s'amourachant d'un taureau,
Et ce que cet amour produiſit de nouveau,
Etoit un monſtre épouvantable,
Un Minotaure, que Minos
Nourriſſoit largement de la chair & des os
Des enfans de tribut d'Athénes,
Et dont les actions, cruelles, inhumaines,
Font encor dreſſer les cheveux;
Mais avec tout cela, je veux
Me voir des juſtes Dieux abimer ſans remiſe,
Vous confeſſant d'Amour épriſe,
Pour Hipolite votre fils,
Si vous n'étes mille fois pis.
L'animal qu'elle aimoit, avoit cet avantage,
Qu'il n'étoit, ni méchant, ni cruel, ni ſauvage,
Et ſuivant ſes ſens hébétez,
Il avoit à coup ſur, de bonnes qualitez.
Au lieu, comme je vous l'avouë,

Que

Que depuis que Jupin forma l'homme de bouë,
Jamais la nature n'a fait
De monstre, qui fut en éfet,
Autant que je le suis, ennemi de la femme.
Contre cet animal je ne vomis que flamme.
Il s'en faut plus de la moitié,
Que pour ce sexe abominable,
Un tigre n'ait plus d'amitié.
L'Ours, cette bête formidable,
Est, Madame de bonne foi,
Beaucoup plus sensible que moi.
Toutes les natures brutales,
A mes brutalitez ne sauroient être égales:
Elles cachent sous leur armet,
Leurs regards furieux, leurs figures felonnes,
Bien plus de qualitez, autant belles que bonnes,
Que mon visage n'en promet.
Jugez par là, je vous suplie,
Du tort que vous avez d'aimer à la folie,
Un Serpent, un Linx indomté,
Puis que c'est aimer, ce me semble,
Toutes les espéces ensemble,
Des monstres en férocité.
Voila mon naturel, & je n'en ai point d'autre:
Je hai mortellement, au contraire, le votre
Est d'aimer passionnément,
Et sans aucun ménagement.
Autrefois je n'avois que de l'indiférence

Pour

Pour le beau sexe en général,
Assez souvent par bienséance,
J'ai mené des Dames au Bal,
Quelquefois à la Comédie;
J'évitois bien leur Compagnie, (vois,
Mais néanmoins pourtant, lors que je m'y trou-
Je les entretenois le mieux que je pouvois,
Ou m'en tirois avec adresse,
Sans leur donner jamais de marques de tendresse,
Non plus qu'aucun juste sújet
De me traiter comme un Esope,
Me prendre pour un Misantrope,
Ou pour un ridicule objet.
Je ne suis plus cette maxime,
Depuis la déclaration
De votre fole passion,
Non seulement pour vous je ne sens plus d'estime,
Mais j'ai pris une telle horreur
Pour votre sexe abominable,
Que ce terme seul est capable
De porter dans mon cœur aujourd'hui la terreur.
De cette reigle générale,
Je vous excepte par devoir,
Après ma Princesse Roiale,
Que j'idolatre sans la voir,
Diane, avec sa cour, composée de Nimphes,
Et de ses nobles Paranimphes,
Voüées à la Chasteté;

Qui

Qui sont dignes qu'on les respecte,
Mais dont le sexe encor me rendroit fort suspecte
Leur sacrée divinité,
A cause des travers, desquels il est capable,
Si je n'étois persuadé,
Que Diane, qui n'a pour moi rien de fardé,
Est comme un juge inexorable,
Qui loin de tolérer en elles un faux pas,
Ne leur permet seulement pas
L'abouchement des Dieux, bien moins celui des hommes,
Trompeurs, séditieux, & vains comme nous sommes.
J'aime Diane assurément,
Parce qu'elle n'aime personne,
J'adore ses autels religieusement,
Atendu qu'elle même ordonne
Que l'on lui rende son devoir
Sans jamais seulement aspirer à la voir.
Comme un humble sujet, je me vouë à sa suite,
D'autant qu'elle veut qu'on l'évite:
Ce ne seroit pas lui montrer
Le respect qu'on lui doit, que de la rencontrer.
Mais pour toutes les autres Dames,
Depuis que je connois leurs sacriléges flammes,
Je fuis leur conversation:
Je ne veux du tout plus de commerce avec elles,
De peur de les avoir en détestation.
Car enfin, qu'elles soient nobles, riches ou belles,

Je n'en ſaurois avoir meilleure opinion
Que j'en ai de votre perſonne,
Sans vous donner ocaſion
De croire fermement, encor que je raiſonne,
Que j'ai perdu le jugement,
Ou bien que je vous hai ſans aucun fondement:
Et je ſerois peu raiſonnable
De trouver en elles, aimable
Ce que lèur ſexe en vous, me fait apercevoir.
De là, vous pouvez concevoir
De quelle épouvantable crainte,
Ma pauvre ame eſt ſans ceſſe ateinte,
Qu'un Démon infernal, ennemi de mon ſort
N'altére le deſir, ſujet à ſon envie,
Que j'ai d'être englouti par l'implacable mort,
Plutôt que d'en voir de ma vie,
Aucune, dont les vains apas,
M'aprochent de quarante pas,
Et que ma loüable innocence
Ne ſe ſouille par ſa preſence.
Cette apréhention me domine ſi fort,
Qu'il n'eſt aucun pénible éfort
Qui permette à mon cœur d'être un moment
tranquile.
Quoi que j'aie quité la ville,
Et me ſois retiré ſur un roc eſcarpé,
Qui ne donne d'accès ſur ſon ſtérile faîte,
Qu'à quelque Alcion échapé

A la rigueur de la tempête,
J'aprehende d'en voir quelqu'une à mon côté,
Faire montre de sa beauté,
Et pour me suborner, me parler de ses charmes.
Si dans ces cruelles alarmes,
Quelquefois je profite un moment du sommeil,
Considérant à mon réveil,
Que j'ai passé la nuit dedans une caverne,
Où mon œil à peine dicerne
Le cramoisi d'avec le noir,
La peur que j'ai d'y voir l'Amante de Cephale,
Me fait trembler, je deviens pâle,
En comme un homme au desespoir,
J'hésite si je dois, ou le Ciel me punisse,
Me jetter dans un précipice,
Et mettre ainsi fin à mes jours.
Et marque que ma peur m'acompagne toûjours,
Si je sors de ma grote, & passe dans la plaine,
Pour étancher ma soif, à l'eau d'une fontaine,
Je me tourne, apuié sur ses solides bords,
Tantôt à droit, tantôt à gauche,
De peur qu'à l'ombre de mon corps,
Quelque Nimphe étrangére, encline à la débauche,
Ne se cache, à dessein de me jouer un tour.
Rarement au milieu du jour,
Que le bel Apollon, Pére de la Lumiére,
Semble vouloir brûler la terre toute entiére,
Je cherche à profiter du frais,

Sous

Sous les arbres feuillus des plus ſombres forêts,
Je n'en ai pas la jouiſſance,
Que je ne tombe en défaillance,
Dans la crainte que, tôt ou tard,
Je ne traverſe par haſard,
La ſolitude de Diane,
Et que ma vûë hélas! dont mon œil eſt l'organe,
Venant, quoi qu'innocent, par ſa legérete,
Et ſon jouement de prunelle,
A tomber tout d'un coup ſur elle,
Je ne viſſe ſa nudité.
Et s'il eſt rien qui me conſole,
Quand j'ai cette aprèhention,
C'eſt l'inviolable parole,
Que nous en a donné le fameux Actéon,
Que lors que ce malheur arrive,
On ceſſe d'être homme mortel,
Et du noir Achéron on paſſe à l'autre rive,
Pour y jouir d'un bien, qui n'eſt point caſuel,
Dans un charmant ſéjour, un vrai lieu de plai-
C'eſt une pure vérité, (ſance:
Qu'il ſavoit par expérience.
Par tout, où que je ſois poſté,
Je ſuis dans de mortelles trances,
Le moindre des objets augmente mes ſoufrances:
Il n'eſt aucun endroit, dont j'oſe m'aprocher.
Aſſis ſur le haut d'un rocher,
Il me ſemble entrevoir Niobe,

Dans

Dans une magnifique robe,
Qui rend une agréable odeur,
Chargé de bijoux, desquels le moindre excelle,
Et semble redoubler sa beauté naturelle,
Afin de donner mieux l'alarme à ma pudeur.
Si décendu d'une montagne,
Je m'expose dans la Campagne,
Où j'aperçoive des roseaux,
Plantez dans de courantes eaux,
La sueur de la mort me couvre le visage,
Je tremble que sirinx, qu'un Dieu, pour l'obliger,
Eut l'honnêté d'y changer,
Pour éviter l'infame outrage,
Que lui vouloit faire un jour Pan,
Après l'avoir au moins un an,
Vigoureusement pourchassée,
N'en renaisse à l'instant, & fasse l'empressée
A me surprendre dans ses rets,
Par ses invincibles atraits.
La vûë d'une simple vache,
Marquée de la moindre tache,
Qui n'est pas ordinaire à ces lourds animaux,
Me fait redouter Jo, fille unique d'Inaque,
Capable de donner à mon cœur une ataque,
Qui me causeroit bien des maux.
Depuis que j'ai dans ma mémoire,
Imprimé la fatale histoire
De l'enfant de Chiron, tres belle assurément,

Je

Je n'aperçois point de jument,
En quoi, dans le ſiécle d'Ægée,
On prétend qu'elle fut changée,
Qui ne bouleverſe mes ſens;
Il n'eſt de mouvemens preſſans
Que je ne me donne au plus vite,
Pour m'en éloigner par la fuite.
Les Piës me peuvent troubler:
On diroit au caquet de ces oiſeaux ſtupides,
Que l'on entend les Piévides,
Dont le babil outré cauſa le changement.
J'apréhende pareillement,
A l'aproche d'une fontaine,
D'avoir le malheur qu'une veine
De ſon eau de Criſtal, ne preſente à mes yeux,
Ciane, que les juſtes Dieux
Ont jadis métamorphoſée,
Pour avoir, en Nimphe ruſée,
Taché d'interrompre le cours
Des illégitimes amours
De Pluton & de Proſerpine.
Tout oiſeau gris, qui m'a la mine
D'une Colombe, m'eſt ſuſpect:
Je jurerois, à ſon aſpect,
Que c'eſt Sémiramis, cette impudique Reine,
Dont le nom me fait de la peine.
La vûë du Laurier me peut faire frémir,
Quand je ſonge au fleuve Pénée,

Qui

Qui voiant Apollon, pendant plus d'une année,
Interrompre la veille, & troubler le dormir
De sa fille Daphné, le prit avec finesse,
Et sous le bon plaisir d'une illustre Déesse,
En fit naître ce végétal.
Chez moi, c'est un point capital,
Je ne puis aimer en partie,
Mais aussi quand je hai, je hai terriblement,
Ainsi l'on ne doit pas s'étonner grandement,
Puis qu'il est évident que la Nimphe Clitie
Est devenuë un Tourne-sol,
Si je hai cette fleur, & si je m'en élogne.
Je crains toûjours que la cicogne
Ne vienne d'un rapide vol,
A l'un de mes côtez, ramener Antigone,
Qui loin de mesurer à l'aune
De son Pére Laomédon,
L'excellente beauté, dont elle étoit pourvûë,
La vouloit comparer à celle de Junon.
J'ai peur, quand je jette la vûë
Sur les chauve-souris, lugubres acenseurs
Du bureau de l'antipatie,
Que je ne sois surpris de l'infame Acatie,
Et de ses infernales Sœurs.
Tout cela me met à la géne,
J'aimerois mieux me voir avec un Loup-garou,
Qu'avec un funeste hibou,
Qui sous son front hideux me cache Nictiméne,

Ce

Ce monstre d'impudicité,
Que les Dieux immortels, dans leur juste colére,
Pour punir sa lubricité,
Et l'amour déréglé, qu'elle avoit pour son Pére,
Changérent en cet animal,
Auquel il n'est oiseau, qui ne veuille du mal.
Il n'est pas jusques à l'écume
Qu'avec raison, je ne présume
Capable de produire encore une Vénus,
Mére de la concupicence,
De laquelle, sans médisance,
Tant de maux nous sont avenus.
J'apréhende en un mot, que ces formes champaî-
Venuës à leurs premiers êtres, (tres,
Ne métamorphosent enfin,
Ces deserts, jusqu'à l'herbe, aux épines, au tim,
En des Compagnies de femmes,
Dont les traces, pour moi, détestables, infames,
Seroient sans contestation,
Capables de troubler la résolution,
Que j'ai prise, en dépit de leur maudite envie,
De ne me souiller de ma vie.
Celle qui m'a donné le jour,
Qui servoit d'exemple à sa Cour
Cette Reine des Amazones,
Hipolite, laquelle entre les habitans
Des mieux peuplées de nos Zones,
Depuis l'origine des tems,

A bon droit a passé pour la perle des femmes,
N'a pas plus dédaigné les hommes les mieux faits,
Que je me croi, par les éfets,
Insensible à l'égard des Dames.
Amour, ce bel enfant, dont vous m'entretenez,
Né du Caos & de la Terre,
Et qu'à coup sur, vous soutenez,
Commander au Dieu du tonnerre,
N'a garde d'être assez puissant
Pour forcer le moindre des hommes,
A lui paroître obéissant:
Je connois sa vertu, je sai ce que nous sommes,
Son pouvoir n'est point absolu;
Son Arc & son Carquois, ses dangereuses fléches,
Ses Torches, ses brûlantes Méches,
Ne sauroient ébranler un homme résolu:
Sa vertueuse continence,
Y fait aisément résistance;
Et s'il sait bien se posséder,
Lui même avec succès, le pourra commander.
Madame, assurément vous étes trop crédule,
Sa déclaration est nule;
Il vous a, dites vous promi,
Que du plus profond de mon ame,
Je répondrois à votre flamme,
Croiez moi, c'est votre ennemi.
C'est un aveugle, il ne voit goute,
Les replis de mon cœur lui sont encor cachez,

Tenez

Tenez les yeux ſur lui fortement atachez,
Et vous n'en ferez aucun doute.
Vous me réſignez votre cœur;
C'eſt me faire bien de l'honneur,
Et me perſuader de votre confiance;
Fort bien, entre mes mains, il eſt en aſſurance,
Je l'accepte à condition
De le garder toûjours avec dévotion,
De la plus petite ſoüillure,
Et de lui dreſſer des autels,
Où, pour ſervir d'exemple au reſte des mortels,
Comme ſi vous étiez de céleſte nature,
Les plus humbles de mes reſpects,
Pour s'aquiter de leur ofices,
Conſumeront leurs ſacrifices,
Sans que j'en aproche jamais,
De peur de le rendre profane,
Et que l'équité me condanne.
C'eſt là que l'on verra les légitimes feux
De mon Pére & de vous, porter juſques aux Cieux,
Le précieux encens d'un Zéle invariable,
Et du juſte prix de mes vœux,
Pour le bien commun de vous deux.
Et pour rendre à ces vœux le Ciel plus favorable,
Je prétens dans ces bois, dénuez de Maiſons,
De Bergers & de Mercenaires,
De mes mains dreſſer des gazons
Aux divinitez bocagéres,

Afin que par leurs bons ſuports,
Elles ſupléent aux éforts
D'une foible vertu, réduite à l'agonie,
Contre ce dangereux Genie,
Qui non content de voir que les ſales péchez,
A notre famille atachez,
Semblent vous atirer la vengence divine,
Veut par ce crime injurieux,
Nous rendre à chacun odieux,
Et procurer dans peu, notre entiére ruine.
Je vous conjure maintenant,
Par les manes de vos Ancêtres,
De travailler incontinent
A vous racommoder avec les divins Etres.
Vous devez vous humilier,
Pour vous mieux réconcilier:
C'eſt le meilleur moien de détourner la foudre,
Dont nous nous voions menacez,
Et qui de ſes carreaux juſtement entaſſez,
Eſt prête à nous réduire en poudre.
Après une infame action,
Il faut de la ſoumiſſion:
Vous ne ſeriez pas la premiére,
Qu'une ardente & forte priére,
Auroit mis a couvert de ſes infirmitez.
Bien ſouvent les divinitez,
Qui ne ſont pas inexorables,
Aux plus grands des pécheurs deviennent favora- (bles.

A-

Après avoir fléchi les Dieux,
Et pour votre pardon, obtenu leurs sufrages,
Tournez je vous prie, les yeux
Sur ces inestimables gages,
Que vous avez reçûs, excepté les bijoux,
De l'amitié de votre Epoux:
Aiez en s'il vous plait, de la reconnoissance;
Consolez vous en son absence.
Pensez qu'un de ces jours, vous l'allez voir venir,
Chargé d'un butin incroiable,
Fait en plusieurs endroits de la terre habitable,
Vainqueur d'un nombre d'ennemis,
De maint fier animal, à ses armes soumis.
Songez à publier par tout la renommée,
Qu'il s'est aquise à main armée,
Et qui sans contestation,
Par cette réputation,
Vous rend la plus illustre & superbe Princesse,
Qui régnât jamais dans la Gréce.
Vous voiez bien, à ce discours,
Dont je suis sur le point de terminer le cours,
Qu'il ne seroit pas raisonnable,
Tandis que ce Guerrier se rend si redoutable,
Que vous sucombassiez sous vos afections,
Et fussiez le joüet des foles passions.
Quand ce Héros, que je révére,
Ne seroit pas même mon Pére,
Je ne laisserois pas dans cette ocasion,

De lui devoir l'afection.
Et le respect, que la nature
Exigeroit de moi, qui suis sa créature.
Je ne suis Dieu merci, point un enfant perdu,
Et je ne lui rends rien, qui ne lui soit bien dû.
Se pourroit-il, est il croiable?
Cette pensée a-t-elle lieu?
Que vous ne suffiez plus, comme un fait véritable,
Que vous étes encor femme d'un demi-Dieu?
Et reconnu pour tel du maître du tonnerre?
Pour vous abaisser jusqu'à terre,
Et commettre la lacheté,
Sans aucune nécessité,
D'honorer un mortel de votre bienveillance,
Pour ne vous rien dire de plus,
Puis que cela seroit entre nous superflus,
Qui n'a pour tout butin, que sa simple naissance,
Et d'éclat, de grandeur, de puissance, d'apui,
Que ce qui de son pére en rejaillit sur lui?
Avez vous oublié que le vaillant Thésée,
Après avoir forcé la porte des enfers,
Et de sa propre main, comme un verre brisée,
Entra, pour mettre dans les fers
La fiére Proserpine, infernale Déesse,
Et que le Dieu Pluton eut beau se dépêcher,
S'il n'avoit usé de finesse,
Il n'auroit pû l'en empêcher? (de
Ne vous souvient-il plus que cet homme intrépi-
Acom-

Acompagna Jaſon juſque dans la Colchide
Pour conquérir la Toiſon d'or?
Ignorez vous, Madame, encor,
Qu'il défit le dernier Centaure?
Et renverſa le Minitaure?
Animal de rage animé,
Que Minos tenoit renfermé
Dans un Labirinte, où Dédale,
D'un eſprit inventif & mâle,
Avoit fait des détours, & tant de défilez,
D'autres détours entrelaſſez,
Avec mainte fauſſe avenuë,
Que lui même avec peine, en retrouvoit l'iſſuë?
Aiant une ample portion
A la gloire de ce Prodige,
Vous voudriez autre part, di-je,
Porter votre inclination?
Le poil ſur mon corps s'en hériſſe;
Je m'en trouve fort ofencé;
Jupiter en eſt courroucé,
J'apréhende pour vous, qu'il ne vous en puniſſe,
Il eſt d'un naturel qu'on redoute beaucoup.
Pour prevenir, Madame, un ſi dangereux coup,
Changez, au nom des Dieux, aujourd'hui de maxime,
Donnez à votre Epoux deſormais votre eſtime,
Rendez lui vos afections.
Croiant que c'eſt votre penſée,

Je n'acuserai plus que les illusions,
Qui vous ont sans doute poussée
A préferer des vanitez
A vos illustres qualitez.
Pour supléer à la foiblesse,
Auquel votre sexe est sujet,
D'être frapé du moindre objet
Auquel on voit briller le feu de la jeunesse:
Et ne doutant aucunement
Qu'en m'élevant avec un soin non ordinaire,
Vous n'aiez insensiblement
Passé d'une amitié de mére
Au criminel amour, qui sans nécessité,
Nous porte à l'impudicité,
J'ai cru qu'il étoit nécessaire
De me réfugier dans ce lieu solitaire,
A dessein d'y finir mes jours,
Et d'y voir terminer le cours
Des conversations que nous avions ensemble,
Tout à fait propres, ce me semble
A fomenter des passions,
Qui n'ont en vûë d'ordinaire,
Pour leur pernicieux salaire,
Que d'exécrables actions.
Je serai trop heureux, dans l'excès de ma peine,
Si je puis avec agrément,
Vous honorer comme ma Reine.
Je pourrois maintenant vous nommer autrement,

Mais

Mais si je vous donnois le titre de Maîtresse,
Qui vous convient pourtant indisputablement,
Comme à mon Pére justement,
Celui de Maître & de Hautesse,
Je craindrois que votre démon,
Qui ne pense guére, sinon
A vous embourber davantage,
N'en prit d'abord quelque avantage.
Ou que, comme un enfant de votre digne Epoux,
Je vous apellasse ma Mére,
J'aurois peur qu'à ce terme, & si tendre, & si
Votre afection ordinaire (doux,
Ne changeat à l'instant, pour ma punition,
En une injuste passion.
Au reste, obligez moi de n'être point en peine
De l'état où je suis à l'heure que j'écris,
Ou des mets, dont je me nourris,
Et de la vie que je méne
Dans ce desert non habité,
Que j'ai choisi pour ma retraite,
Où le lugubre cri d'une triste Chouette,
Me charme dans ma Liberté.
C'est là qu'en atendant le retour de Thésée,
Mon ame, de Zéle embrasée
Pour des actes religieux,
Benira jour & nuit les Dieux,
De ce qu'ils ont daigné favoriser ma fuite,
D'où j'ai reconnu dans la suite,

Aiant consulté la raison,
Que dépend mon repos, & votre guérison.
Oui, l'absence de ce grand homme
Me cause un ennui, qui m'assomme,
Au lieu que son regard réjouira mes sens.
Les avants-gouts, que je ressens
De cet heureux retour, me retiennent en vie,
Parce que je prévois qu'en dépit de l'envie,
A ce retour tant atendu,
Le repos vous sera rendu.
Vous en deviendrez plus tranquile;
Sa presence, Madame, extrémement utile,
Ne pourra que vous faire un sensible plaisir;
Comme vos agréables charmes,
Après avoir posé les armes,
Ne sauroient de nouveau manquer à vous unir.
O que ne le vois-je venir.
Ne pensez pas au moins que jamais je trahisse
Le devoir d'un homme de bien;
Non, que Jupiter me punisse
Si ma bouche découvre rien
Des fatals démélez que nous avons ensemble:
Il n'est moment que je ne tremble
Que tôt ou tard, Thésée en ait le moindre vent.
Quoi que j'y pense fort souvent,
Votre honneur à tous deux, m'est trop cher pour (le dire.
Oui, pour montrer que je desire
Que vous viviez en union,

Quoi

Quoi que puisse aléguer a mon pére,
De peur d'exciter sa colére,
Je tairai le sujet de mon évasion.
Il ne sera pas dificile,
Sous quelque prétexte inventé,
De lui faire passer pour une vérité,
Que ma presence ailleurs étoit alors utile,
Et qu'un voiage que j'ai fait,
Pour quelque afaire d'importance,
Ne s'est point entrepris sans votre connoissance;
Je suis bien assuré qu'il sera satisfait.
Que ce que je dis vous console;
Fiez vous en à ma parole;
Délivrez vous d'un vain soupçon,
Et vous persuadez qu'en aucune facon,
Je ne m'ingerai de troubler le ménage
De deux personnes comme vous,
D'une Dame & de son époux,
Ausquels je prétens rendre un éternel hommage.
Avant que de finir ce lugubre discours,
Dont je suis prêt pourtant d'interrompre le cours,
Je veux, pour contenter mon ame,
Et vous venger en même tems,
Vous avertir ici, Madame,
Que sincérement je prétens
Me déchainer à toute outrance,
Contre ma prétenduë & fatale beauté,
Dont votre esprit fut enchanté,

Nous dites vous, dès mon enfance,
Puis qu'elle est cause de vos maux,
Quelle nourrit encore une éternelle flamme,
Qui vous consumant jusqu'à l'ame,
Augmente à tout moment vos pénibles travaux.
Que le courroux ardent de l'essence Divine
Dans ce même instant l'extermine,
Puissé-je devenir aussi laid que Mopsus,
Borgne, boiteux, manchot, & l'un des plus bossus
Qu'enfanta la ville d'Athéne.
Que ma sueur & mon haleine,
Jusqu'aux exalaisons, qui sortent de ma chair,
Fassent craindre de m'aprocher.
Comment! les Graces, les Charites,
Des talens excellens & de rares mérites,
Une perruque de fin lin,
Un grand front, un nez aquilin,
Un teint vif, des yeux bleux, une roiale mine,
Une bouche vermeille, éloquente, & dedans,
Trente Perles, au lieu de dents,
Un air doux, une taille fine,
Tant de riches tresors, & reconnus pour tels,
Que Jupiter acorde à si peu de mortels,
Seront cause de votre perte;
Non, cela ne sera plus dit.
Si mes vœux n'ont point de crédit,
Que la porte des Cieux ne leur soit plus ouverte;
Pour en obtenir maintenant,

Que

Que je devienne incontinent
Le plus haïſſable des hommes ;
Je m'en vai, vrai comme nous ſommes,
Tacher de me taner aux raions du Soleil,
Et par un long travail, reculer le ſommeil.
J'expoſerai ce beau viſage
Au ſerein, au vent, à l'orage,
Et ceſſerai de me nourrir,
Afin de me faire mourir,
Si vous ne promettez en bonne conſience,
De n'avoir plus pour moi que de l'indiférence.
Adieu, je me fie au porteur,
Et reſte votre ſerviteur.

EPITRE DE DIANE A HIPOLLITE.

Sujet de la Lettre.

TOut oblige l'homme à bien vivre;
La vertu doit guider ses pas;
Si nonobstant son Zéle, il ne peut pourtant pas,
Par tout également la suivre,
Et qu'il se voie même errer,
Il n'auroit pas raison de s'en desespérer.
Les infirmitez naturelles
Ne l'abandonnent point qu'à la fin de ses ans;
Des Etres les plus purs il en est peu d'exemts;

Les

Les Dieux en ſavent des nouvelles,
Diane Déeſſe des bois,
Que les Hiſtoriens, d'une commune voix,
Font la plus chaſte des Déeſſes
N'a pas éte non plus, à couvert des foibleſſes.
Hipolite ébranla ſon cœur;
Il étoit celébre véneur,
Elle Maîtreſſe de la Chaſſe,
Où c'étoit ſon plaiſir de le voir tous les jours,
Avec rapidité courir de place en place.
Il étoit bien tourné, beau comme les Amours;
Diane, une Eſſence éternelle,
Ne pouvoit manquer d'être belle.
Il n'etoit ami ni parent,
D'abord que de leur ſexe il étoit diférent,
Qu'ils ne le priſſent à partie.
Une ſi grande ſimpatie
Cauſa fort inſenſiblement,
Un amoureux embarquement.
La Déeſſe aimant Hipolite,
Se laſſoit de le voir plus long-tems à ſa ſuite;
Elle lui vouloit plus de bien,
Cependant il n'en ſavoit rien;
Il le lui faloit donc aprendre.
Le moien le plus propre, auquel elle penſa,
Fut de lui dépêcher une lettre fort tendre;
Voici comme elle l'agença.

LET-

LETTRE.

Avouez moi, bel Hipolite,
Vous, qui vous faites un honneur
De marcher toûjours à ma suite,
Qu'on ne peut admirer assez votre bonheur,
De ce que pour être propice
Aux vœux que vous formez, & que de vive voix,
Vous m'adressez du fond d'un solitaire bois,
Je vous admets à mon service.
Que ne devez-vous pas aux Cieux,
Qui charmez de l'odeur de l'encens précieux,
Que vous m'ofrez, lors qu'il les passe,
Vous ont obtenu cette grace?
Le Dieu le mieux hupé, n'a pas encore osé
Aspirer à ce bien suprême,
De peur qu'il ne lui fut à l'instant refusé:
Jugez par là, si je vous aime.
Vous avez fait profession,
Depuis assez long-tems, de me prier sans cesse
De vouloir bien vous prendre en ma protection,
Et me dire votre Maîtresse;
J'y consens volontiers, c'est un point arrêté,
La sentence en est prononcée;
Et pour vous faire voir que c'est bien ma pensée,
Je veux l'être en amour, plus qu'en autorité.
Vous vous dévouez à ma suite,

Et vous croiriez heureux d'être mon serviteur,
Je connois trop votre mérite,
Pour vous traiter avec hauteur,
Je vous ofre ma compagnie,
Vous étes éloquent, vous avez du génie,
En surpassant votre desir,
Vos conversations me feront bien plaisir.
C'est trop de souhaiter avec persévérence,
De pouvoir expirer au pié de mes autels,
J'aurois cette condécendance
Pour tout le reste des mortels;
Mais après m'avoir fait de pieuses ofrandes,
Si vous voulez répondre à mes justes demandes,
Et suivre mes commandemens,
Vous passerez sans crainte, à mes embrassemens,
Et de la vûë de l'image
De celle, que vous adorez,
A l'inexprimable partage
De son original, que vous posséderez.
Vous voulez me rendre service;
C'est avoir de l'ambition,
Je croi qu'il est de la justice
De vous en témoigner de l'obligation.
Mais savez vous à quoi cet emploi vous engage?
C'est à répondre en homme sage,
A l'amour que votre beauté
Et votre générosité
Ont insensiblement introduit dans mon ame.

Avec

Avec votre Zéle de flamme.
Aportez y le jugement,
Tel qu'est indisputablement,
L'afection que je vous porte.
En vous comportant de la sorte,
Nous aurons lieu, dans peu de tems,
D'être l'un & l'autre contens.
C'est là le sujet de ma lettre, (tre,
A laquelle aujourd'hui vous devez vous soumet-
Et dont l'ouverture à coup seur,
Vous sera celle de mon cœur.
L'autel, fait de limon, d'argile, de bitume,
Et tout entouré de gasons,
Où vous avez, mon cher, la loüable coutume,
De m'adresser vos oraisons,
Est l'endroit, où je vous l'ai mise,
Afin que vous puissiez, avec quelque surprise,
Aprendre le succès de vos vœux enflammez,
Où votre cœur les a formez.
Si je les ai, bel Hipolite,
A cause de votre mérite,
Pris dans un sens plus relevé,
Qu'un mortel, comme vous, soumis & réservé,
N'auroit osé se le promettre,
Croiez, à le prendre à la lettre,
Que ce n'a pas été sans de rudes combats,
Dont je vous parlerai plus bas,
Afin que le motif tout extraordinaire,

Le

Lequel m'a contraint de le faire,
Vous ferve avec raiſon ſans beaucoup héſiter,
D'éguillon à le mériter.
Je paſſois gaiement les jours & les années
Dans des forêts, abandonnées
A toutes ſortes d'animaux.
Mon exercice étoit la chaſſe,
Je courois par monts & par vaux,
Et n'arrêtois jamais en place,
Auſſi bien la nuit que le jour,
Toûjours ſuivie de ma Cour,
Qui conſiſte en nobles Déeſſes,
Avec la qualité, les unes de Princeſſes,
Les autres de Dames d'honneur,
Suivant qu'elles ont de mérite,
De beauté, de vertu, Car, mon cher Hipolite,
Leurs qualitez font leur bonheur.
Comme fille du Dieu, qui lance le tonnerre,
Lune dedans les Cieux, Diane ſur la Terre,
Proſerpine dans les enfers,
Où le Roi Pluton tient les ames dans les fers;
Je mépriſois les Dieux, les Héros & les Hommes;
La liberté, franchiſe & l'état, où nous ſommes,
Mes Compagnes & moi, nous faiſoit mépriſer
Ceux qui nous vouloient épouſer.
Ma ſatisfaction étant inexprimable,
Défioit Jupiter de me pouvoir donner,
Et mon eſprit d'imaginer,

Un

Un objet qui fut deſirable;
Lors que, ſans que l'on y ſongeât,
Il falût que l'amour volage
Vint dans ces ſombres lieux, jouer ſon perſonna-
Et que Fédre vous obligeât, (ge
Par une eſpéce de miracle,
A vous y faire un tabernacle.
Quand vous vous y futes rendu,
Vous parutes fort aſſidu
A viſiter les oratoires,
Et les endroits les plus notoires,
Que la Religion, pour de bonnes raiſons,
M'a dreſſez dans ces vers bocages.
Vous rafraichiſſiez les gaſons,
Qui proprement rangez, entouroient mes images:
Vous m'imploriez dans le beſoin,
A la faveur d'un ſacrifice,
Et me conſacriez avec beaucoup de ſoin,
Votre dévotieux & tres humble ſervice.
Je fus touchée de pitié,
Bien plus, ſans contredit, que d'aucune amitié,
Juſques à ce qu'enfin, votre perſévérance,
A faire inſtance ſur inſtance,
Me donna d'autres ſentimens.
Au lieu qu'aux premiers jours, je vous paſſois fort
Je commençai, pluſieurs de ſuite, (vite,
A m'arrêter quelques momens,
Quoi que je vous fuſſe inviſible.

De

De cette conversation,
Assez indiférente & mêmes insensible,
Sur ce qui regardoit votre dévotion,
Je passai, sans pourtant le remarquer moi même,
Aux transports d'un desir extréme,
De vous entretenir avec plus de loisir.
Je sentois chaque jour augmenter le plaisir
Que me causoit votre presence,
En considérant la vertu;
Dont le Ciel vous avoit largement revétu,
Et qui devoit, en aparence,
Etre le précieux portrait
De cette ame pieuse & sage,
Dont les perfections, jusques au moindre trait,
Paroissoient dans votre visage.
Je ne pus pas long-tems, Hipolite, y penser,
Sans prendre le parti de les récompenser.
Des raisons fortes & pressantes,
Vouloient que sans plus m'amuser,
Je devois immortaliser
Tant de qualitez excellentes.
Mais vû que les Divinitez,
Suivant d'augustes loix, qui sont leurs volontez,
Rendent rarement immortelles
Des créatures, que le sort
A destinées à la mort,
Qu'elles n'aient de l'amour pour elles,
Mes vielles inclinations,

Fiéres

Fiéres, revêches, dedaigneuses,
Regardant comme injurieuses,
Ces nouvelles afections,
Et ne pouvant soufrir que ma condécendance
Procurât votre avancement,
Poussérent ma raison opiniâtrément,
A traverser le cours de cette remontrance,
Qui devoit rester sans éfet.
Comment ! me disois-je à moi même,
Avec une vigueur extréme,
Moi, qui des ma naissance ai fait
Vœu de n'aimer jamais personne,
Et qui de desespoir friçonne,
Quand je vois une femme aimer.
Moi, qui voulois tout abimer,
Lors que je m'aperçûs que sous ma ressemblance,
Jupin avoit eu l'imprudence
D'abuser Caliston, Princesse de ma Cour;
Car elle eut beau jetter sur lui ce vilain tour,
Je la banis de ma presence.
Moi, di-je, pour la conséquence,
Qui transformai jadis, Actéon mon parent,
Quoi qu'il ne me fût pas pourtant indiférent,
En un Cerf, que mes chiens crurent de bonne prise,
A cause qu'il m'avoit innocemment surprise,
Et vû presque nuë en un bain:
Néanmoins il est tres certain
Que si quelque juge équitable,

D'un

D'un jugement solide & sain,
Avoit pris cette cause en main,
J'aurois seule paru coupable.
Comment! après avoir dédaigné mille fois
Cupidon & sa vaine Mére,
Je pourois oublier d'être leur adversaire,
Et me soumettrois à leurs loix.
Qu'en diroient, juste Ciel! les Nimphes de ma sui-
Mais qu'en penseroit Hipolite, (te?
Qui pour une même action,
A pris la Reine Phédre en détestation?
Aiant choisi ce lieu pour être son refuge,
Et cherchant ma protection,
Il ne sauroit manquer de devenir mon juge,
Et de blamer ma passion.
Quel changement considérable,
Quel démont me peut faire agir?
Je péche, je me plains, sans me trouver coupable.
C'est ainsi que je me parlois,
Et que dans mon humeur sévére,
Adroitement je me voilois
D'une justice imaginaire:
Mais l'idée de mon vainqueur
Ne se formoit pas dans mon ame,
Que je sentois couler une agréable flamme,
Par une bréche dans mon cœur,
Que vous devez y avoir faite,
Depuis que mes forêts vous servent de retraite.

Ces

Ces trompeuses illusions
Passoient comme un simple nuage,
A la vûë de votre image;
Le Soleil de ses clairs raions,
Ne fait pas plus d'éfet sur une nuit obscure,
Que votre agréable peinture
Sur un si frivole argument,
Et mon solide jugement
Se trouvant éclairé de vos vives lumiéres,
Me faisoit voir dans le moment,
Que ces raisons imaginaires,
Partant de mon aigreur, tendoient uniquement,
Par ce détestable artifice,
A vous rendre un mauvais ofice.
Pour en interrompre le cours,
J'avois à la Justice aussi tôt mon recours,
Qui me devoit servir de plége.
Aimer un homme, leur disois-je,
Et sans contredit l'obliger:
L'acte est digne d'une Déesse:
Mais pour comble de ma tendresse,
Je veux encore, afin de ne rien négliger,
Le rendre égal à moi; qu'aura-t-on plus a dire?
Il n'est rien qu'un mortel desire
Avec plus de chaleur, que l'immortalité.
J'acuse ma témérité,
Qui comme une noire furie,
A jadis eu la barbarie

De

De punir Actéon, ſans le moindre ſujet.
Arriére donc, ſiniſtre objet
D'une cruauté, qui m'ofence,
Et qui tache de la couvrir
D'un faut prétexte d'innocence,
Que je ne ſaurois plus ſoufrir.
J'ai commis, je l'avouë, encore une autre ofence,
Contre Vénus & Cupidon:
Je leur en demande pardon.
Oui, de ce petit Dieu, j'ai mépriſé l'enfance,
C'eſt une vérité, que je veux bien ſavoir;
Mais pour rentrer dans mon devoir,
Je conſens aujourd'hui moi même,
Qu'il aſſouviſſe ici ſon extréme deſir,
Et la reléve avec plaiſir,
En montrant des éfets de ſon pouvoir ſupréme.
Dès que nous nous ſommes connus,
J'ai refuſé de me ſoumettre,
Quoi qu'il en arrivât, à ſa mére Vénus,
Je ne comprens pas bien comment j'ai pû commet-
Un abus comme celui la. (tre
Pour remédier à cela,
Et mettre fin à cettre guerre,
Je le lui céde ſur la Terre,
Comme je le fais dans les Cieux,
Où chacun ſans diſpute aucune,
Conſent qu'elle eſt placée au deſſus de la Lune,
Et que ſon grand Domaine eſt le plus ſpacieux.

Outre ce noble privilége,
De se voir sur le plus haut siége,
A quoi tres volontiers je donne aussi les mains,
Assurément, s'il le faut dire,
Sa douceur polit son Empire,
Et ses commandemens sont tout à fait humains.
Ici son honneur m'intéresse,
Mais il n'est point d'autre Déesse,
A laquelle d'un pas je le veuille céder,
Et sur quoi je ne sois toute prête à plaider.
Selon moi, Junon est altiére,
Thémis extrémement sévére,
Thétis murmure trop souvent,
Elle s'emporte pour du vent.
Minerve assez chagrine, est fort amibitieuse;
Toutes sont d'une humeur facheuse:
Vénus seule a de l'enjoûment;
On a beau faire, on a beau dire,
C'est son benin tempérament,
Elle ne demande qu'a rire.
Comme elle prend de l'intérêt
A faire consentir les cœurs au moindre arrêt,
Qui se rend à sa Cour, elle a mille artifices
Pour assaisonner leurs délices.
Hipolite fuit Phédre, on ne le peut nier,
Mais c'est en qualité d'épouse de son pére,
Dont il redoute la colére,
Comme d'un homme promt, inexorable, altier,

Je

Je tombe d'acord qu'il proteste
Qu'en secret pour le sexe, il a quité la Cour,
Mais ce n'est pas faute d'Amour,
C'est par la crainte d'un inseste,
Dont le seul nom lui fait horreur.
Mais quand même une femme, ou charnelle Maî-
Lui donneroit de la terreur, (tresse,
Il fera cas d'une Déesse. (est beau,
Ce changement est grand; tant mieux puis qu'il
Bien loin d'en paroître surprise,
C'est en cela qu'on voit qu'amour me favorise,
Puis que par ce moien, qui me paroit nouveau,
De meurtriére infame, implacable, méchante,
Il me rend la fidéle Amante
D'un objet plein de Majesté,
Qui me doit quelque jour, égaler en beauté.
Il suit à notre égard, rarement cette régle,
S'il change Jupiter, c'est quelquefois en aigle,
En taureau furieux, en serpent indomté,
En figures injurieuses
Aux qualitez majestueuses
D'une Auguste Divinité.
Cette afection tendre, honnête, légitime,
Et si digne de mon estime,
Semble m'exemter de rougir
Devant le charmant Hipolite,
En moins que, pour en bien agir,
On ne prétende que j'imite

La perle, à l'aſpect du Soleil,
Ou ſon brillant éclat eſt moins blanc que vermeil.
Enfin, en dépit de l'envie,
Je l'aimerai toute ma vie.
Comme je finiſſois cet amoureux propos,
Que ce Dieu, fier de ſa victoire,
Ne prenoit pas pour illuſoire,
Il me tira fort à propos,
D'un Mirte, oû le badin ne m'étoit pas viſible,
Un trait de même imperceptible,
Avec ces mots. Je l'ai trempé,
Déeſſe, dont Vénus reconnoit le mérite,
Dans les yeux de votre Hipolite,
Afin d'inſinuer au cœur, qu'il a frapé,
Ses paroles ſans fard, images des penſées,
Qu'en ſa faveur tantôt, vous avez prononcées,
Et de faire qu'à l'avenir,
Il en puiſſe à toûjours garder le ſouvenir.
Jamais une biche bleſſée
D'une fléche d'acier, qui l'auroit tranſpercée,
Ne court les coteaux & les bois,
D'une rapidité ſemblable,
A la courſe ſans doute, alors inévitable,
Que ce terrible coup, dont j'étois aux abois,
M'avoit obligé d'entreprendre.
Mes Nimphes ne pouvoient comprendre
Que preſque à chaque inſtant je leur puſſe écha-
Elles ne pouvoient m'atraper. (per:
Com-

Comme au vent une foible nuë,
Je disparoissois à leur vûë.
Passant à chaque instant comme un subtil éclair,
De la Terre au plus haut de l'Air,
On me voioit monter d'une plate campagne,
Jusqu'au sommet d'une montagne.
Cette horrible agitation
Mettoit tout en combustion.
Tout brûloit, arbres vers, comme les herbes sé-
L'énorme quantité de fléches, (ches.
Que je tirai de loin, aussi bien que de près,
Faillit à mettre en sang les épaisse forêts.
Mais tant de sensibles blessures,
Faites à mille créatures,
Tigres, Léopards, Sangliers,
Deins, Loups, Chamois, Lapins, Béliers,
Ne pouvoient soulager la mienne.
Ma douleur n'étoit pas moienne,
Je ne pouvois plus l'endurer.
Après bien des détours, enfin, lasse d'errer,
Entre l'espérance & la crainte,
Je me trouvai comme contrainte
De retourner vers Cupidon,
Où d'un assez lugubre ton,
Je me mis a flater mon mal, par cette plainte.
Rigoureux trait d'Amour, qui m'altére les sens,
Di-je que par tes maux, hélas! durs & pressans,
Tu venge bien Vénus, & sa nombreuse suite;

En quel état m'as-tu réduite?
Lors que la biche a le malheur
D'avoir de la main d'un Chasseur,
Eté cruellement frapée,
Pourvû que sa vigueur ne soit point dissipée,
Et qu'avant qu'elle ait fait la perte de son sang,
Elle rencontre du dictame,
Cette herbe réjouit son ame,
Et sans aucun délais, lui referme le flanc.
Mais moi, Déesse de la chasse,
J'ai beau courir de place en place,
Mon cœur, où par ún coup fatal,
Un Aveugle, en jouant, a fait une ouverture,
Ne découvre aucun Végetal,
Qui puisse guérir sa blessure.
C'est donc ainsi, cruel Enfant,
Poursuivis-je, qu'afin de rester triomphant,
Tu m'as navrée par surprise?
J'auouë que tu m'as conquise;
Mais faut il me desespérer?
Et te venir encor mirer,
Par les conduits subtils d'une voie secréte,
Dans la plaie que tu m'as faite?
Mais comment pourrois tu te voir,
Couvert de ton bandeau, dans un sombre miroir,
Dont tu viens de rompre la glace?
Je raille, Cupidon, loin d'user de menace,
Pour te parler sans fixion,

Je

Je t'ai de l'obligation
De ce que tu ne m'as blessée,
Sans t'en avoir donné, peut être aucun sujet,
Que pour le plus charmant objet,
Qui vint jamais dans ma pensée.
Evitons des propos, qui seroient superflus,
Parlons ensemble à bouche ouverte,
Fais, si tu ne cherche ma perte,
Que je ne te resiste plus.
Sincérement je suis contente,
Peut être, contre ton atente,
De me régler ici selon ta volonté,
Mais fais aussi que la Beauté,
Qui par toi, m'y contraint, s'y renge à mon exemple.
A ces mots, il sourit, m'admire, me contemple,
Et m'aiant promi sous serment,
De m'aider infailliblement,
Il s'envola vers Cipre, Amathonte & Citére,
Pour aller vitement entretenir sa Mére
De ma promte soumission,
Qui paroissoit inesperée,
Et qui ne fut jamais entrée
Dans son imagination.
Je reviens à vous, Hipolite,
Vous voiez maintenant à quoi votre mérite,
Et tant de belles qualitez,
Dont Véritablement mes sens sont enchantez,

M'ont en peu de tems fait resoudre.
Si vous ne voulez pas passer pour un ingrat,
Et que Jupin, qui vous créat,
Vous extermine de sa foudre,
Rengez vous à votre devoir:
Répondez d'un ardent courage,
A ce que vous venez de voir
Que j'ai fait pour votre avantage.
Je ne saurois honnêtement,
Vous parler plus ouvertement.
Vous avez seu me rendre humaine,
Soufrez que je prenne la peine
De vous Déifier, comme on fit Orion:
Ce sera là, la recompense,
Et le fruit de notre union,
Auquel vous parviendrez par notre ressemblance,
Vous n'étes pas fort loin de la perfection,
Mais quand des Dieux à vous, pour la condition,
Il se rencontreroit beaucoup plus de distance,
Tenez vous en à ma puissance.
Vous n'avez presque rien d'humain,
Je ne vois rien en vous, qui ne soit admirable,
Pour être aux Déitez semblable,
Il ne vous manque plus qu'un seul trait de ma main.
Ceux qui virent les Dieux, conviennent,
Qu'à simplement vous regarder,
Dans le moment se ressouviennent
Des belles qualitez qu'ils doivent posseder.

Amour

Amour vous a donné sa face,
Vous avez proprement les Cheveux de Phæbus,
La Langue de Mercure & les mains de Baccus.
Il ne faut que vous voir un moment à la chasse,
Pour savoir qu'en humeur vous ressemblez à
Mars,
Enfin, vous surpassez Minerve dans les arts.
La nuit couverte de ses voiles,
Semble, suivant l'avis d'un nombre de témoins,
Dont j'en nommerois mille au moins,
Alumer à vos yeux ses brillantes Etoiles.
Bien des gens les prennent encor
Pour ces éclatantes Lumiéres,
Connuës sous les noms de Polux & Castor,
Mais c'est un abus, ces derniéres
Eclairent successivement;
Au lieu que celle-la, d'où qu'on les considére,
Luissent continuellement,
Leur éclat jamais ne s'altére.
Votre teint a de la fraicheur,
Sa resplandissante blancheur
A sans exagerer, bien de la ressemblance
Avec le cours Roial, auquel donna naissance
Le précieux Lait de Junon.
D'un propos si grave & si sage,
Fait à votre unique avantage,
On ne peut conclure, sinon
Qu'aiant pour vous de la tendresse,

Je bute à devenir un jour votre Déesse.
Puis que telle est déja mon inclination,
Nonobstant l'imperfection,
Atachée à votre nature,
Que ne sera-ce pas, si vous voiant un jour
Répondre avec ardeur, à mon sincére amour,
Je garantis de pourriture,
Votre corps de limon, infirme, vicieux,
Et vous enléve dans les Cieux?
Tout ce que vous avez à present d'agréable,
Deviendra merveilleux, surprenant, admirable.
Car enfin, vous devez savoir
Que des que nous serons ensemble,
Votre grandeur, votre pouvoir,
Et ce que vous avez déja qui me ressemble,
Prendra dans cet heureux moment,
Un si sensible acroissement,
Que vous vous sentirez vous même
Porter jusqu'au degré supréme
D'une félicité, qu'on ne peut exprimer.
Faissant profession, mon cher, de vous aimer,
Il faut que je vous dise encore
Qu'entre les corps Divins, que tout le monde adore,
Et ceux qui sont sujets à la corruption,
La diférence est surprenante
Dans la communication,
Sur tout d'un bel Amant avec sa chére Amante.

La

La nature des uns n'eſt point portée au bien ;
Ils ne ſe communiquent rien
Que de charnel, groſſier, nuiſible;
Au contraire, il eſt impoſſible
Qu'en éfet les divinitez
Ne s'impriment des qualitez,
Dont l'excellence participe
A la gloire de ſon principe.
Le Nectar, l'Ambroiſie & les mets précieux,
Qu'on ſert à la table des Dieux,
Rempliſſent leurs vaſſeaux d'eſprits vifs & céleſtes,
Qui les rend vigoureux, ſains, agréables, leſtes,
Et leur fait tranſpirer certaine exalaiſon,
Qui fortifie la raiſon,
Augmente la ſanté, donne une douce haleine,
Et chaſſe les humeurs des membres engourdis.
Pour être convaincu de ce que je vous dis,
Allez vous regarder dans l'eau d'une fontaine,
Qui vous peigne naivement:
Examinez à fond votre raiſonnement,
Ne vous arrêtez point ſimplement à l'écorce,
Chaſſez, agitez vous, éprouvez votre force;
Venez en ſuite auprès de moi,
Jouiſſez de ma compagnie,
Et ſoubiſſez la douce Loi,
A quoi mon amour vous convie.
La deſſus retournez conſulter ce miroir,

Examinez bien votre mine,
Vous ne tarderez guére à vous apercevoir,
Dans cette liqueur argentine,
Du changement avantageux,
Outre tant de plaisirs, ausquels je m'intéresse,
Que vous auront causez les doux ris & les jeux
De votre obligeante Déesse.
Vous deviendrez plus fort & plus ingénieux;
Ce visage que j'idolatre,
Sera plus gai, moins dédaigneux;
Le blanc de votre teint d'albâtre:
Vos lévres de coral, tout y profitera.
Votre habit même jettera
Une lueur d'Azur, semblable
A celui, dont l'éclat reléve les beautez
De cette voute incomparable,
Qui renferme de tous côtez,
Le spacieux contour de la Terre habitable.
Un obligeant Zéphir, d'une odeur agréable,
Restant à vos côtez, aura soin d'évanter
L'ambre de votre chévelure,
Dans la vûë d'en écarter
Ce qu'elle conservoit de sa foible nature.
Des mignardises par miliers,
Sans aucuns soins particuliers,
Naitront de nos tendres caresses,
Et folâtreront dans les tresses
De ces cheveux dorez, ensemble entortillez:

Com-

Comme l'Aurore se délecte,
Par des mouvemens qu'elle afecte,
A repasser les fleurs des coteaux émaillez:
Votre port, vos atraits, votre charmant visage,
Auront part à ce badinage;
Ne sachant à qui s'adresser,
Vû notre grande ressemblance,
Il leur arrivera d'éviter ma presence,
Afin d'aller à vous, & de vous caresser.
Enfin chacun sera contraint de confesser,
Qu'entre les Dieux & vous, mêmes en connoissance,
A peine on trouvera la moindre diférence.
Si vous desirez de chasser,
J'ordonnerai dans les bocages,
Dans les bois les forêts les vignes & les chams,
Que toutes les bêtes sauvages,
Les animaux, bons & méchans,
Se trouvent au bout de vos fléches,
Afin que dans leurs flancs, elles fassent des bréches,
Comme celles qu'Amour, ce général vainqueur,
A pour l'amour de vous, faites dedans mon cœur.
En sortant de cet exercice,
Si, craignant que je ne languisse
Après l'objet de mon Amour,
Vous me voulez venir souhaiter le bonjour
Vous serez avec moi comme l'illustre Cierge,

Qui de ſes vifs raions, éclaire l'univers,
Eſt ordinairement avec la chaſte vierge,
Qui le reçoit à bras ouverts.
Nos ennemis, à bouches cloſes,
Auront entre les dents, tout bas, beau murmurer,
C'eſt là qu'ils nous verront, comme deux tendres roſes,
Qu'un petit vent molet invite à ſe baiſer,
A quoi, chacune à part, eſt toûjours toute prête.
Quelquefois deſſus mon giron,
Je prendrai votre belle tête,
Echapée des mains de l'avare Charon,
Et de mes doigts ſubtils, du front juſqu'à la nuque,
Je peignerai votre perruque:
Après quoi, de ſes filets d'or,
Nous ferons, vous & moi, la trame
D'un ſiécle digne de ma flamme,
Et qui doit dans mille ans leur reſſembler encor.
Vous traitant alors en amante,
S'il m'arrivoit de vous baiſer,
Ce ſeroit une erreur, qu'on pourroit excuſer,
Puis qu'on me fait paſſer pour une étoile errante.
En vous faiſant pourtant ce favorable don,
Si vous en rougiſſiez de honte,
Vous pouvez faire votre conte
Que le bandeau de Cupidon
Seroit le voile exquis qu'à l'inçû de ſa mére,
Je vous apliquerois plus bas que les ſourcils,

Ainſi

Ainsi Vénus croiroit que vous seriez son fils,
Amour vous prendroit pour son frére.
Lors qu'il m'arriveroit en traversant le Parc,
Séjour de nos bêtes sauvages,
De vous faire porter mon Arc,
Vous serviriez au hommes sages,
Comme un second Iris, de consolation:
Ils ne craindroient plus de Deluge,
Ni qu'ils eussent besoin, comme Deucalion,
De bâtir un Vaisseau pour être leur refuge.
Voila, mon cher, en abrégé,
En quoi doit consister votre premiére vie,
C'est un bonheur auquel vous n'auriez pas songé,
Lors qu'elle vous sera ravie,
Car vous ne sauriez l'éviter,
On auroit beau crier, la Parque est sans oreilles,
Le cruel destin n'en a pas,
Et l'on mettroit sans doute au nombre des merveilles,
S'ils exemtoient jamais un homme du trépas;
A peine serez vous entré dans le Tartare,
Que le démont le plus barbare
Ne vous y sauroit arréter,
Je vous en tirerai, croiez à ma parole.
Pour joüer un semblable rôle,
Le Dieu Pluton & moi rendimes autrefois,
Euridice au Poëte Orphée,
Que le venin mortel d'un serpent dans un bois,

Avoit

Avoit à l'inſtant étouffée.
Jugez par là de mon pouvoir,
Et ce que je dois faire en faveur d'Hipolite :
C'eſt ce que chacun pourra voir,
Et vous l'aprendrez dans la ſuite,
Puis que le tems découvre tout.
J'abandonne à l'expérience,
Qui ſeule en aura la puiſſance,
Le ſoin de vous marquer, mon cher, de bout en bout,
De combien de plaiſirs, trop dignes de l'envie,
Votre immortalité doit être enfin ſuivie,
Si vous avez le jugement
D'y conſentir hativement.
Cela n'eſt pas fort dificile,
Et je croi qu'il eſt inutile
De vous dire en deux mots, qu'il ne s'agit ici,
Moi vous aimant, ſinon que vous m'aimiez auſſi,
Et pour entiérement me plaire,
Penſiez à détacher votre cœur de la terre,
Pour l'élever juſques aux Cieux.
Cette immortalité, bijou ſi précieux,
Que tant d'illuſtres perſonages,
De Héros, de ſavans, de ſages,
Au peril de leur vie, ont recherchée en vain,
Venez la cueillir dans mon ſein.
Que ne devez vous pas a tant d'ofres honnêtes?
Conſidérez ce que vous étes,

Et si nous pouvons convenir,
Ce qu'infailliblement vous allez devenir.
Autrement, beau, bien fait, de merveilleuse grace,
Afable, de bonne façon,
Prenez garde à ce qui menace
Votre qualité de garçon.
Un exemple sufit pour vous en faire juge,
Depuis que nos forêts vous servent de refuge,
Un aigle, qui m'a l'air de cacher Jupiter,
Rode ici toute la journée,
Peut être pour vous emporter,
A la faveur d'une nuée;
Et qu'il ose tenter une telle action,
Ganiméde en est caution.
Le moien le plus sur d'éviter sa presence,
Et de tomber en sa puissance,
Est de vous jetter dans mes bras,
Prets à vous être secourables.
Je sai qu'il est des noms terribles, redoutables,
Qui rendent quelquefois leurs sujets odieux;
Celui de Diane épouvante;
Mais ne parlez à moi que comme à votre amante,
Cela nous conviendra bien mieux;
Je veux bien du respect, mais non pas de la crainte.
Nommez moi tant qu'il vous plaira,
Ma Maîtresse, mon cœur, Friponne etcetera,

Moien-

Moiennant que ce ſoit ſans feinte,
Car en quoi que ce ſoit, je n'aime point le fard,
Je le prendrai de bonne part;
Ces titres mes ſeront beaucoup plus agréables
Que ceux de votre Majeſté,
D'Alteſſe, de Grandeur, ou de Divinité,
Et quantité d'autres ſemblables,
Qu'à l'avenir, mon cher, vous devez négliger,
Si vous me voulez obliger.
Ce ſont vos intérêts, ne ſoiez point revêche;
Je ne voi rien, qui vous empêche
D'aquiécer à ma volonté,
En moins que vous n'euſſiez en vous même arrêté
D'épouſer une femme & vous mettre en ménage;
Mais évitez cet exclavage,
Que les démons ont inventé;
Vous ne l'avez point mérité.
Il n'eſt point d'Himénée à couvert des deſaſtres,
Réglez vous ſur mes pas, prenez exemple à moi,
Je ſuis libre parmi les aſtres;
Perſonne dans les bois ne m'impoſe de loi.
Aux enfers je ſuis mariée,
Je ne puis ignorer que vous le ſavez bien,
Mais il n'en ſeroit encor rien
Si Pluton ne m'eut enlaſſée
Dans de maudits filets artiſtement dreſſez.
Ce ne vous doit pas être aſſez

De.

De fuïr les piéges des femmes,
Je vous l'ai dit, il est des Dieux assez infames
Pour vous en tendre en mille lieux,
Qui ne sont guére moins à craindre.
Ils savent tres bien l'art de feindre,
Et ne font point dificulté,
Pour abuser une Buauté,
De ramper, s'avilir ou prendre la figure
D'une chétive créature.
Quoi que je parle ainsi, ne pensez pas pourtant
Que j'en dise à d'autres autant;
C'est une marque de tendresse
Et de familiarité,
Que l'on ne doit chercher que dans une Maîtresse,
Lors qu'elle aime en éfet avec sincerité.
Non seulement, s'il le faut dire,
Je me sens capable de rire
Avec des demi-Dieux, des Chefs de Légions,
Ou comme vous voiez, avec un galant homme,
Mais je le pourrois même, en des ocasions,
Avec une bête de somme.
Il court un grand Cerf* dans ces bois,
Que j'aime depuis des années,
Peut être plus que je ne dois.
Il a les cornes façonnées,
Fines, de couleur d'or, d'une extréme hauteur,
Je doute fort qu'un bon sculteur

En:

En fournit de mieux ouvragées.
Il a la tête belle, un raviſſant muſeau,
Les dents blanches & bien rangées:
Enfin, jambes & corps, il n'a rien que de beau.
Il eſt d'une humeur atraiante,
Et d'une douceur qui m'enchante.
Je lui donne ſouvent à manger de ma main,
Des fruits délicieux, des figues, des amandes;
Je le pare de fleurs, le couvre de guirlandes;
On jureroit qu'il a quelque choſe d'humain.
Il connoit à mon air que je ſuis ſa princeſſe,
Non ſeulement il me careſſe,
Avant que de ſe retirer, (plaire,
Ne ſachant de quel biais s'y prendre pour me
Il met les deux genoux à terre,
En poſture de m'adorer:
En ſuite il fait la révérence,
Saute, bondit en ma preſence,
Léche les traces de mes pas.
Mes chiens ne l'épouvantent pas:
Ils s'aiment & ſe font careſſe.
Ce qu'ont les autres Cerfs d'aimable en leur rudeſſe,
Lui ſeul l'a dans ſes privautez.
Quand l'envie me prend de courir les campagnes,
Le long des claires eaux, pour en voir les beautez,
Je le monte, auſſi tôt que mes chéres compagnes
L'ont

L'ont fronté de torchons, & caparaçonné.
Elles le couvrent jusqu'à terre,
D'un rets de soie, environné
D'une frange d'or fin qu'Apollon, dans la guerre,
Cette guerre célébre, où prit part Lucifer,
Qu'il fit autrefois aux Ciclopes,
Avoit prise à ces misantropes,
Qui ne devoient former que foudre, flamme & (fer
Au travers de ces mailles claires,
Comme font toûjours le contraires,
Le manteau de mon Cerf, qui tire sur le gris,
Que l'on atribuë aux souris,
En éclate bien davantage.
Mon Arc me sert dans ce voiage:
La corde est propre à le brider,
Et le bois, au lieu de baguette,
Je l'emploie à le commander.
Depuis votre heureuse retraite,
Dans ces lieux écartez, où par une faveur,
Duë à vos qualitez, beauté, vertu, sagesse,
Je vous ai fait mon serviteur,
Et juré hautement d'être votre Maîtresse,
Tant qu'Apollon & moi poursuivrons notre (cours
Autours de la machine ronde,
De lui faire porter, aux yeux de tout le monde,
Les Livrées de nos Amours.
Afin qu'elles vous soient connuës,
En voici la description,

Digne

Digne de votre atention.
J'ai courbé deux branches toufuës,
De mirte franc, & de Laurier,
Puis les aiant entortillées
D'un filet fin, tissu par un bon ouvrier,
Et de vives fleurs émaillées,
Où j'aurois eu tort d'oublier
Mes Chifres précieux, j'ai passé ce colier
A l'entour du cou de ma bête,
Qui de gloire, en levoit la tête,
Et sembloit témoigner qu'on devoit aporter
Plus de soin à la respecter.
Enfin, les feuilles précieuses
De ce Laurier mistérieux,
Par des termes ingénieux,
Et des paroles amoureuses,
Que j'ai pris plaisir d'y graver,
Vous en aprendront plus dans un moment, peut
Sans qu'il soit besoin d'y réver, (être,
Que l'ennuieux détail de cette longue Lettre.
Cherchez ce cerf diligemment, (tre,
Lors que vous aurez fait cette heureuse rencon-
Et bien compris les vers, dont je fais plus bas mon-
Répondez moi dans le moment, (tre,
Sur les feuilles qui restent vuides.
Mon sage messager n'a pas besoin de guides,
Je ne tarderai guére à le voir de retour:
Adieu, cher Hipolite, objet de mon Amour.

Cerf

Cerf de la Reine des forêts,
Je porte ſon Arc & ſes rets
A ſon Amant, plein de mérite.
Ces Mirtes promettent ſon cœur,
Ces Lauriers cherchent un vainqueur,
Triomphez en, bel Hipolite.

EPI-

EPITRE D'HE'LEINE A MENELAS SON MARI.

Sujet de la Lettre.

Es femmes ont le don d'être artificieuses;
Elles ont beau paroître, & sages, & pieuses;
Leurs discours compassez, leur air de sainteté,
N'est souvent proprement, suivant l'expérience,
Qu'un voile de belle aparence;
Qui sert de couverture à leur méchanceté.
Donnons en sur le champ, une preuve certaine;
Sans contradiction, on peut dire qu'Héleine

Fut

Fut des excellentes Beautez,
La Beauté la plus achevée.
Paris, sans nul respect pour les Divinitez,
L'avoit à Ménelas son Epoux, enlevée:
Et pour pouvoir mieux assouvir
Sa passion desordonnée,
Sans qu'il fut en danger de se la voir ravir,
Il l'avoit à la Cour de Priam confinée.
Dix ans entiers après ce triste événément,
La Dame aiant apris, je ne sai pas comment,
Que la forte Ville de Troie,
Assiégée des Grecs, à son ocasion,
Alloit dans peu de jours, en devenir la proie,
Elle crut, par provision,
Pour tacher d'apaiser le courroux éfroiable
D'un légitime Epoux, qui la croioit coupable,
Lui devoir elle même écrire promtement,
Et rendre un conte exact de son comportement;
Voici la teneur de la lettre
Qu'en secret, dans son Camp, elle lui fit remettre.

LETTRE.

Enfin, généreux Ménélas,
Le Ciel, qui veut que je survive
Au fleuve impétueux de mes tristes hélas!
Va rendre pour jamais, Troie votre Captive.
Par ce coup belliqueux, lequel heureusement,

 Eter-

Eternise votre mémoire,
Vos armes & mes vœux jouissent pleinement
D'une tres éclatante & complette victoire.
Mes mortels ennemis en restent éperdus,
Et les Dieux en sont confondus;
Leur division en est cause,
Aucun n'aléguoit rien qui ne fut contredit;
Cassandre l'avoit bien prédit;
Et moi, qui n'ai jamais, en vers, non plus qu'en prose,
Examiné les loix d'un destin assuré,
L'avois prévû pourtant autant que desire.
Je n'apercevois rien dans cette rude guerre,
Où Jupin, le Dieu du tonnerre,
Ne me donnat lieu d'espérer
De voir Priam vaincu, chassé de son Empire,
Sans savoir où se retirer.
Le sujet, si je l'ose dire,
En étoit clairement fondé sur l'équité.
La Gréce, d'un autre côté,
Généreuse, & de gloire avide,
Armoit contre un lâche perfide,
Qui pour mieux assouvir sa fole passion,
A par la plus sale action,
Qui passera jamais à la race future,
Insulté l'Hospitalité,
Et violenté la nature,
En ravissant impunément

L'E-

L'Epouſe, le Treſor, le ſeul contentement
De l'un des plus valureux Princes
De ces populeuſes Provinces.
Elle armoit contre un peuple entier,
Qui loin de s'apliquer à réparer la faute
D'un infame particulier,
A fait un ſerment à voix haute,
De donner à ſon crime un air de ſainteté,
Et loüer ſon impiété.
Je ne voiois point d'aparence
Que le bonheur ſuivit tant d'inhumanitez,
Tant d'énormes iniquitez,
Contre la ſage Providence,
Et l'intérêt du genre-humain,
Qu'elle a fabriqué de ſa main.
Mais outre ces heureux préſages,
Je pouvois me flater d'autres grand avantages,
Puis que ſans bleſſer la raiſon,
Je ne voiois au fond, nule comparaiſon
Entre les nombreuſes armées,
De l'un & de l'autre parti.
Les Grecs n'en voulant pas avoir le démenti,
Envoioient des troupes, formées
De Soldats expérimentez,
De braves Cavaliers, roialement montez;
Leurs meilleurs Généraux, la fleur de la Jeuneſſe,
Et l'élite de leur nobleſſe.
Les Troiens au contraire, étoient éféminez;

A l'égard de leurs mœurs, mal conditionnez,
Et n'avoient enfin pour partage,
Que les traits délicats d'un assez beau visage.
Hector seul avoit de l'honneur,
Du mérite, de la Valeur.
Ajoutons à cela, qu'à mes humbles priéres,
Bien des Divinitez, & même des premiéres,
Témoignérent au genre-humain
Qu'elles vouloient entrer en Lice,
Et prendre notre cause en main,
Tant pour exercer la justice,
Que pour leur propre honneur assez intéressé,
Dans tout ce qui s'étoit passé.
J'avouë néanmoins qu'un certain petit nombre
Avoit mis les Troiens à l'ombre
De leur protection; mais on ne peut nier
Qu'ils n'eussent tort de s'y fier,
Puis que leur amitié, fondée
Sur une vaine passion
Ne pouvoit être de durée.
Apollon en avoit plus de compassion,
Qu'il ne leur étoit favorable;
Peut être se souvenoit il
De l'outrage considerable,
Que Neptune d'ailleurs, pénetrant & subtil,
Fut contraint d'endurer avec lui, sans murmure,
De Laomédon le parjure,
Qui leur avoit impunément

Re-

Retenu le loier, promis avec serment,
Et qu'ils devoient toucher en valable monnoie,
Pour avoir élevé les murailles de Troie,
Où s'étant travestis, ils avoient sans façon,
Fait la fonction de maçon.
Mars ne les assistoit qu'à la priére ardente
De Vénus, d'autre part, assez indiférente,
Puis qu'elle n'agissoit pour eux
Qu'en faveur d'un Enfant, qui charmé des beaux
Et du teint de cette Déesse, (yeux
S'étoit pour cet objet, senti de la tendresse,
Et l'avoit préféré, bien à propos, ou non,
A la sage Pallas & la riche Junon.
D'où l'on voit avec évidence,
Qu'au décès du garçon, qui tôt après mourut,
Elle devoit, comme il parût,
Abandonner cette défence,
Neuf ans se sont passez, sans qu'on ait pû juger
De l'issuë de cette guerre,
Qui du sang des humains a submergé la terre,
Et vû des Légions d'innocens s'égorger.
Au dixiéme il paroit que nous avons la gloire,
Par une complette victoire,
De voir nos cruels ennemis,
A nos braves Guerriers soumis.
Le Ciel, pour nous montrer qu'il aime la justice,
N'a pas pû diférer à nous être propice,
Et suivant son juste penchant,

A venir en courroux, terraſſer le méchant.
Fidéle Epoux, que je révére,
Vous Agamemnon, mon beau frére,
Nobles Héros, mes alliez,
Vous Gréce, en géneral, mon illuſtre Patrie,
Puis que votre valeur a réduit à vos piez,
Les lâches partiſans de l'armée ennemie,
Que vous n'atendez plus, Meſſieurs, que le mo-
De ſacager entiérement, (ment
Et d'un feu conſument, embraſer cet Empire,
Que me reſte-t-il à vous dire?
Sinon que je m'en réjouis,
Que mes pleurs vont changer en ris,
Et que je reſte dans l'atente
Que vous aurez la charité
De me tirer dans peu, du ſéjour empeſté,
Où je languis & me tourmente.
Depuis qu'un raviſſeur, contre droit & raiſon,
D'un palais a fait ma priſon,
Si les plus ferventes priéres,
Et les vœux ardents que je fais,
Pouvoient ſe changer en éfets,
Le grand cheval de bois, que vos troupes guerrié-
Doivent emploier des demain, (res
Pour l'exécution de votre beau deſſein,
Deviendroit un Pégaſe, à Monſtrueuſes ailes,
Atachées ſous ſes aiſſelles,
Qui pourroit alors aiſément

Se tranſporter dans le moment,
Où vous deſirez qu'on le traine,
Et vous épargner cette peine.
J'enviſage toûjours la fin de vos travaux,
Acompagnez de tant d'Alarmes,
Comme les bornes de mes larmes,
Et l'iſſuë de tous mes maux.
Mais raiſonnai-je à l'avanture?
Ou parlai-je par conjecture?
Pauvre Héleine, à quoi penſes tu?
Ne t'apuie-tu pas ſur un ſimple fêtu?
Que dirois-tu, ſi la victoire,
Que remporte le Grec, & qui l'enfle de gloire,
T'alloit, par d'inſignes malheurs,
Exciter à de nouveaux pleurs?
Et ſi Troie de ſang & de cendre couverte,
N'eſt pas un monument, qui t'anonce ta perte?
Que dirois-tu ſi le vainqueur,
Loin de prendre à ce coup, tes intérets à cœur,
Et répondre à tes eſpérances,
T'alloit tirer de tes ſoufrances,
Pour te charger de nouveaux fers,
Jetter dans un cachot plus noir que les enfers,
Et par là t'obliger à de plus fortes plaintes?
Songes y, malheureuſe, avant que ſoient éteintes.
Les flamme, dont l'ardeur conſume la Cité;
Et qu'enfin, la neceſſité
D'une funeſte mort, refuſe à ton courage,

La résolution de sortir d'esclavage.
Tu t'atens à voir un époux,
Agréable, charmant & doux,
Que sais-tu si sa main guerriére,
Qui tache à te tirer de ta détention,
Ne vient pas dans l'intention
De devenir ta meurtriére?
Tu lui conserves, d'un cœur pur,
Une innocence légitime,
Mais il n'est pas tout à fait sur
Qu'il ne la traite comme un crime,
Qu'on pourroit bien punir avec févérité.
Les Dieux veuillent par leur bonté,
Que les triomphes, que tu chantes,
Ne soient pas de ta mort, des marques évidentes,
Et que comme le signe, aux portes du trépas,
Avertit par son chant, qu'il va passer le pas,
Le sensible plaisir, que tu prens, à mesure
Qu'augmentent les heureux progres
De ton cher Ménélas, des invincibles Grecs,
Ne te soit d'un mauvais augure.
Cette apréhention, que je mets en avant,
Seigneur, m'inquiéte souvent,
Et je vois avec évidence,
Que c'est du jugement, non de la consience,
Que sans contredit, elle part.
La nature plutôt que l'Art,
Nous enseigne que les coupables

Ont

Ont cela de commun avec les malheureux,
Qu'ils ſont aſſez ſujet, ſans ſe ſentir peureux,
A des fraieurs épouvantables;
Mais l'on peut dire toutefois
Qu'on y voit cette diférence,
Que l'un craint ce que par les loix,
Mérite juſtement ſa déteſtable ofence;
Et que l'autre apréhende un implacable ſort,
Qui le frape toûjours à tort.
Celui-là redoute la peine,
Convenable à ſon noir délit,
Au lieu que celui-ci pâlit,
Lors qu'il réfléchit ſur la haine
Que l'aveugle deſtin veut depuis ſon berceau,
Lui porter juſques au tombeau.
En éfet, depuis ma naiſſance,
Il paroit avec évidence,
Qu'à la réſerve des momens,
Que nous avons paſſez nous deux dans les délices,
Il ne fut jamais d'artifices,
Que l'on n'ait emploiez pour groſſir mes tour-(mens.
Ma triſte & malheureuſe vie,
Toûjours de deſaſtres ſuivie,
A tellement l'air d'un enfer,
Que déja je croirois être avec Lucifer,
Si dans ma route déplorable,
J'avois trouvé Léthé, ce fleuve deſirable,
Qui pour nous préparer à gouter l'avenir,

Eface pour jamais, de notre ſouvenir,
Les angoiſſes démeſurées,
Qu'en ce val terrien, nous avons endurées.
Les maux ont la plûpart, devancé ma raiſon,
Je n'étois point encore en âge
D'en faire un ſalutaire uſage,
Et d'en chercher en moi, l'entiére guériſon
Comme ſur l'épine, une roſe,
L'on m'a veu recevoir le jour;
A peine étois-je bien écloſe,
Que le vaillant Théſée, épris de mon amour,
Et redoutant peu ma colére,
Me fit furtivement, par des gens apoſtez,
Moins équitables qu'éfrontez,
Enlever une nuit, du Logis de mon Pére,
Nonobſtant nos précautions:
A deſſein neanmoins de me déclarer Reine,
Tant de ſes inclinations, (nes.
Qué des nombreux Bourgeois de la Ville d'Athé-
La mort, qui le ravit, & qui nous ſurprit tous,
Obligea tôt après ſon ami Pirithous
A me renvoier à ma Mére,
Qui me reçût obligeamment.
Tout Sparte en eut pareillement,
Une joie extraordinaire.
Bien des gens cependant avoient la lâcheté
D'inſulter fauſſement à ma pudicité,
Et ſi l'un d'eux me croioit pure,

Il manquoit rarement de me faire l'injure
D'en atribuer moins la cause à ma vertu,
Qu'à ma délicate jeunesse,
Dont assez rarement un prince a la bassesse
D'abuser, si d'honneur il se sent revétu.
Du moment que je fus en âge
De me voir des adorateurs,
Le nombre des compétiteurs,
Qui me parloient de Mariage,
M'obsédoit si mal à propos,
Que je n'avois aucun repos.
Les immaculées Déesses
Voioient souvent moins de mortels
Encenser leurs sacrez autels,
Pour la purgation des ames pécheresses,
Que je n'entendois à la fois,
Des instrumens & de la voix,
Dont j'admirois le doux mélange,
Reciter de chansons, faites à ma loüange.
J'étois le sujet de leurs vers :
Des Beautez du vaste univers,
Ils vouloient à l'envi, que fusse l'unique,
Qui fut digne de leur musique.
Chacun en vouloit à mon cœur,
La Lute, la Course, la Dance,
Les combats à Cheval, à l'Epée, à la Lance,
Rouloient sur moi, le prix qu'en avoit le vainqueur,

D'un bouquet ou d'une guirlande,
D'une Bague de prix, d'un Bijou précieux,
S'aportoit à mes piez comme une juste ofrande,
Qu'on prétendoit devoir à l'eclat de mes yeux.
Jamais les enfans de Bellone
N'ont été dans Lacedémone,
Ni plus pieux, ni plus dévots,
Qu'etoient à mon égard, ces superbes rivaux.
Comme l'objet de leur hommage,
Il ne cherchoient le Ciel que dedans mon visage,
Les Astres en mes yeux brillans,
En mes actions des miracles,
En mes paroles des Oracles:
Enfin, vous le savez, ces pieux assaillans,
Pour moi remplis de jalousie,
Entrérent tout d'un coup, en telle frénésie,
Qu'ils faillirent à s'égorger.
Il falut, pour les obliger
A ne plus causer de vacarmes,
Que le Roi, soutenu d'un nombre de Gendarmes,
Leur fit faire serment de vivre en union,
Sous peine d'encourir mon indignation,
Et laisser de mon choix dépendre
Le mari, que je voudrois prendre:
Que l'homme, que je choisirois,
Me seroit acordé, que je l'épouserois,
Et que si l'un d'entre eux pensoit troubler la fête,
Les autres de concert, par un droit absolu,

Dé-

Dévroient, sans hésiter, mettre l'Amant élu,
En état de jouir du droit de sa conquête;
D'on s'ensuivroit évidemment,
Qu'ils seroient tous également,
Réputez serviteurs d'Héleine,
Puis que ceux qui seroient condannez à la peine
De ne l'épouser de leurs jours,
Auroient pourtant au moins, en dépit de l'envie,
Le plaisir d'épouser, tant qu'ils seroient en vie,
La quérelle de ses Amours.
Ne pouvant rien pour nous, que le Ciel ne l'or-
Dès que je vis votre personne, (donne,
Je me sentis porter, sans qu'on fit grand éfort,
A faire Ménélas arbitre de mon sort.
Je ne vous prétens point, dans cette conjoncture,
Representer le prix du don, que je vous fis,
Par un raisonnement, ou difus, ou concis,
Mais seulement par la nature
De l'estime qu'alors vous vouliez en avoir,
Et que l'on ne pouvoit, selon vous, concevoir,
De peur que m'arrêtant à rien qui vous acroche,
Ce que vous ne devez qu'à votre jujement,
Ne semble véritablement,
N'être dû qu'à l'aigreur d'un sensible reproche.
Mon cœur dans les douceurs d'un bonheur nom-
pareil,
Rechaufé des regards de mon nouveau Soleil,
Sentoit s'épanouir au milieu des délices,

Lors que par les éfets d'un destin rigoureux,
Je me vis exposée à de nouveaux suplices.
Nous fumes assez malheureux
De nous voir séparer pour l'intérêt des autres,
Des afaires d'Etat, dont vous faisiez les votres
Vous forcérent de me quiter.
Etant jeune, j'eus beau me vouloir surmonter:
Rien ne pouvoit tarir le torrent de mes larmes,
Afin de pouvoir mieux résister aux alarmes,
Qui devoient selon moi, me troubler à l'instant,
Vous me chargeâtes en sortant,
De recevoir en votre absence,
Nos amis & les gens de notre connoissance,
Avec autant d'honnêteté,
D'ouverture de cœur, de familiarité,
Que vous mêmes aviez coutume de le faire.
Jusques ici, je n'ai rien dit,
Dont vous n'aiez été le témoin oculaire:
Ce que je vai vous dire a besoin de crédit,
Et n'a pour fondement que ma simple parole;
Mais, Monsieur, ce qui me console,
C'est qu'aiant de l'humanité,
La qualité d'Epoux, de soutien, de refuge,
Ne vous permettera pas d'être un sévére juge,
Avant que de savoir si je l'ai mérité.
Je suis sincére & véritable,
Incapable de fiction:
Croiez à ma rélation,

Alors

Alors vous ſerez équitable,
Et triompherez à la fois,
D'un des plus fiers de tous les Rois
Et des cruelles deſtinées,
Qui d'incidents facheux traverſent mes années.
Au lieu que ſi vous en doutez,
Vous devez être ſur que mon malheur extrême,
Va par un contre coup rejaillir ſur vous même.
Vainqueur de Troie & de ſes Dieux,
Vous ſerez acablé de triſteſſes mortelles,
Et vaincu par l'éfort d'un ſoupçon odieux,
Ennemi des boutez, qui vous ſont naturelles.
Quoi qu'il en ſoit pourtant, diſons la vérité,
A peine de n'être point cruë.
Il eſt vrai que Paris, charmé de ma beauté,
M'enleva de chez vous, où j'étois réſoluë
D'atendre votre heureux retour,
Mais il n'eſt pas moins vrai que ce maudit Vau-
Me fit, malgré ma réſiſtance, (tour
Une cruelle violence.
Chacun ſait que Vénus étant de ſon parti,
Avoit à ce rapt conſenti.
Que pouvois je, Seigneur, contre cette Déeſſe?
Mes cris, ma force, ma ſageſſe,
Mon crédit, tout cela ne fit aucun éfet.
S'agiſſant d'un énorme fait,
Le tiran nous ſurprit, muni de bonnes armes;
Il avoit à ſa ſuite un nombre de Gendarmes,

Auſſi

Auſſi braves que diligens,
A porter la terreur au milieu de mes gens.
Les belliqueuſes Amazones,
Auſſi fiéres que les Gorgones,
Et que votre bras ofenſeur,
N'a renduës qu'à peine, humaines & traitables,
N'auroient jamais été capables
D'empêcher à mon raviſſeur,
Dont une Armée entiére environnoit la proie,
De me mener juſque dans Troie.
Aiant ſeu mon enlévement,
Vos Ambaſſadeurs me ſuivirent, (firent,
Mais nonobſtant, Monſieur, les inſtances qu'ils
Purent-ils me parler, ou me voir ſeulement?
Quoi que j'euſſe une vaſte & ſuperbe demeure,
Etant obſervée à toute heure,
Par de cruels témoins de mon lugubre deuil,
Qui me gardoient à vûë d'œil,
Ne me fut-il pas impoſſible
De Conſulter Palidamas?
De tacher, par mes cris, mes ſoupirs, mes hélas,
A rendre le Conſeil flexible,
Et lui faire ſentir que ſans aucun délais,
Il devoit me rendre juſtice,
Et me faire par ſa milice,
Remener à votre Palais?
J'invoquois les Héros, les Démons & les Anges,
D'un Zéle redoublé, je chantois leurs loüanges,
Mais

Mais enfin m'apercevant bien
Que ces grands mouvemens ne me servoient à
Et que votre unique courage (rien,
Me devoit tirer d'esclavage,
Prosternée aux piez des autels,
Je faisois aux Dieux immortels,
Des vœux tout extraordinaires,
Pour le succès de nos afaires.
La dessus, Minerve & Junon,
Atendries de voir que j'invoquois leur nom,
Me promirent en leur langage,
Je ne saurois dire comment,
Que Paris, pour son chatiment,
Ne m'aprocheroit point à mon desavantage,
Mais que quand il voudroit pour un sale plaisir
Assouvir avec moi son infame desir,
Elles auroient la complaisance,
De prévenir ses sens, aux noirs vices portez,
D'un fantome, en ma ressemblance,
Qui pourroit satisfaire à ses lubricitez.
Ne pensez pas, Monsieur, que ce soit une fable;
L'antiquité fournit maint exemple semblable,
Dont on n'a pas lieu de douter.
Pour ne nous y point arrêter,
Il sufit que Junon se servit d'une nuë,
Afin de contenter, par cette invention,
La témérité d'Ixion,
Qui dans ses bras lacifs, la croiant toute nuë,

Se

Se flatoit d'en avoir joui réellement,
Avec bien du contentement.
Pour reconnoître cette grace,
Et la faire passer à la posterité,
J'en ai fait le précis, & l'ai representé,
Dans un assez petit espace,
Sur un tapis, fait de ma main,
Que je voudrois pouvoir vous montrer dès de-
Dans cet ennuieux intervale, (main.
Quoi qu'une demeure roiale
Soit mon ordinaire séjour,
Où chacun de nuit & de jour,
Tache à m'exciter à la joie,
Combien de fois, ô Ciel! ai-je envié le sort
De ceux que j'aprens que la mort
Prend soin d'anéantir par la plus courte voie:
Lors que comparant leur repos
A mes libertez asservies,
Je m'apercevois que cent vies
Procuroient moins de bien que la seule Atropos.
J'aurois dans cet état, suplié les Déesses,
Pour me tirer de mes angoisses,
De me transformer en poisson,
En insecte, en arbre, en buisson,
Ou me rendre insensible aux peines, que j'endure,
Si je n'eusse trahi par là, visiblement,
L'Epoux auquel je suis incontestablement,
Par la force des loix, & suivant la nature.

J'en

J'en demande pardon aux Dieux,
Mais quelquefois, levant les yeux,
J'ai fiérement traité Jupiter d'insensible,
Ne me paroissant pas possible
Qu'il prétât son oreille à mes tristes hélas,
Puis que pour venger Ménélas,
Il ne se servoit pas d'un foudre redoutable,
Qui terrassât l'auteur d'un crime épouvantable.
Combien de fois encor dans mes noires fraieurs,
Ai-je embrassé Cassandre, au moment que saisie
De Célestes transports, de Divines fureurs,
Elle apelloit Paris la peste de l'Asie.
Chacun sait que de vive voix,
Je l'ai priée mille fois
De voir Priam pour lui prédire,
Et l'assurer avec serment,
Que ma beauté seroit indubitablement
La ruine de son Empire.
Ce n'est pas d'aujourd'hui qu'une prédiction
A menacé l'Etat de sa perdition,
Hecube, sincére & croiable,
M'a protesté qu'etant enceinte de Paris,
Elle fit un songe éfroiable,
Dont bien des gens furent surpris,
Il lui sembla voir de son ventre,
Sortir un clair flambeau, qui promettoit beaucoup,
Mais que bientôt après elle vit tout d'un coup,
Réduire sa patrie en cendre.

Il n'eſt pas ſuprenant qu'il n'ait à rien valu,
Le ciel l'avoit ainſi de tout tems réſolu.
Oenone, qui l'aimoit, ne fut pas même exemte
De ſes abominables tours:
J'ai fait à ce ſujet, un dur reproche à Xante,
De ce qu'il perſévére en ſon rapide cours,
Paris aiant été, ſelon ſon ordinaire,
Aſſez perfide & téméraire,
Pour conjurer trois fois ce fleuve avec ſerment,
De regagner les monts, & monter vers ſa ſource,
Si tant qu'autour du pole on verroit tourner l'Our-
Il laiſſoit paſſer un moment, (ſe,
Sans redoubler ſes ſoins auprès de ſa Maîtreſſe,
Et lui confirmer ſa tendreſſe.
De puis que je l'ai vû, je n'ai pû m'empêcher
De blâmer ſa conduite, & de lui reprocher
L'afront, le tort irréparable,
Qu'il vous a fait en m'enlevant,
Et comment il me rend la fable
Des peuples, que Phæbus découvre, en pourſui-
Sa courſe égale & journaliére. (vant
Je n'eus jamais l'ame guerriére,
Et ne ſuis point d'un ſexe à porter le Harnois,
Cependant il eſt ſur qu'il m'a falu combatre
Deux fiers ennemis à la fois,
Qui n'ont pourtant pas pû m'abatre.
Le chagrin d'un côté, me montroit le poiſon,
Un précipice afreux, un fer impitoiable,

Com-

Comme le ſeul moien, capable
De me tirer de ma priſon,
Mais rejettant cet avantage,
J'ai, par mon généreux courage,
Réſiſté, Ménélas, à la tentation:
Ne doutant nulement que par cette action,
Qui rompoit d'un côté, mes chaines,
Et mettoit une fin à mes malheureux jours,
Je vous privois auſſi de l'autre, pour toûjours,
Du juſte loier de vos peines.
Outre qu'on auroit cru me devoir acuſer
D'une mauvaiſe conſience,
Qui ne ſe pouvant excuſer,
Ni garantir mon innocence,
M'auroit, ſuivant l'arrêt, à mon ſort ataché,
Enfin ordonné par moi même,
Le ſuplice de mon péché.
J'avois d'un autre part, à réſiſter de même,
Tant aux careſſes de Paris,
Qu'aux dégoutantes flateries
De ſa lubrique Cour, qui par jeux & pas ris,
Ou ſemblables ſupercheries,
Tachoit de me porter à trahir mon devoir,
Et commettre le crime infame
De renoncer à vous revoir,
Et ne me dire plus deſormais votre femme.
S'il m'arrivoit exprès, bien à propos ou non,
De contrefaire la contente,

J'étois

J'étois auſſi tôt leur Junon.
Lors qu'ils ſe figuroient que j'avois de la pente
Au moindre des plaiſirs, ils m'apelloient Vénus,
Et Pallas, au moment que m'étant devenus
Importuns, je feignois de me mettre en colere.
Enfin, lors que d'un ton ſévére,
J'étois promte à répondre à leurs diſcours oiſeux,
Ils me comparoient à Minerve;
Et j'étois leur Thétis, ſi ſans nule réſerve,
Je paſſois ſans parler, fierement devant eux.
Rarement de dépit, je jettois rien à terre,
Que le beau ſexe, pour me plaire,
Ne courut me le relever,
A l'imitation de ces Nimphes de l'air,
Qui ſe font un honneur, quand les Dieux les regardent,
De leur remettre en main les javelots qu'ils dardent.
Lors que noiée de mes pleurs,
Je paroiſſois en leur preſence,
Chacun par une baſſe & vile complaiſance,
Egaloit mon viſage aux fleurs,
Et mes larmes à la roſée,
Dont, l'Aurore d'Amour pour elles embraſée,
Le garantit de la chaleur.
Si je pâliſſois de douleur,
J'étois un Lis charmant, & d'abord au contraire,
Que je rougiſſois de colére,
On me conſidéroit changée en un moment,

En

En une roſe délicate,
Dont le vermeil aux yeux éclate,
Et cauſe à l'odorat un doux chatouillement.
De quelque paſſion que je fuſſe obſédée,
Ils me voioient toûjours pleine de Majeſté,
Sous l'image de la Beauté,
De laquelle ils tachoient de ſe faire une idée.
J'avois beau m'éforcer à les deſobliger,
Par des diſcours deſagréables,
Ils prenoient ſoin de m'engager
A croire qu'ils étoient mes humbles redevables,
En vain Paris loüoit mes yeux,
Pour en avoir la récompenſe:
Je le païois d'un fier ſilence,
Ou je lui répondois d'un ton impérieux,
Que ſi le Ciel m'avoit pourvûë
Des qualitez que je voudrois,
J'empoiſonnerois de la vûë,
Ainſi que les ſerpens font en certains endroits.
Selon lui, le fin Lin de Créte,
Qu'à peine on peut aprécier,
N'étoit point comparable aux cheveux de ma tête;
Mais loin de l'en remercier,
Je les voudrois pouvoir, par une grace infuſe,
Rendre comme ceux de Méduſe,
Lui répondois-je alors, pour ne vous rien cacher,
Vous ſeriez bientôt un rocher.
Ses ſens, de vains plaiſirs avides,

En

En vain lui faisoient comparer
Mes Joües, que ses yeux ne cessoient d'admirer,
Aux pommes d'Or des Hespérides;
Car lors qu'il m'arrivoit, pour sa confusion,
D'aplaudir à ses flateries,
Ce n'étoit qu'à condition
Qu'il seroit le Dragon, possédé des furies,
Qui gardoit le Jardin, où venoit le beau fruit.
Mais étant fait aux pleurs, aux reproches au bruit,
Et ne voulant pas condécendre
Aux propositions de la juste Cassandre,
Vous n'avez pas lieu de douter
Que l'on ne faisoit pas semblant de m'écouter.
Consultez là dessus, mais exemt de colére,
Votre rigueur la plus sévére;
Que pouvois-je faire de plus?
Dans un maudit séjour, où mes cris superflus
Publioient hautement en vain mon innocence.
Toutefois dans cette impuissance,
J'osai contre mon naturel,
Déclarer à Vénus une guerre mortelle,
A l'ocasion du Düel,
Qui suivit de près la quérelle,
Que vous eutes avec Paris.
En vain je fis plusieurs paris
Qu'on alloit voir d'un coup tomber ce téméraire,
La Déesse le seut soutraire
A votre éclatante fureur,

A

A l'aide d'un épais nuage,
Sous ombre qu'elle avoit horreur
D'un combat où l'honneur, la valeur, le courage,
Se disputant par tout également le prix,
Ménélas pouvoit perdre, aussi bien que Paris.
Mais n'ignorant pas le mérite
Des deux hommes, qui combatoient,
Je lui témoignai dans la suite,
Les sentimens, qui m'en restoient.
Je ne sai si l'ingrat, pour cette complaisance,
Lui marqua sa reconnoissance,
Mais je n'ignore pas qu'au moment qu'Apollon
Eut de sa fléche égüé, à Paris inutile,
Aterrè le vaillant Achile,
En la lui portant au talon,
Le reste de son corps étant invulnérable:
Comme il vouloit toûjours passer pour formidable,
Il n'auroit point cessé de s'aplaudir d'un fait,
Qui ne le touchoit en éfet,
Qu'en ce que pour rompre les charmes
D'un Héros belliqueux, qui l'auroit terrassé,
La main d'un Dieu, pour lui sans doute intéressé,
S'étoit servie de ses armes;
Si quatre mots, que je lui dis,
N'avoient rendu sa langue & ses sens interdits.
Allez, allez, indigne objet de mon estime,
Allez, lui di-je ailleurs encenser à vos rets,

Dans tout ce procedé, vous n'avez que le crime,
Le Divin Apollon, qui prend vos intérêts,
En a ſeul mérité la gloire.
Par ce coup éclatant, il obtient la victoire
Sur l'incomparable Guerrier,
Dont vous étes le meurtrier.
Enfin, vous étes l'homicide
D'un homme qui paſſoit pour un ſecond Alcide,
En ſageſſe, en conduite, en cœur,
Au lieu qu'il en eſt le vainqueur.
Au nom des Dieux, continuai-je,
Eloignez vous de moi, vous & votre cortége,
Puis que vous m'étes en horreur;
Allez paſſer votre fureur
Avec les filles infernales
De l'Achéron & de la nuit,
Vos Compagnes & vos égales,
En ce que l'un & l'autre nuit
Aux habitans de cet Empire,
Et qu'en particulier, vous ſoufrez le martire,
Que vous cauſe au dedans un éternel remord.
Thétis, Pélée, enſemble, & d'un commun acord,
Vous demandent leur fils avec rude menace
De ſe venger un jour de vous ſur votre race.
Pirrus vous traitant d'inhumain,
Veut ſon pére de votre main,
La Mére ſon Mari, qui la laiſſe pupile,
Phœnix ſon nourriſſon, la Grece ſon Achile.

Enfin,

Enfin, cher Ménelas, le moment est venu,
Auquel ce traitre est devenu
L'objet de la haine commune,
Et le jouet de la fortune.
Philoctéte a percé son détestable corps,
Presentement l'horreur des morts,
Des fléches que le grand Hercule,
En mourant sur le mont Oeta,
Par amitié, lui légata,
Et qu'il accepta sans scrupule,
Quoi que ce fut avec serment
De ne découvrir de sa vie,
Non seulement en tout, mais mêmes en partie,
Le contenu du testament.
Oenone, à qui les destinées,
Depuis un grand nombre d'années,
Avoient confié l'apareil
Nécessaire à cette blessure,
Qui causoit un mal sans pareil,
Voiant Paris mourir des douleurs qu'il endure,
Loin que le coup, qui la surprit,
Emut sa pitié naturelle,
Il ne parut à son esprit,
Que comme un digne objet de sa haine mortelle.
Le cruel souvenir de l'infidélité,
Que le modéle afreux de l'impudicité,
A son égard, avoit commise,
En l'abandonnant à son sort,

La privoit des moiens à la moindre entreprise,
Pour le garantir de la mort.
Il est vrai qu'au moment que de sa bouche infame,
On aperçût sortir un sang épais & noir,
Elle frémit d'horreur, & dans son desespoir,
Pour une foiblesse de femme,
Suivit son corps jusqu'au bucher,
Où se précipitant comme d'un haut rocher,
Pour marquer un regret extréme,
Elle eut la fermeté de se brûler soi même.
Cependant, nonobstant sa poignante douleur,
Paris vivant, eut le malheur
Qu'elle ne voulut pas lui paroître propice,
Au lieu que desirant après de le sauver,
Son funeste destin, conduit par la justice,
A permi son dessein, sans jamais l'aprouver.
Les Dieux punissant de la sorte,
Notre ennemi commun, du tort qu'il vous a fait,
Vous avez, Ménélas, une raison tres forte,
D'être entiérement satisfait.
Si ce n'est pas assez, mettez vous en mémoire,
Comment vous avez eu la gloire
De voir périr devant vos yeux,
Le généreux Hector, digne de ses Aieux,
Et les fils de Priam, qui vaincus par vos armes,
N'ont pas laissé pourtant de vous couter des larmes.
Outre cela, Monsieur, vous étes sur le point
De

De triompher du Pére & d'Hécube sa femme.
Que voulez vous de plus ? voir une ardente flamme
Consumer leur Cité, vos gens, l'épée au poing,
Egorger les Troiens, armez pour leur défence,
Et mener ceux que l'innocence
Garantit de la cruauté,
Dans les fers en Captivité ?
Soit, mais le crime enfin, le plus abominable,
Qui se commit jamais sur la terre habitable,
Peut-il, à parler franchement,
Et suivant pas à pas, les loix de la justice,
Peut-il être puni d'un plus rude suplice ?
Je ne le pense aucunement.
Quelle animosité, qu'elle haine mortelle
Pourroit-il desormais vous rester contre moi ?
J'ai causé, je l'avouë & chacun sait pourquoi,
Un trouble général, une guerre cruelle;
Mais est-ce, Ménélas, de mon consentement ?
Le Ciel connoit mon innocence,
Et je puis dire en consience,
Que je n'ai point de part à mon enlévement.
J'aurois mieux aimé perdre, & mes biens & ma vie,
Que de soufrir qu'on m'eut ravie,
Si par mes vains éforts, j'avois pû l'éviter.
Ce coup, on auroit tort de vous le disputer,
Doit vous avoir fait de la peine,

Et causé de mortels ennuis;
Mais soiez assuré que les jours & les nuits,
Que j'ai passez depuis que l'objet de ma haine
M'empêche de répondre à vos ardens desirs,
Me coutent plus de pleurs, de regrets, de soupirs,
Que les rochers d'Hellas, de hauteur incroiable,
Ne contiennent de grains de sable.
Plaignez vous tant qu'il vous plaira,
Votre chagrin jamais le mien n'égalera;
Et vos objections n'étant de force aucune,
Vous ne me convaincrez que de mon infortune.
Chacun crie qu'Agamemnon
A ravi Chriséis, qu'il n'ignoroit pas être
Fille d'un vénérable Prétre
Du sacré temple d'Apollon.
Ensuite, d'un adresse prête,
Il s'apropria Briséis,
Et l'arrachant des bras de ses meilleurs amis,
En fit de même sa conquête.
Quoi qu'il fut votre Frére, homme de qualité,
Qu'il eut de la valeur, beaucoup de Majesté,
On n'a point acusé ces Dames
D'avoir trempé, Monsieur, dans ces crimes infames,
En secondant le ravisseur:
Au contraire, Apollon a vengé son Ministre,
En envoiant en sa fureur,
A l'armée, témoin de ce fait exécrable,

Une

Une maladie incurable;
Qui l'a fait périr en trois jours.
Les Dieux, qui protégent toûjours
Ceux qui par un principe, & d'amour & de Zéle,
Atendent du ſecours de leur main paternelle,
Nous ont vengez pareillement,
Vous, mon cher Ménélas, en beniſſant vos armes,
Et moi, ſi comme moi, vous aimez conſtamment,
En ce qu'un jour je dois voir finir mes alarmes.
Mais direz vous, cet argument
Ne fait rien pour votre défence,
Des miliers de guerriers, paiant de leur preſence,
Ont de leurs propres yeux vû ce raviſſement.
Ces deux perſonnes ont, ſelon eux l'avantage,
Qu'elles ont réſiſté d'un merveilleux courage,
Aux éforts de leur raviſſeur;
Ce que l'on dit de vous ne paroit pas ſi ſeur.
Cette circonſtance douteuſe,
Eſt ce qui me rend malheureuſe:
J'ai, Ménélas pourtant, dans ce preſſant beſoin,
Ma conſience pour témoin;
Mais comme elle vous eſt ſuſpecte,
Je jure par le Stix, c'eſt un ſacré ſerment,
Que Jupin lui même reſpecte,
Que je n'eut point de part à mon enlévement.
Je vous l'ai déja dit, on m'a fait violence,
Le Ciel connoit mon innocence,

Vos yeux ne la découvrent pas;
Mais, pour mon bonheur, que n'est elle
Visible, au même point que je vous suis fidéle.
Si mes vertus brilloient autant que mes apas,
Il ne seroit pas nécessaire
De songer à vous satisfaire
Pour ma justification,
Au sujet prétendu de mon évasion.
Representez vous la distance,
Qui sépare de l'innocence,
La preuve, qu'on en veut, avec peu d'equité,
Et je ne serai pas fachée
D'avoir paru plus atachée
A mon constant amour, à ma fidélité,
Qu'au desir violent de les faire paroître.
Le même instant qui vous vit naître,
Vous aprit cette vérité,
Qu'ordinairement la Beauté
Est par la loi de la nature,
Sur tout dans notre sexe, exposée à l'injure.
N'est-ce pas la Beauté, dans un Jardin de fleurs,
Qui nous fait faire assaut à leurs fertiles plantes?
Et qui d'honnêtes gens, fait d'insignes voleurs,
Lors qu'un bijou garni de pierres éclatantes
Les porte, par ocasion,
Dans les sentiers glissans de la tentation?
On penseroit qu'au Ciel, cette voute étoilée,
La Beauté n'est point violée,

Mais

Mais y regardant de plus près,
On remarque aisément qu'il n'est pas dificile
De trouver le premier mobile,
Charmé du vif éclat, & des divins atraits
Des Astres, l'ornement de la machine ronde,
Les embrasser d'un Zéle ardent,
A la face de tout le monde,
Et porter d'Orient jusques en occident.
Vous, à qui je fais mes excuses,
Ne vous étes vous pas servi de mille ruses,
Qu'Amour vous inspiroit, pour me ravir le cœur?
Lors que vous me faisiez l'honneur
De me prétendre en mariage?
Et pourriez vous nier que vos gens pleins de rage,
Sous vos propres commandemens,
Commettent des ravissemens,
Le plus grand, le plus éfroiable,
Dont on ait oui parler sur la terre habitable,
Et qui vous donnant du renom,
Immortalise votre nom?
Jupiter autrefois ravit la belle Europe,
Qui ne l'aimoit aucunement:
Aujourd'hui, comme un fier Ciclope,
Vous ravissez l'Asie à son fidéle amant.
Je ne voi point de diférence
Entre l'une & l'autre ocurence,
Si ce n'est que ce Dieu se servit d'un taureau,
Pour terminer son entreprise,

Et qu'un ſtratagéme nouveau,
Un cheval, fait à votre guiſe,
Vous a fait, dans un tour de main,
Parvenir à votre deſſein
Je voi bien par les maux, que le deſtin m'envoie,
Que lors qu'on nait belle à charmer,
C'eſt naitre pour être la proie
Du moindre des mortels, qui feind de nous aimer.
De votre côté, je l'avouë,
Il eſt clair que l'Amour impunément vous jouë,
Et que vous avez le malheur
D'avoir plus que Prince du monde,
Un juſte ſujet de douleur;
Mais par une grace féconde
De nos Dieux immortels, vous étes bien vengé
De ceux qui ſans raiſon, vous avoient outragé.
Devant être content d'une telle vengeance,
Je vis, Monſieur, dans l'eſpérance
Que ſi vous m'aprochez, c'eſt pour me protéger,
Non à deſſein de m'outrager,
Puis qu'alors je ſerois beaucoup moins obligée
A Ménélas, mon cher Epoux,
Qu'à mes fiers ennemis, mais pourtant aſſez doux,
Pour ne m'avoir d'ailleurs jamais deſobligée,
Dans le riche palais, que j'ai pour ma priſon.
S'il vous reſte de la raiſon,

Faites en maintenant uſage,
Suivant le juſte témoignage
Qu'avec des proteſtations,
Je vous rends de mes actions.
Mais ſi la fureur vous domine,
Et vous porte en éfet à chercher ma ruine,
Tachez par un nouvel éfort;
A ralumer la vive flamme,
Dont votre cœur jadis brûla pour cette femme,
Que vous prétendez avoir tort.
Ou, pour l'Amour de la famille,
Aiez du reſpect pour la fille
De ce monarque Souverain,
Qui tient la foudre dans ſa main.
Ce n'eſt point la crainte mortelle
De voir finir mes jours par une mort cruelle,
Qui réduit mon ame aux abois:
Les ſpectacles afreux, que j'en ai vus cent fois,
Me l'ont renduë familiére,
Et j'ai trop deſiré de perdre la Lumiére,
Pour aprêhender le trépas:
Non, je ne le redoute pas.
Mais je crains qu'après la diſgrace,
Qui m'a depuis un long eſpace,
Séparée de mon Epoux,
Votre redoutable courroux
Ne m'en éloigne pour ma vie;
Oui, ſi ſans la desunion,

Ou notre ſéparation,
Mon ame pouvoit être à la mort aſſervie,
Je vous ferois voir clairement
Que je ne la crains nulement.
Vous pouvez m'acuſer des plus énormes crimes,
L'autorité, Monſieur, que vous avez ſur moi,
M'impoſe évidemment la loi,
De me les apliquer, comme tres legitimes.
Demandez vous ma mort, vous pouvez ordonner
Que j'en ſoufre au plutôt la peine;
Ou voulez vous me la donner?
Bien loin d'en témoigner une mortelle haine,
J'en recévrai le coup fatal,
Avec un plaiſir ſans égal,
Pour vous marquer les déférences
Qu'Héleine a pour vos ordonnances.
Mais ce n'eſt pas la le moien
De convaincre jamais le moindre Citoien
Des ſuperbes Ville de Gréce,
Qu'on me diſpute à tort, le titre de Déeſſe.
Mais enfin, ſupoſé qu'étant entre vos mains,
Ocupé juſqu'à la furie,
De ces ſentimens inhumains,
Quelle partie en moi, dites-le, je vous prie,
D'un dangereux poignard, Monſieur, fraperez vous?
Et de mon propre ſang verrez vous arroſée,

Qu'en

Qu'en qualité de mon Epoux,
Vous n'aiez mille fois baiſée?
Quel endroit pourrez vous toucher,
Ouvrir, déchirer, arracher,
Dont vous ne futes idolatre?
Ces Levres de Coral, cette Gorge d'albatre,
Ces Jambes, ces Genoux, ces petits piez polis,
Ce ventre délicat, & ces Cuiſſes charnuës,
Que vos yeux ne pouvoient ſe laſſer de voir nuës;
Enfin, ce compoſé de roſes & de Lis,
Qui, ſelon votre aveu, exigeoit des loüanges
Des hommes, des Héros, des Anges,
Et ſembloit mériter leurs adorations:
Devant lequel jamais vous ne manquiez de faire,
Le ſoir & le matin, des génuflexions,
Sans conter l'extraordinaire.
Si de ce Compoſé, le moindre des cheveux,
Ne fut pas l'objet de vos vœux,
Sans qu'il le méritât alors plus qu'à cette heure,
Mon eſprit & mon corps conſentent que je meure;
Venez, dépêchez vous, en me donnant la mort,
Vous mettrez une fin aux rigueurs de mon ſort.
O cruelles viciſſitudes

Aufquelles font fujets les fragiles mortels ;
Autrefois j'avois des autels,
Où conftamment, mon cher, vous faifiez vos études
De me fervir, de m'adorer,
Pour Captiver ma bienveillance;
Et doutant de votre clémence,
A vos Piez aujourd'hui, je la viens implorer.
Jadis au milieu des alarmes,
Que l'amour quelquefois, excitoit entre nous,
De ma main j'effuiois les larmes,
Que vous verfiez à mes genoux:
Et maintenant aux yeux des Peuples de l'Afie,
Nonobftant mes fanglots, je me vois en danger
D'être par le Héros, qui me doit protéger,
Immolée à la Jaloufie.
Alors vous jouïffiez en pleine liberté,
De mes bontez & de mes graces;
Et je doute que l'équité
M'exemte des éfets de vos rudes menaces.
Jugez de l'obligation,
Que vous auroit Paris, le fujet de ma peine,
S'il aprenoit que votre haine
M'auroit fait fuccéder à fa deftruction.
Par un tel procédé, que la raifon détefte,
Vous exécuteriez la volonté funefte,
Qu'un lâche defefpoir me vouloit infpirer,

De

De me donner la mort, afin de réparer
L'ofence que l'on fait, que ce fourbe m'a faite,
Et dont je ne me ſuis défaite
Qu'en conſultant ma chaſteté,
Et les tendres éfets de votre humanité.
Comment! me diſois-je, en moi même,
Après tant de travaux, dont le moindre eſt extréme,
Enfin Uliſſe reverra
Sa chére Pénélope, & lui racontera
Tout ce qu'en ſon abſence exécuta ſa dextre.
Le belliqueux Agamemnon
Jouira de ſa Clitemneſtre ;
Et le ſeul Ménélas, d'un glorieux renom,
Subira la cruelle peine
De ne point revoir ſon Héleine,
Pour lui raconter ſes exploits,
Et l'entretenir des Emplois,
Qu'il exerça dans cette guerre:
Plutôt Jupin, Dieu du tonnerre,
Foudroie le monde habité.
En vain, cher Ménélas, l'Oracle en ma jeuneſſe,
M'auroit promi que ma beauté
Seroit exemte de vielleſſe,
Si d'un pernicieux couteau,
Vous la précipitez avant l'âge, au tombeau,
Et ſous prétexte d'une ofence,
Vous priviez de ſa jouiſſance.

Mais

Mais ne considérez vous pas
Que si vous hatiez mon trépas,
Vous perdriez bien davantage
Que vous n'auriez, Monsieur, pû faire en mon jeune âge?
Vous avez un double intérêt
A prolonger mes jours, à conserver ma tête;
A vous jadis, l'Himen me donna par arrêt,
Et vous me possédez par un droit de conquête.
Si comme un Chef de nos Guerriers,
Qui toûjours à l'Amour, préférent les mérites,
Vous n'en estimez plus les Mirtes,
Honorez en au moins les superbes Lauriers.
Votre air, votre douceur & votre modestie,
Vous aquirent un jour mon cœur,
Et vous vous en voiez à ce coup, le vainqueur,
Par votre valeur inouie.
Votre fille Hermonie, apréhendant mon sort,
A souvent consulté les Fées;
Elle n'a jusqu'ici, rien apris de ma mort,
Et n'atend point de vos trophées,
Le massacre sanglant de l'objet de ses vœux,
De celle qui l'a mise au monde.
Vous étes en courroux contre moi, je le veux,
Et dans cette humeur furibonde,

Vous pourriez bien vous démentir,
Et faire un coup à l'avanture,
Contraire à l'humaine nature,
Et qui vous causeroit un cruel repentir.
Car enfin, il est inutile
D'en faire voir la vérité,
Vous n'avez pas un cœur plus dur qu'avoit Achile,
Qui de juste fureur, à demi transporté,
N'eut pas plutôt percé d'une épée afilée,
La Princesse Pentesilée,
Qu'il en ressentit des douleurs,
Qui lui coutérent plus de pleurs
Que n'avoit fait la mort cruelle
De Patrocle l'honneur de ses meilleurs amis,
A moins que le meurtre commis,
En une Epouse noble & belle,
Vous touchât moins sensiblement
Qu'il le fut à la mort de l'élite des Dames,
Qui commandant en chef, une Armée de femmes,
Vouloit le perdre entiérement.
Quelque dépit qui vous acable,
Il me paroit fort vrai-semblable
Que chaque goute de mon sang
Couteroit à vos yeux des fontaines de larmes.
O Ciel! qui voiez mes alarmes,
Et les douleurs que je ressens,

Parez

Parez ce coup fatal, qui flétriroit la gloire
De mon aimable Epoux, il vous doit la victoire,
Soufrez pareillement qu'en dépit d'Atropos,
Je lui doive aussi mon repos.
Après tant de soupirs de dangers & de peines,
Dont se sont ressentis, & vos nerfs, & vos veines,
Vous étes apresent, sans contestation,
Digne de consolation:
Et je croi pouvoir dire en bonne consience,
Qu'aiant humblement protesté
Du tort que l'on me fait, & de mon innocence,
Je ne mérite point votre sévérité.
Mais il faut finir, mon cher Maître,
Je vous en aurois dit, peut être,
Plus que n'en contient cet écrit,
Mais le porteur, craignant que l'on ne le surprit,
Quoi qu'il eût déguisé jusques à son visage,
N'a pas voulu rester un moment davantage.
Il vous dira verbalement,
Que je ne cesse point d'agir diligemment
Pour le succès de notre afaire:
Je l'ai chargé de dire en secret a mon Frére,
Le redoutable Agamemnon,
Que pour l'amour du Dieu, dont le glorieux nom

Im-

Imprime du respect à toute la nature,
De tout mon cœur, je le conjure
De me venir tirer de ce triste séjour,
Où le Ciel m'est témoin que la nuit & le jour,
J'endure une mortelle peine.
Adieu, mon cœur, m'Amour, adieu, mon cher Epoux,
Adieu, pensez à moi, comme je pense à vous,
Adieu, je suis toûjours votre servante Héleine.

EPITRE D'ECO A NARCISSE

Sujet de la Lettre.

'Amour eſt un tiran, qui n'épargne
personne :
Que l'on parle, que l'on raiſonne,
Par écrit ou de vive voix,
Il n'eſt point ſatisfait qu'on n'obſerve
ſes loix,
Qui que ce ſoit, garçons & filles,
Juſqu'aux viellards, ſur leurs bequilles,
Lors que, comme un adroit archer,
Il s'aviſe de décocher
Dans le cœur d'un mortel, une Amoureuſe fléche,

Il

Il y fait une telle brêche,
Qu'on ne sauroit la refermer:
Enfin, il veut qu'on aime, il nous force d'aimer;
Et souvent même à la folie,
Ou jusques à perdre la vie.
Eco fille de l'Air, excellente Beauté,
Nous prouve cette vérité.
Nonobstant les leçons de sa mére nourrisse,
Pour avoir un jour vû Narcisse,
La sotte s'en amouracha,
Et son Cœur enflammé d'un Amour inéfable,
Tellement au sien s'atacha,
Qu'elle l'en crut inséparable.
Le Garçon insensible à de si justes feux,
Etoit bien éloigné de répondre à ses vœux.
Il avoit un penchant extréme
A haïr le beau sexe, & n'aimer que lui même.
Ce sensible mépris la seut si fort toucher,
Qu'elle alla se cacher dans le creux d'un rocher,
Pour y passer sa fantaisie;
Mais à force de soupirer,
De jetter des sanglots, de crier, de pleurer,
Elle tomba dans la phtisie.
Nonobstant la froideur de ce cruel amant,
Elle le trouve encor charmant, (tre,
Et craignant qu'il ne veuille à ses loix se soumet-
Elle trouve à propos de lui faire une lettre,
Sur son insensibilité,

Causée

Causée par sa vanité;
Plus à craindre qu'une Harpie;
Si quelqu'un la veut lire, en voici la copie.

LETTRE.

C'est fait de moi, cruel vainqueur,
Injuste, insensible Narcisse,
Meurtrier de mon chaste cœur,
Qu'il faut que Jupiter en sa fureur punisse.
Perfide, indigne objet de ma tendre amitié;
De quel mal pouvez vous acuser ma conduite,
Pour m'avoir, barbare, réduite,
En un état mortel, si digne de Pitié?
Ma premiére vigueur, hélas! s'est épuisée,
A force de gemir, de crier, de pleurer;
Mille fois j'ai failli de me desesperer
Depuis que vous m'avez sans sujet méprisée,
Et refusé brutalement,
La grace, que j'aurois obtenuë aisément,
Du plus dur des mortels, sans l'avoir recherchée.
Ma chévelure éparse, en partie arrachée,
Témoigne assez qu'en mon malheur,
Je n'ai pas moins prété mes mains à la douleur,
Qu'autrefois j'ai fait une étude
D'ofrir mon chaste cœur, orné de tendres fleurs,
Sur l'autel de l'ingratitude.
J'ai le visage morne & cavé des mes pleurs,

Le

Le ſein plombé de coups, & l'ame deſolée,
Du triſte ſouvenir de ce mortel afront,
Qu'à moi, qui me ſerois pour Narciſſe immolée,
Vous mêmes avez eu le front
De faire aux yeux de la Nature.
Ne pouvant plus parler qu'en répétition
Des ſons que je n'entens ſouvent qu'à l'avanture,
J'ai peine à tenir un craion
Pour vous former ces caractéres:
Et qui plus eſt, je ne ſai guéres
Si ma force me permettra
De lever la paupiére, & d'une ſimple œillade,
Faire venir une Naiade,
Telle qu'elle ſe trouvera,
Qui veuille bien prendre la peine
De vous aller porter ma lettre à la fontaine,
Où, prenant jour & nuit, plaiſir à vous mirer,
Ne ceſſez de vous admirer.
Remarquez cependant que ſi cette eau de roche
Ne manque point, à votre aproche,
D'être le fidéle miroir
De ce que vous lui faites voir, (me,
Des beautez de ce corps, qui m'avoit mis en flam-
Je ſuis ſans contredit, un plus parfait tableau
De la cruauté de votre Ame,
Ma géne, mon tiran, mon fleau.
Les déitez les plus ſévéres,
Touchées de compaſſion,

En

En verſent des larmes amères,
Et plaignent ma condition.
Ramnuſie, cette Déeſſe,
Que l'on nomme à bon droit, la juſte vengereſſe
Des inſenſibles cœurs, des ingrates amours,
Emuë des ſanglots, auſquels ont donné cours
Mes ſoufrances inexprimables,
A juré hautement, par les Dieux équitables,
Que s'il arrive un jour qu'elle en ait le pouvoir,
Elle même en prendra vengeance.
Le petit Cupidon, qui n'a point d'yeux pour voir,
En a pour me pleurer dans cette circonſtance.
Vénus ſa mére, avec aigreur,
La chargé de changer, cruel, contre votre ame,
Ses tendres traits d'Amour, en des traits de fureur,
Et ſes feux modérez, en une ardente flamme.
Le bandeau qui l'aveugle, & ne lui permet pas
De faire entre les cœurs aucune diférence,
Vous fait voir avec évidence,
Qu'à l'abri de vos deux apas,
Votre cruauté meurtriére,
Se cache en vain à la Lumiére:
Elle doit recevoir, indubitablement,
D'ailleurs ſon juſte chatiment.
Narciſſe, croiez moi, n'en faites point de doute,
Encor qu'Amour ne voie goute,
Vous n'éviterez point votre punition;
Tous les Dieux prenant part à mon afliction,

Ont

Ont de concert, ſuivant leur maxime équitable,
Et par arrêt irrévocable,
Ordonné que m'aiant haïe injuſtement,
Vous ſerez brûlé lentement,
Du feu de l'amour de vous même,
Et mourrez à la fin, dans un chagrin extréme.
Les Oracles des bois le chantent hautement,
Il n'eſt Nimphe qui ne le ſache,
Et qui publiquement ne tache.
D'en témoigner ſa joie & ſon contentement,
En revenche de vos menées,
Et des inhumaines rigueurs,
Que vous leur avez témoignées.
La Divine Adraſtie & ſes ſévéres Sœurs,
S'en vont exécuter l'arrêt de la juſtice,
Qui punit le ſuperbe en ſon horrible vice,
Sans aucune ombre de pitié,
Et ne permet pas que la gloire
Qu'il prétend mériter d'être ſans amitié,
Trouve une place dans l'Hiſtoire,
Et paſſe en l'oſtantation
De reſter ſans punition.
Par le conſentement des puiſſances Céleſtes,
Elles ſont à l'entour de vous,
Armées de torches funeſtes,
Alumées par les deux bouts,
Dont une flamme envenimée,
Qui peut être, jamais ne ſera conſumée,

Vous doit miner entiérement,
Sans que vous en aiez le moindre ſentiment.
Le fier Démon, qui vous poſſéde,
Vous aveugle inſenſiblement;
Moiennant un promt changement,
Vous y pouvez encor aporter du remède.
Prétez l'oreille à mon conſeil,
Revenez du mortel ſommeil
De votre inſuportable gloire.
Baniſſez ces illuſions,
Qui vous font admirer vos imperfections,
Avant que la triſteſſe, où je ſuis abimée,
M'ait entiérement transformée:
N'atendez pas juſqu'à demain.
Si je n'étois pas auſſi bonne
Que vous paroiſſez inhumain,
Ou comme un inſenſé, qui jamais ne raiſonne,
J'aurois lieu maintenant de triompher de vous,
Que le Ciel chatie en courroux,
De mettre fin à mes alarmes,
Et verſer de joie des larmes,
Sur votre funeſte tombeau.
Mais quoi, ce procédé qui me feroit nouveau,
Contraire à mon humeur, marqueroit de la haine,
Non, j'aime mieux conſidérer
Le bien que je vous veux, que l'infernale peine,
Que vous me faites endurer:
Et ne regarder votre ofence

Que

Que comme un pur éfet de votre adolecence,
Qui loin d'être un original,
Eſt ordinaire à la Jeuneſſe,
Je vous en ai voulu du mal,
Je vous l'ai ſouhaité, le Ciel qui s'intéreſſe
Pour ceux qui recourent à lui,
Ne m'a que trop tôt exaucée,
J'en ſuis au deſeſpoir, & mon ame opreſſée
Voudroit, je le dis aujourd'hui,
Que pour vous imiter, les Dieux ſi ſecourables,
M'euſſent été moins favorables.
Quoi que par un éfet de mes afliƈtions,
Ma beauté ſoit évanouie,
J'en garde les afeƈtions,
Et je voudrois encor, aux dépens de ma vie,
C'eſt tout ce qu'il en peut couter,
Pouvoir à l'inſtant racheter
Votre énorme faute, Commiſe
A mon trop innocent ſujet.
Moi, qui de votre Amour devois être l'objet.
Plut aux Dieux, qui du Ciel l'ont vûë avec ſurpri-
Que le tems pût retrograder; (ſe,
Ou que ne pouvant pas alors vous poſſéder,
Vous euſſiez par l'éfet d'une noire magie,
Eté pris d'une Létargie,
Qui vous eut empêché de me ſi mal traiter.
Dans cet état, on peut conter (tres,
Que vos Divins atraits, plus brillans que les As-

N'auroient point causé mes desastres,
Ni mes voeux enflamez, vos justes chatimens.
Je vous l'ai dit, Narcisse, & je vous le repéte,
L'on ne peut empêcher, par aucuns mouvemens,
Que cette faute ne soit faite,
Mais qui sait, en vous rétractant,
Si vous tachez d'obtenir grace,
Les Dieux touchez incontinent,
Ne se borneront pas à leur simple menace?
Ce n'est dans cette ocasion,
Qu'à ma considération
Qu'ils tiennent dessus vous leur main apesantie:
Il n'est rien dont enfin, nous ne venions à bout,
Pourvû que je devienne à present votre tout,
Et cesse en même tems, d'être votre partie.
Faites comme je fais, ne vivez que d'Amour,
Par là, l'on ne perd point la lumiére du jour,
Votre vie en sera plus douce & moins bornée.
Ne vous abusez pas, ce n'est point la beauté,
Que le grand Jupiter en vous a condannée,
Ce n'est que votre cruauté,
Qui nule part n'est suportable.
Rendez vous plus humain, plus doux, plus socia-(ble
Vous, ne serez plus criminel;
Et suivant l'arrêt éternel,
Prononcé dans la Cour de la haute justice,
Point de crime, point de suplice.
Pour vous dire la vérité,

Il

Il reste une dificulté,
Qui vous est de telle importance,
Que je vous en dois faire à l'instant confidence.
Si vous me voulez écouter,
Peut être, il ne tiendra qu'à vous d'en profiter.
Cette claire fontaine, où vous étes sans cesse,
Avec les yeux ouverts, à vous considérer,
Et le plus souvent admirer
Ce, qui n'a que de la rudesse:
Cette fontaine, croiez moi,
Est la cause de votre perte,
Amour, qui se fait une loi
De se venger à guerre ouverte,
Du tort qu'à son Empire on fait injustement,
N'aprouvant point du tout votre comportement,
A lancé dans ces eaux, pour punir votre rage,
Les traits de sa juste fureur,
Cachez dessous les traits de votre beau visage,
Dont un autre auroit de l'horreur.
Les divinitez vengeresses,
Ne pouvant soufrir vos foiblesses,
Les ont remplies d'un poison,
Dont les vapeurs envenimées,
Vous renversent les sens, & troublent la raison.
Les Parques & la mort, de deuil environnées,
Habitent dans le fond de cette obscurité,
Où la nuit sans cesse préside,
Et qui fait par les loix de la nécessité,

Que ſa ſuperficie eſt un miroir liquide.
Cette rare beauté, que vous y regardez,
Et dans laquelle à tort, vous même vous perdez,
N'eſt rien autre que votre image,
Le portrait d'un homme peu ſage,
Qui tend à ſa perdition,
Par le trop d'admiration,
En laquelle il ſe plaît de ſa propre perſonne,
S'il néglige un conſeil, tel que je le lui donne.
Ne ſauroit-on donc ſe mirer,
Sans ſi folement s'admirer?
Abandonnez ce lieu, Narciſſe,
Qui ne ſauroit manquer de vous être fatal;
Evitez cette eau de criſtal,
De crainte que le Ciel dans peu ne vous puniſſe:
Quitez la, pour l'Amour de nous,
Tout y conſpire contre vous.
Rien ne peut vous être nuiſible,
Qu'il ne m'aflige infiniment.
Cette fontaine jette une flamme inviſible,
Qui vous brûle inſenſiblement.
Votre reſſemblance vous trompe,
Elle vous y paroit avec éclat & pompe,
Enrichie d'atraits, d'apas, de Majeſté,
Pour vous atirer au plus vite,
Où votre perte vous invite.
Je ſai qu'inconteſtablement,
Cela ſe fait innocemment,

Et ſans que vous y preniez garde,
Mais je ne m'en étonne pas,
Votre propre œil, qui ſe regarde,
Et voit ſon image plus bas,
Se laiſſe ſéduire par elle:
Cette image eſt aſſez cruelle
Pour vous punir impunément.
Vos charmes ſont du Monopole,
Chacun d'eux y joue ſon role.
Et ce qui doit cauſer le plus d'étonnement,
C'eſt que l'eau, qui vous brûle, eſt froide comme (glace.
Ce qui vous flâte vous défait,
En vous traçant, il vous éface,
Et je n'aperçois en éfet;
Que votre ſuplice exécrable,
Qui ſoit le favori de votre paſſion,
Et rien, qui vous ſoit agréable,
Que ce qui vous conduit à la perdition.
Que l'infernal Démon, cette bête en furie,
Auquel Pluton, pour le garder,
A de ce lieu fatal donné la Seigneurie,
Eſt puiſſant à vous poſſéder!
Au nom des Dieux, je vous exorte
De faire atention à vos déréglemens,
Par l'horrible fureur, qui des bons ſentimens,
Vous alienne de la ſorte.
A qui voulez vous tant de bien?
A des couleurs imaginaires?

Des fantomes & des chiméres,
Qui quoi qu'absolument dans le fond ne sont rien,
Vous representent un visage,
Duquel la beauté vous engage
A le considérer tellement en tous sens,
Qu'il vous en fait perdre les sens?
Après quoi, je le dis encore,
A celui qui le sait, & lui même l'ignore,
Après quoi, malheureux, soupirez vous sans fin?
Après un spectre, caut & fin,
Qui sans emploier de magie,
Sait bien que sous votre éfigie,
Le goufre, où vous allez tomber,
Ne sauroit que vous agréer.
Vous fondez jour & nuit en larmes,
Sans vous apercevoir de vos rudes alarmes;
Le bien, que vous aimez, est un mal contrefait.
Vous ignorez d'être en éfet,
Ce que chacun vous voit avec persévérance,
Idolatrer en aparence.
Quelle maudite impression
Vous fait imaginer au lieu d'une marote,
Une beauté dans cette grote,
Dont la moindre perfection
Vous jette dans l'impatience
D'en pouvoir quelque jour avoir la jouissance?
Je vous ai dit la vérité,
Cette source est ensorcelée,

L'eau

L'eau qui jusqu'à present, n'en est point écoulée,
Conserve une malignité,
Qui sous une belle aparence,
Vous prive de la liberté.
Son doux murmure est enchanté.
Ce visage brillant, qu'y peint votre presence,
Et qui vous trouble le cerveau,
Est une ombre infernale, à lugubre entreprise,
Qui tente votre convoitise
A vous précipiter dans ce mortel tombeau.
Armez vous promtement d'un généreux coura-
Il ne faut rien faire à demi, (ge,
Tournez tête à votre ennemi,
Vous le vaincrez, malgré sa rage.
Après tout cependant, je ne saurois nier
Que vous avez à faire à tres forte partie,
Notre ame & notre corps ont de la simpatie,
Rhé plus étroitement ne les pouvoit lier,
Ce, qui l'un à l'autre les lie,
Fait que nous nous aimons souvent à la folie,
Et d'une telle afection,
Qu'encor que nous aions des vices,
Nous ne nous voions pas une imperfection;
Ou, par diférens artifices, (cas,
Nous les cachons si bien que même en certains
Nous ne les apercevons pas.
Je ne trouve donc pas étrange
Que vous preniez ici le change,

Etant bel & bien fait, au dessus de l'humain,
Et pouvant dans cette ocurence,
A bien des Dieux donner la main.
En éfet, je ne vois aucune diférence
Entre Apollon, logé dans le signe des eaux,
Et vous, devant cette fontaine.
Ce qui me cause de la peine,
C'est d'y voir à l'entour de dangereux cerceaux,
Et dedans un fantome horrible,
Qui voulant abuser votre crédulité,
Se revet de votre beauté,
Pour vous faire mourir d'une mort insensible.
Ce piége dangereux ne vous est pas nouveau:
Que ne l'évitez vous, Narcisse,
Pourquoi vous laisser prendre à ce vain artifice?
Vous n'avez pas tort d'être beau;
Mais ne voiez vous pas quelle terrible injure
Vous faites à votre beauté,
En lui préférent sa peinture?
Et que pour se venger d'une témérité,
Qui l'excite à la jalousie,
Elle pourroit fort bien, en aiant le sujet,
Changer subitement d'objet,
Et vous faire périr d'une longue phtisie?
N'est-ce pas contredire au généreux dessein,
Que vous aviez formé, d'un esprit juste & sain,
Et même confirmé par un serment extréme,
De vous posséder constamment,

Que

Que de vous planter là vous même,
Pour vous aller chercher avec empressement,
Dans un Bacin, où sans magie,
Vous ne sauriez au plus, être qu'en éfigie?
Peut on se retrouver qu'on ne se soit perdu?
C'est sans doute, un mal entendu;
Cela ne pouvoit pas arriver à Dédale,
Moins à Deucalion, dans un monde innondé;
Enfin, votre desir, tout à fait mal fondé,
Est pire que la faim & la soif de Tantale.
Il est vrai que ce malheureux
A tort de rester desireux
Des fruits délicieux, qui pendent sur sa tête,
Et de l'eau claire, que Pluton
Lui fait monter jusqu'au menton,
Puis que du moment qu'il s'aprête
A s'en remplir, incontinent
Ils s'écartent de lui, par un dur stratagéme:
Mais il est bien plus surprenant
De vous voir vous chercher autre part qu'en vous même.
Plut au pére des Dieux que cette maudite eau,
Qui comme celle de Tantale,
Est votre insuportable fleau,
Eut si limonneuse & si sale,
Que l'on ne se pût voir dedans.
Que le blond Apollon, de ses raions ardens,
Ne l'a-t-il jusqu'aux cieux, en vapeurs dispersée,

Ou les froids Aquilons glacée.
Alors vous feriez plus heureux;
Vous trouveriez qu'au plus, vous n'étes amou-
Que d'une trompeuse Chimére, (reux
Qui par de terribles transports,
Vous fait abandonner le corps,
Pour saisir une ombre legére.
Quand j'y fais bien réflexion,
Je ne sai proprement quel jugement en faire,
Et si je dois avoir plus de Compassion
De votre erreur, que de Colére,
Contre les dangereux détours
De votre perverse infortune,
Qui sans s'apercevoir de résistance aucune;
Vous porte à de foles Amours.
Vous, qui prenez plaisir à suivre
Les loüables santiers de la sobriété,
Avez assez de lacheté
Pour avaler de l'eau tant qu'elle vous enivre.
Maudite Constitution,
Ou plutôt, qualité toute extraordinaire,
D'une eau de Malédiction,
Que Jupiter pour vous, a faite en sa colere;
Puis qu'au lieu d'humecter & rafraichir vos sens,
Par la réflexion de vos beaux yeux perçans,
Elle jette une vive flamme,
Qui vous pénétre jusqu'à l'ame.
Je me consolerois si votre afection,

Doüce

Doüée de discrétion,
Imitoit votre belle Image,
Qui reste au fond de l'eau, sans soufrir de domma-
Mais sans doute, elle ne peut pas, (ge:
Elle y remarque trop d'apas,
Et parce qu'elle vous ressemble,
Elle en fait ses plaisirs, & son Dieu tout ensemble.
C'est un abime assurément,
Qui vous paroit une fontaine,
Afin que sans aucune peine,
Vous l'abordiez tranquilement,
Et qu'ensuite votre innocence
Vous conduise avec confiance,
Où votre malheur vous atend.
En vain vous paroissez contend,
Plutôt que de vous voir vivre de cette sorte,
Je souhaiterois d'être morte,
Ou d'aprendre à l'instant que vous n'eussiez plus d'yeux,
Cela vous vaudroit beaucoup mieux.
Aveugle, vous seriez semblable
A Cupidon, le Dieu d'Amour:
Ainsi, bien loin d'être coupable,
Et de travailler même à vous priver du jour,
Vous deviendriez sociable,
Et chercheriez par tout de vous rendre agréable.
Vous admirez les qualitez,
De cette agréable fontaine,

 Mais

Mais en vaut elle bien la peine?
Pourquoi tant de soupirs & d'assiduitez?
Est-ce parce qu'elle a l'adresse
De vous representer avec tant de justesse?
En cela vous vous mécontez,
Elle ne rend sinon ce que vous lui prétez.
Des plus simples mortels, aucuns ne s'en étonnent,
Ils me serviront de témoins;
Qu'elle n'en fait, ni plus, ni moins,
Aux arbriceaux, qui l'environnent.
Mais il seroit à souhaiter
Qu'elle se voulut exemter
De ce naturel exercice,
Que l'on sait qui vous rend un si mauvais ofice.
Est-ce que vous étes charmé
D'y voir un beau portrait, qui paroit animé?
Ce n'est proprement qu'une image,
De simples imitations,
Ou de vos mouvemens, ou de vos actions,
Et sur tout de votre visage,
Qui vous ocupe le premier.
Si vous y pensez bien, vous ne sauriez nier
Qu'il n'est point d'eau claire & profonde,
Aucune glace dans le monde,
Point de miroir d'acier, poli, propre, bien fait,
Qui ne fassent le même éfet
Votre mal, tel qu'il soit, me paroit toûjours grave,
Mais ce sera bien pis, si vous étes l'esclave

De la repreſentation
Du principal objet de votre paſſion,
Par tout où vous la verrez peinte;
En vain vous trembleriez de crainte,
Vous épouſez, Narciſſe, une confuſion
De dangereuſes ſervitudes,
Les plus cruelles, les plus rudes,
Qui peuvent nous remplir l'imagination.
L'action n'eſt point condannable
D'opoſer un corps agréable
A la ſurface d'un miroir;
Mais vous devez auſſi ſavoir,
Sous peine de commettre une étrange bévûë,
Qu'il faut indiſputablement,
Qu'un bon & ferme jugement,
Par tout acompagne la vûë,
Et vous mettre en l'eſprit, comme une vérité,
Que l'eau, le métal & la glace,
Quelques épreuves qu'on en faſſe,
Ont infailliblement plus de ſolidité
Qu'on n'en trouve dans les eſpéces,
Ou figures les plus expreſſes,
Qu'ils repreſentent à nos yeux.
Comment pouvez vous prendre en un lieu ſoli-
Un plaiſir ſi délicieux (taire,
A vous mirer dans de l'eau claire?
Une liqueur ſans fermeté,
Où l'éclipſe de votre image

Dé-

Dépend, je ne di pas d'un foudroiant orage,
Mais du plus doux Zéphir qu'Aurore ait enfanté;
Ou de la chute d'une feuille,
D'un grain de mirte, que l'on cueille
Des arbres plantez ſur ſes bords,
Pour en embellir les dehors.
Mirez vous dans le Ciel, chef d'œuvre de Nature,
Où le Soleil, portrait de votre chévelure,
Comme vous, parfaitement beau,
Se mire auſſi ſouvent dans l'eau,
Mais ſans interrompre ſa courſe:
Laiſſez la, comme lui, cette infernale ſource.
Mirez vous ſur ces tendres fleurs,
Seul modéle parfait des plus vives couleurs,
Et tableaux de votre jeuneſſe.
Si quelque ardent deſir vous preſſe
De voir ſi votre cœur eſt de pierre ou de chair,
Regardez vous dans ce rocher,
Et vous en ſaurez la nouvelle?
Enfin, la curioſité,
Cher Narciſſe, vous porte-t-elle
A vous voir tout entier, tres bien repreſenté?
Venez vous mirer dans mon ame,
C'eſt là, qu'Amour vous a gravé
Avec un burin éprouvé,
Dans une inextinguible flamme.
Ne vous quitez plus nule part,
Pour vous aller chercher dans une grote ſombre,
Où

Où vous ne trouvez que votre ombre,
Un fantome couvert de fard;
Et si vous m'en croiez, cessez plutôt de vivre,
Que de vous délaisser, à force de vous suivre.
Il n'est pas concevable, & c'est la vérité,
Que votre curiosité
Vous est tournée en Maladie,
Qui pourroit se fortifier:
Il est tems d'y remédier,
Ou vous verrez ce jeu finir en tragédie.
Ce m'est un plaisir nompareil
De voir que le Phœnix, unique en sa nature,
S'exemte de la pourriture,
Et renait vigoureux aux raions du Soleil;
Au lieu que je me desespére,
Au moment que je considére
Que vous, le Phœnix des beautez,
Imprudemment vous arrêtez
Auprès d'une eau courante & claire,
Où vous allez vous consumer,
Et dont la pureté vous a fait présumer
Qu'à votre égard, elle est sincére.
Mais vous ne pouvez pas nier
Que vous la voiez serpenter.
Pensez vous que ses artifices,
Pour vous ouvrir des précipices,
Où vous ne devez plus atendre aucun secours,
Aient, Narcisse, je vous prie,

Plus

Plus de droiture que ſon cours ?
Ce ſeroit vous trahir, je ſerois bien marrie
De penſer ſeulement à le diſſimuler ;
Je ne veux point être complice
Dans un fait qu'à bon droit, on ne peut apeller
Que pure engence de malice.
Ne remettez point à demain
A changer de maxime, & devenir humain,
Rendez au Ciel l'aſpect de cette belle face,
Que vous lui dérobez avec atachement,
En la courbant ſur la ſurface
D'un ſimple, vaporeux & fluide élément.
Il eſt vrai que l'Amour, ce Dieu le plus afable,
Que Jupin admette à ſa table,
Etoit ainſi couché ſur le confus caos,
Avant la naiſſance du monde,
Mais c'étoit à deſſein de ſéparer des eaux
Ce, qui fait l'ornement de la machine ronde,
Régler les tems & les ſaiſons :
Placer aux Cieux, dans leurs maiſons,
Les ſignes éclatans du brillant Zodiaque :
Séparer le jour de la nuit,
Le corps tranſparant de l'opaque,
L'Aſtre Obſcur de l'Aſtre qui luit.
C'étoit pour en tirer des hommes,
Fais & formez comme nous ſommes,
Qui s'aiment réciproquement ;
Non des hommes comme vous êtes,

Qui

Qui plus féroce que les bêtes,
Vous chérissez uniquement.
C'étoit pour mettre enfin, l'univers en tel ordre,
Qu'aucun critique n'y pût mordre.
Au contraire, vous mêlez tout,
Et pour en mieux venir à bout,
Vous ne prétendez point mettre de diférence
Entre les feux d'un cœur, qui brûle avec constance,
Et les foles illusions
D'un eau que la fraicheur peut changer en glaçons.
Contre l'ordre de la Nature,
Vous confondez une Beauté,
Sans aucune nécessité,
Avec ce que l'on fait qui n'est que sa figure.
Il n'est pas juste cependant,
De soufrir lâchement que votre Zéle ardent
Ait part à ces tristes desastres,
Et qu'une forte passion,
Qui vous a fait avoir la noble ambition
D'aspirer à tenir un rang parmi les Astres,
Leur préfére aujourd'hui, l'élément des poissons.
Quoi que vous vous moquiez de toutes mes le-
çons,
Savez vous après tout, que l'unique avantage,
Pour tenir le même langage,
Que mon imagination
Me montre, par un clair indice,
Que vous revient, mon cher Narcisse,

De

De votre contemplation,
Dans cette fatale fontaine?
C'eſt que vous aprenez ſans peine,
A connoître mon équité,
Et l'extréme néceſſité
De la conſtante amour, que je vous ai portée?
Pour ne point paroître entêtée,
Jugez en par l'afection
Que vous vous portez à vous même,
Et s'il eſt ſurprenant qu'une beauté ſuprême,
Dont la ſeule réflexion
Vous éblouit & vous transporte,
M'avoit touchée de la ſorte.
Pourquoi plus long-tems réſiſter?
Quitez ce lieu fatal, venez me viſiter,
De peur que tout ainſi que votre amour s'altére,
Et cache une langueur qu'on peut apercevoir,
Cette langueur ne dégénére
En un horrible deſeſpoir:
D'où s'enſuivra que votre vie,
Par votre opiniatreté,
Vous ſera, malgré moi, dans peu de tems ravie,
Redoutant cette extrémité,
J'aprens avec douleur, votre état déplorable:
N'atendez pas, au nom des Dieux,
Que votre mal ſoit incurable.
Quoi que le mépris odieux,
Que vous me témoignez, & votre perfidie,

Soient

Soient cause de ma maladie,
Je ne demande point, Narcisse, votre mort,
Au contraire, vous auriez tort,
De ne pas garder votre vie:
Il est bien plus encor, si vous avez envie
Que je recouvre la santé,
Vous montrerez dans peu, de l'assiduité
A rétablir la votre, & faire pour vous même,
Ce que l'on fait pour soi du moment que l'on s'aime.
Comme l'eau, par votre portrait,
Tache jusques au moindre trait,
A vous montrer ce que vous êtes,
Le feu de l'ençens & des bêtes,
Que j'ofre au Ciel pour vous, au fort de mes ennuis,
Vous dira ce que je vous suis.
Non, cher Narcisse, je m'abuse,
Je n'ose l'avouer sans en être confuse,
Il n'est point de feu naturel,
Ni dans les Cieux, ni sur l'Autel,
Qui puisse montrer à votre ame
La vivacité de ma flamme.
Je me pâme en vous le disant,
Cet amoureux aveu redouble mes alarmes;
Je me sens distiler en larmes;
La chaleur d'un brasier cuisant,
En ternissant mes yeux, les a couverts d'un voile,

Et de mes os ſechez, fait écouler la moile.
Je ſuis hélas! déja de la ceinture en bas,
Un ſquélette pierreux, où je ne me ſens pas,
Ou plutôt, un tombeau de ma premiére forme,
Que, pour commettre un crime énorme,
Votre cœur, qui n'eſt pas de Chair,
Par une impreſſion, forte & ſurnaturelle,
A transformée en un rocher.
O Métamorphoſe cruelle!
Quel changement eſt celui-ci?
Mon eſprit à demi tranſi,
S'aperçoit trop tard de ma perte.
Je reſte avec la bouche ouverte;
Mon ventre, petit à petit,
S'étend, s'alonge, s'élargit,
Et ſe change en une Caverne,
Où le blanc de l'obſcur, à peine ſe dicerne:
Ainſi, mes plus ardens deſirs,
Mes ſanglots, mes profonds ſoupirs,
N'y ſeront plus reconnoiſſables:
A l'ombre du mépris des amans implacables,
Ils regarderont peu ſi l'on en a pitié.
Il n'eſt que ma tendre amitié,
Qui ne pouvant changer, non plus que je puis feindre,
Eſt véritablement à plaindre.
O le plus cruel des tirans,
Digne d'un éternel reproche,

Que

Que nous ſommes bien diférens:
Mon cœur reſte de chair, dedans ce corps de roche,
Et vous en avez un plus dur que le rocher,
Dedans un corps humain, & qui m'eſt encor cher.
O Dieux Clémens & pitoiables,
Je n'ai plus qu'une main qu'enfin je léve aux cieux,
Afin de vous porter à m'être favorables,
En m'immortaliſant dans ces terreſtres lieux,
Où je n'aurai plus rien à craindre.
La droite, dont j'écris, eſt réde comme un pieu,
Je ne me la ſens plus; Adieu, Narciſſe, Adieu,
Je ne ſuis plus que voix, à force de me plaindre.

TABLE

Des Piéces continuës dans le III. Tome des Oeuvres Poetiques de Monsieur Tyssot.

www.ingramcontent.com/pod-product-compliance
Lightning Source LLC
LaVergne TN
LVHW010516100826
845148LV00001B/22
* 9 7 8 2 0 1 2 1 9 6 9 0 2 *